國語國文學叢書 078

增修無寃錄諺解

학자원

국어국문학총서 78

增修無寃錄諺解

2018년 4월 10일 초판 1쇄 발행

저　자 : 具允明 徐有隣 等
펴낸이 : 김병환
펴낸곳 : 학자원
주　소 : 134-814 서울시 강동구 천호대로 1121
전　화 : 02) 6403-1000
팩　스 : 02) 6338-1001
E-mail : hakjaone@daum.net
등　록 : 2011년 3월 24일 제324-2011-14호

HAKJAONE Publishing Co.
1121 Cheonho-Daero Kangdong-Gu Seoul

ISBN : 979-11-6247-029-9 93220

값 50,000원

增修無寃錄諺解 解題

洪 允 杓

『增修無寃錄諺解』는 正祖 때 具允明 등에 의하여 編纂된 『增修無寃錄大全』을 1790年(正祖 14年)에 正祖의 명에 의하여 徐有隣 등이 諺解하여 1792年에 3卷 2冊의 芸閣印書體 活字本으로 刊行한 法醫學書다. 위와 같은 사실은 王朝實錄의 기록에 의해서도 알 수 있다. 즉

刊行無寃錄諺解 先是 上 以無寃錄一書 所以斷殺死之獄也 本文艱晦 未易人人分曉 命綾恩君具允明 著諺解 至是書成 命刑曹 刊布中外

(正祖實錄 卷32 15年 辛亥 3月 己丑條)

또한 『增修無寃錄大全』의 具允明이 쓴 跋文에 의하여서도 그러한 사실을 자세히 알 수 있다.

上之十四年 命前刑曹判書 臣徐有隣翻諺增修無寃錄 越二年 復命刊印以進 盖是書

즉 正祖가 정조 14년에 徐有隣에게 『增修無寃錄』을 언해할 것을 명하였는 바 2년이 지난 뒤, 즉 1792년에 이 책을 刊印하였다는 것이다. 그런데 이러한 『增修無寃錄諺解』에 대해 기록하고 있는 그 跋文의 끝에 「當宁二十年丙辰秋 輔國崇祿大夫前行判中樞府事綾恩君致仕奉朝賀臣具允明跋」이라 하여 정조 20년(1796년)으로 되

어 있는 것은 원문인『增修無寃錄大全』을 간행하기 이전에『增修無寃錄諺解』를 먼저 간행하였기 때문이다. 언해본이 원문에 앞서 간행된 것은 그 당시에 具宅奎의『增修無寃錄』이 널리 유포되어 있었기 때문이다.

서울대학교 규장각 도서, 가람문고, 한국정신문화연구원(舊藏書閣 圖書), 고려대 晩松文庫 등에 소장되어 있는 이 책은 책의 크기가 가로 세로 각각 32.8cm 19.4cm이다. 四周雙邊에 半郭의 크기가 세로 22cm 가로 13.8cm이다. 版心魚尾는 上白魚尾이며, 有界로 10행 20자로 되어 있다. 首題와 版心題 모두 '增修無寃錄諺解'이다. 表紙書名은 '無寃錄諺解'이다. 卷之一이 72장, 卷之二가 24장, 그리고 卷之三이 100장으로서 모두 196장으로 되어 있다.

正祖가『增修無寃錄大全』을 編纂케 하고 또 이를 諺解하도록 命한 것은 刑律官들에게 檢驗에 관한 지식을 정확하게 알리고자 한 때문이다. 원래『無寃錄』은 元나라 王與가 지은 책인데 이것을 중심으로 하여 世宗 때 崔致雲 李世衡 卞孝文 金滉 등이『新註無寃錄』을 編纂하였고 이에다가『洗寃錄』『平寃錄』『未信錄』등을 참작하여 英祖 때 具宅奎가『增修無寃錄』을 만들었다. 이것을 正祖가 명하여 諺解한 것이『增修無寃錄諺解』이다.

이 책에는 異本이 있다. 모두 複刻本이다.『增修無寃錄諺解』를 關西 兩南 監營에 명하여 刊印케 하고 또 廣布久傳케 하였으며 1797년에는 嶺營에서『增修無寃錄大全』과 함께 목판으로 刊行하기도 하였다.「丁巳七月嶺營新刊」이란 간기가 있는 목판본이 고려대학교 도서관 등에 소장되어 있다. 한편 沈喁俊 교수에 의하면 日本의 國立國會圖書館에는「正祖二十年 增修無寃錄成 命刑曹判書徐有隣 訂校飜諺 活印頒行」이란 刊記를 갖는 學部印書體 木活字本이 있다고 하는데, 紙質과 魚尾形態와 字體로 보아 1905년에 印出된 것이라고 하였다.[1]

『增修無寃錄諺解』는 屍體檢案의 대상이 되는 시체의 시기적인 변화로부터 死因의 규명에 이르기까지의 法醫學的 감정을 필요로 한 각종 사항과, 검사 종류의 재료 또는 檢案書式의 수속 절차에 대한 기록까지 취급되어 있는 法醫學的 裁判의 專門書다.

따라서 이 책은 法醫學史를 연구하는데 중요한 자료일 뿐만 아니라 18세기말의 국어를 연구하는 데에도 중요한 자료가 된다. 특히 身體語彙의 연구에 좋은 자료를 제공하여 준다. 卷之一 61장부터 65장까지는 신체에 대한 그림과 그 명칭이 기록되어 있다.

이 책에 나타난 國語學的 특징을 들면 다음과 같다.

1. 語頭된소리의 表記에는 ㅅ 계 합용병서가 ㅂ 계 합용병서보다 우세하게 쓰이고 있고 간혹 ㄲ, ㄸ, ㅃ 등 각자병서의 표기도 보인다.

ㅺ : ᄭᅩᆺ(1:2a, 26a) ᄭᅬᄒᆞ야(1:8b) ᄭᅳᆯ히며(1:19b) ᄭᅵ터(1:28a) ᄭᅡ여디고(1:24a) ᄭᅡᆺ근(1:25b) ᄭᆞ라(1:27b) ᄭᅮᆯ고(1:28b) ᄭᅵ며(1:39b) ᄭᅵ언저(1:40b) ᄭᅩᆨ뒤(1:65a) ᄭᅡᆨ가(3:27b)

ㅼ : ᄯᅢ(1:3a) ᄯᅩᆯ와(1:18a) ᄯᅡ바닥(1:22a) ᄯᅥ허(1:24a)ᄯᅴ와(1:28a) ᄯᅮ드려(1:42a) ᄯᅮᆲ기롤(3:22a) ᄯᅥᆨ을(1:42a) cf. ᄠᅥᆨ(1:48a) ᄯᅵ허(1:41b) cf. 띠허(3:18a)

ㅽ : ᄲᅡ디여(1:12a) ᄲᅧᆺᄆᆞ듸(1:63b) cf. 뼈(1:24b, 1:30a) 뼛속(1:25a) ᄲᅡ디고(1:30b) ᄲᅧᆯ니(1:31a) ᄲᅮ려(1:42a) ᄲᅧᆺ벗이(1:34a) 쇠ᄲᅧᆯ(3:83b) ᄲᅢᆷ어(1:47b) ᄲᅣᆷ(3:72a)

ㅆ : 써(用, 1:40b) 씻기미라(1:40b) cf. ᄡᅵᆺ기고(1:40b) 쓰라(用, 1:20a) 쓰라(書, 1:25a)

ㅾ : 불ᄶᅬ믈(1:19b) ᄶᅴ여디며(1:31a)

ㅳ : ᄠᅥᆨ을(1:48a)

---

1) 沈隅俊(1988), 日本訪書志, 韓國精神文化研究院, pp. 353-354

ㅄ : ᄡᅵ혀(1:31b) ᄡᅵ스면(1:20a) ᄡᆞ며(1:28b) ᄡᅵᆺ기고(1:40b) ᄡᅧ(以 1:31b) ᄡᅡ혀(1:34a) ᄡᅡ화(1:37a)

ㅺ : 脂肉이 ᄭᅥ뎌시며(1:24a) ᄭᅥ디디 아니홈과(1:24a) ᄭᅡ여딘 사긔 부티(3:10b)

ㅼ : ᄯᅵ혀 즛닉여(3:18a)

ㅃ : 뻬(1:31a) 믈에 빠딘(3:14b) 뼈(1:24a, 1:24b) 뼛속(1:25a)

2. 語中의 된소리 表記에 ㅅ 뿐만이 아니라 ㄷ도 쓰이고 있다.

못ᄒᆞᇙ 거시온(1:8b) 못ᄒᆞᇙ 거시오(1:11a) 듣보히(3:10b)

3. 語幹末子音表記에서 曲用時엔 分綴表記가, 活用時엔 連綴表記가 일반적이다.

ᄃᆞᆰ이라(1:20b) 즌ᄒᆞᆰ이(3:8b) 븕어딘(1:9a) ᄇᆞᆰ힐디니라(1:13b) 옮미야(2:9a) ᄉᆞᆱ힘애(1:46b) cf. ᄉᆞᆯ피되(1:66b) ᄉᆞᆱ기롤(3:22a) cf. 알ᄑᆞᆫ 긔운이(3:23a) 져문 者(1:46b) ᄇᆞᆯ아 죽은(3:8a) 넙으며(2:12b)

4. 語末의 ㅅ과 ㄷ은 ㅅ으로 통일되는 경향을 보인다.

것흐로(1:26a) 칼ᄭᅳᆺ(1:26a) 숫치라(1:20a) 勒殺이 自익 ᄀᆞᆺ고(1:12a) 벗긴 갓 아래라(1:36a) 듧쓴 갓치(1:36a)

5. 모음간 ㄹ-ㄹ과 ㄹ-ㄴ의 表記는 ㄹ-ㄹ보다 ㄹ-ㄴ이 일반적이다.

몰리여(3:22b) ᄃᆞᆯ니여(2:9b) 열니고(2:14b) 올님에(3:3b) ᄃᆞᆯ녀(3:27b) 칼노 딜녀(3:28b) 다믈니고(3:14a)

6. 모음간의 有氣音 表記는 다음과 같이 표기된다.

갓치(1:35b) 사뭇츨(1:42b) 숫치라(1:20a) ᄭᅳᆺ처디면(1:32a)

7. t 口蓋音化는 대부분 表記上으로는 나타나지 않는다. 다만

다음 몇 예만 보일 뿐이다.

것치(3:27a) 두 솟치(3:27a) ᄶᅵ언져(1:39b)
cf. 가르디고(3:16b) 살디고(1:46b) 텨 죽은 거시라(3:16b) 피ᄆᆡ티여(3:16b) 불에 달와 지디면(3:24a)

8. t - n 간의 子音同化가 표기상에 나타난다.

ᄒᆞ얀ᄂᆞ니라(2:16a) 사란ᄂᆞᆫ디라(3:8b) 아란ᄂᆞ뇨(3:4b) ᄒᆞ얀ᄂᆞᆫ디라(1:32a)

9. 圓脣母音化 현상이 보인다.

허물이(1:37a) 물읫(1:12a) 月草을 ᄉᆞ뭇 ᄠᅳ려시면(3:40a) cf. 月草을 ᄉᆞ뭇 ᄠᅳ려시면(3:39a)

10. ㅎ 終聲體言 15세기 국어에서 ㅎ 終聲體言이 아니었던 것이 ㅎ이 개재되어 쓰이고 있다. 이것은 有聲音間의 ㅎ이 탈락되고 있음을 보여 준다고 할 수 있다. 즉 ㅎ탈락의 과도교정인 것이다.

초히라(醋, 1:19b) 步히며(1:22b) 庫ᄒᆡ(1:56a) 터ᄒᆡ(1:17a) 보ᄒᆡ(3:53b) 여러히(3:82a)

11. '새(新)'가 아직도 名詞로 쓰이고 있음을 보여 준다.

옷시 <u>새며</u> ᄂᆞᆰ음을 驗ᄒᆞ고(2:6b)

12. 다음과 같은 형태들이 교체되어 사용되고 있다.

코구무(1:17a) 코굼글(1:17a) 쉿구멍이라(1:26b)
사ᄅᆞᆷ과 ᄆᆞᆯ이 ᄇᆞᆯ아 죽은 거시라(3:82a) ᄇᆞᆲ아(3:82b)

13. 한글로 쓰인 口訣에 그 이전의 口訣形態가 보인다. 이것은 具允宅이 편찬한 『增修無寃錄』에 쓰인 구결의 영향을 받은 것으로 보인다.

以紙密封이라가(3:51b) cf. 죠ᄒᆡ로ᄡᅥ ᄇᆡᆨᄇᆡᆨ이 封ᄒᆞ얏다가

明立時刻이라사(3:90b) cf. 시각을 ᄇᆞᆰ히 세워사

이 자료는 弘文閣에서 영인한 바가 있다. 이 문헌의 언해문 전문이 세기별 사전의 편찬을 위하여 컴퓨터에 입력되어 있다.

增修無冤録諺解

增修無寃録諺解 卷之一

增修無冤錄諺解卷之一

檢覆

초검과복검이라

[附]三書中에最關檢驗者를類聚于此ᄒᆞ니卽一篇之要旨라司民命者ㅣ熟講深念ᄒᆞ고且以條例所論으로參考融會則庶幾乎不失權度ㅣ니若臨時ᄒᆞ야只憑條例而驗得則自誤而誤人이必矣래

[諺]三삼書서洗셰冤원錄록中듕에ᄀᆞ장檢검驗험에관계ᄒᆞᆫ者자ᄅᆞᆯ이에類류로모도다곳一일篇편의죵요로온ᄯᅳᆺ이라民민命명ᄀᆞ음아ᄂᆞᆫ者자ㅣ닉이講강ᄒᆞ며깁히念념ᄒᆞᆯ개시오ᄯᅩᄒᆞᆫ條됴例례에의론ᄒᆞᆫ바로배혓거샹고ᄒᆞ야구ᄅᆞ녹게알오면거의權권度도ᄅᆞᆯ일티아닐ᄯᅵ니만일臨림時시ᄒᆞ야條됴例례간의빙ᄒᆞ야驗험得득ᄒᆞ면스

스로 그릇ᄒᆞ고 사ᄅᆞᆷ을 그르딤이 반ᄃᆞᆺᄒᆞ리라

檢覆摠說

刑名之重에 莫最於殺人ᄒᆞ니 獄情之初에 必先於檢驗이니 蓋事體多端ᄒᆞ고 情態萬狀ᄒᆞ야 有同謀共毆而莫知誰是下手重者ᄒᆞ며 有同謀殺人而莫定誰爲初造意者ᄒᆞ며 有甲行兇而苦主ㅣ與乙讎嫌而妄執乙行兇者ᄒᆞ며 有乙行兇而令在下之人으로 承當者ᄒᆞ니 毫釐之差에 謬以千里니라

檢검覆복ᄒᆞᄂᆞᆫ 대총 말이라

刑형名명의 重듕ᄒᆞᆷ이 殺살人인에셔 ᄀᆞ장ᄒᆞᆫ

엽ᄉᆞ니獄옥情졍의初초에반ᄃᆞ시檢검驗험에
몬져ᄒᆞᆯᄯᅢ나대개事ᄉᆞ體톄ᄭᅳᆺ티만코情졍態ᄐᆡ
만가디형상이나ᄒᆞ야ᄒᆞᆫ가디로ᄭᅬᄒᆞ야ᄒᆞᆫ가디
로텨시되뉘이ᄉᆞᆫ짓기ᄅᆞᆯ모이호ᄌᆞᆯ을아디못ᄒᆞᆷ
도이시며ᄒᆞᆫ가디로ᄭᅬᄒᆞ야사ᄅᆞᆷ을죽여시되누
처엄으로造조意의의ᄉᆞ내단말이라ᄒᆞᆫ인ᄌᆞᆯ을定뎡티
못ᄒᆞᆷ도이시며甲갑이行힝凶흉사ᄅᆞᆷ죽이단말이라ᄒᆞ얏
거ᄂᆞᆯ苦고主쥬시친이라ㅣ乙을과讎슈嫌혐원슈와혐의잇
단말이라ᄒᆞ야허망히乙을을行힝凶흉이라잡ᄂᆞ니
도이시며乙을이行힝凶흉고셔在ᄌᆡ下하호사

ᄅᆞᆷ슈하사ᄅᆞᆷ이라 으로 ᄒᆞ여곰 바다 當당케 ᄒᆞᄂᆞ니 도이
시니 毫호釐리만치 차착홈애 千천里리로 글러
디ᄂᆞ니라

稱冤重囚ㅣ 多爲檢屍時에 司縣官이 不行親去監
檢ᄒᆞ고 轉委吏人等ᄒᆞ야 止憑仵作行人의 檢到傷損致
命根因ᄒᆞ고 覆檢官吏恐檢驗不同ᄒᆞ야 暗囑初檢人等
ᄒᆞ야 抄錄屍帳ᄒᆞ야 雷同回報ㅣ며 本處官司ㅣ 又不照覷
所驗이 實與不實ᄒᆞ고 憑准檢狀及元告人指執과 捉
事人疑詞ᄒᆞ야 將涉疑人ᄒᆞ야 非法鍛鍊ᄒᆞ야 須要承服ᄒᆞ니
本人이 不任勘問ᄒᆞ야 虛行招說ᄒᆞ야 致有冤抑이라 一或

差互면ㅣ利害不小ㅣ니라

稱칭寃원ᄒᆞᄂᆞᆫ重듕囚슈ㅣ만히檢검屍시ᄒᆞᆯᄯᅢ

예司ᄉᆞ縣현겨ᄉᆞ와현이라외官관이親친히가검험을

監감ᄒᆞ디아니코吏리人인等등의게구올녀맛

져다만作오作작과行항人인오작은쇄장이오항인은ᄉᆞ령류라

의검험ᄒᆞ야온傷상損손이며致티命명ᄒᆞᆫ根근

因인실인이라을의빙ᄒᆞ고覆복檢검官관吏리ᄂᆞᆫ검

험이ᄌᆞᆺ디아니ᄒᆞᆯ사저허ᄒᆞ만이初초檢검人인

等등의게청쵹ᄒᆞ야屍시帳댱을벗겨다가謄뎡

同동말을ᄀᆞᆺ티ᄒᆞᆷ이라ᄒᆞ야回회報보ᄒᆞ면상ᄉᆞ에보ᄒᆞᆫ단말이라

本본處쳐官관司ᄉᆞ상셔라ㅣ또驗험ᄒᆞᆫ배實실ᄒᆞ며實실티아니믈ᄉᆞᆯ피디아니코검험ᄒᆞᆫ문장과다못元원告고人인의指지執집ᄀᆞᄅᆞ쳐잡단말이라과捉착事ᄉᆞ人인힝흉인잡ᄂᆞᆫ사ᄅᆞᆷ이라의의심된말을憑빙準쥰ᄒᆞ야涉셥疑의ᄒᆞᆫ사ᄅᆞᆷ의심저온사ᄅᆞᆷ이라을가져法법아니로鍛단鍊련셔니기듯ᄒᆞ단말이라ᄒᆞ야承승服복ᄒᆞ기ᄅᆞᆯ요구ᄒᆞ니本본人인이勘감問문뎌뭇단말이라을견ᄃᆡ디못ᄒᆞ야헛되이招쵸說셜을行ᄒᆡᆼᄒᆞ야寃원抑억ᄒᆞᆷ이잇기예닐위ᄂᆞᆫ디라ᄒᆞ나히나或혹그릇ᄒᆞᆫ견利리害ᄒᆡ헤잇단말이라져디아니ᄒᆞ니라

檢屍程式이 各有期限이ᄂᆞᆫ 이 過期屍壞ㅣ면 止憑勘當ᄒᆞ야 定執致命根因ᄒᆞ니 作弊之人이 窺見官司ㅣ 別無關防ᄒᆞ고 遂生姦計ᄒᆞ야 遇有人死ㅣ면 或欲報仇ᄒᆞ며 或欲圖財ᄒᆞ야 便行經官ᄒᆞ야 告稱被人打死ㅣ거나 或稱與毒藥身死ㅣ라ᄒᆞ되 經停月日ᄒᆞ야 候屍潰爛然後에 陳告ᄒᆞ면 差官檢覆에 已是屍壞ㅣ라 止憑仵作行人의 虛捏喝起ᄒᆞ야 便行追問ᄒᆞ며 貧民下戶ㅣ 因權豪苦虐ᄒᆞ야 非命而死者를 苦主ㅣ 被其攔截ᄒᆞ고 官吏因受計囑ᄒᆞ야 抑遏不能告官이라가 及至事發에 却以屍壞로 爲詞ᄒᆞ고 不復檢驗ᄒᆞᄂᆞ니 須要應期ᄒᆞ야 依式檢驗이니라

檢검屍시ᄒᆞᄂᆞᆫ程뎡式식라밖이 이각각期긔限ᄒᆞᆫ
이잇거ᄂᆞᆯ기ᄒᆞᆫᄂᆞᆯ디내여屍시ㅣ괴란ᄒᆞ야시면
다만勘감當당터무러됴소밧단말이라을의빙ᄒᆞ야致티命
명ᄒᆞᆫ根근因인을定뎡ᄒᆞ야잡으니弊폐ᄅᆞᆯ짓ᄂᆞᆫ
사ᄅᆞᆷ이官관司ᄉᆞㅣ別별노마음업슴을엿보고
드듸여姦간計계ᄅᆞᆯ내야만일사ᄅᆞᆷ죽으미이시
면或혹원슈ᄅᆞᆯ갑고쟈ᄒᆞ며或혹ᄌᆡ물을도모코
쟈ᄒᆞ야믄득관가에경유ᄒᆞ기ᄅᆞᆯ行ᄒᆡᆼᄒᆞ야ᄂᆞᆷ의
게텨죽임을닙엇다告고稱칭ᄒᆞ거나或혹毒독
藥약을주어身신歿ᄉᆞᄒᆞ다稱칭호ᄃᆡᄃᆞᆯ과날을

묵여죽임이ᄒᆡ여디고셕기ᄅᆞᆯ기ᄃᆞ려그런後후에陳딘告고ᄒᆞ면관원ᄋᆞᆯ쳐뎡ᄒᆞ야檢검覆복ᄒᆞᆷ에본仵이죽엄이문히덧ᄂᆞᆫ디라다만仵오作작과行항人이의헛되이즛모화셩언ᄒᆞᄂᆞᆫ것만의빙ᄒᆞ야믄득잡아뭇기ᄅᆞᆯ行ᄒᆡᆼᄒᆞ며貧빈民민이며下하戶호ㅣ權권豪호의苦고게ᄒᆞ여虐학ᄒᆞ임을因인ᄒᆞ야非비命명에죽은者자ᄅᆞᆯ苦고主쥬ㅣ그막즈르믈닙고官관吏리ㅣ計계囑쵹 쳥쵹ᄒᆞ단 말이라 바듬을因인ᄒᆞ야놀리이고막히이여能능히告고官관티못ᄒᆞ얏다가맛일이發발ᄒᆞ기

에니ᄅᆞ매믄득시신이믄허져심으로말을삼고다시檢검驗험티아니ᄒᆞ니모롬이긔ᄒᆞᆫ에應응ᄒᆞ야법대로檢검驗험ᄒᆞᆯᄯᅵ니라

檢屍過時不發ᄒᆞ야或等待上司行關ᄒᆞ며或稱已承他處公幹差遣ᄒᆞ며或應牒鄰近而牒遠者ᄒᆞ며或應驗而不驗ᄒᆞ며或不明定要害致死之因ᄒᆞ며或定而不當ᄒᆞ며或漏泄驗狀ᄒᆞ야情弊紛紜ᄒᆞ니不能槩擧ㅣ라理宜明定罪例ᄒᆞ야通行遵守ㅣ니라 附 一條本文이與我國事例로相左ᄒᆞ야就其文ᄒᆞ야略有改正올如此ᄒᆞ노

一 檢검屍시ᄒᆞᆷ을ᄯᅢ디나도록발힝티아니ᄒᆞ야或

ᄒᆞᆨ上샹司ᄉᆞ의行ᄒᆡᆼ關관을等등待ᄃᆡᄒᆞ며或ᄒᆞᆨᄇᆞᆯ셔다ᄅᆞᆫ곳에公공幹간으로시켜보내믈바닷노라일ᄏᆞᄅᆞ며或ᄒᆞᆨ응당히이웃갓가온ᄃᆡ牒텹이문ᄒᆞ야부검관쳥ᄒᆞᆫ단말이라ᄒᆞ얌즉ᄒᆞ거ᄂᆞᆯ먼뎌로牒텹ᄒᆞ며或ᄒᆞᆨ응당히검험ᄒᆞ얌즉ᄒᆞᄃᆡ검험티아니ᄒᆞ며或ᄒᆞᆨ要요害해致티死ᄉᆞᄒᆞᆫ실인을분명히定뎡티아니ᄒᆞ며或ᄒᆞᆨ定뎡ᄒᆞᄃᆡ當당티아니케ᄒᆞ며或ᄒᆞᆨ검험ᄒᆞᆫ문장을漏루泄셜ᄒᆞ야간경과폐단이紛분紜운ᄒᆞ니能능히일개로드지못ᄒᆞᄂᆞᆫ디라ᄉᆞ리맛당히罪죄例례검시관의죄라ᄅᆞᆯᄇᆞᆰ히定뎡

ᄒᆞ야 通통行ᄒᆡᆼᄒᆞ야 말미암아 닥희염즉ᄒᆞ니라

【按】此ᄎᆞ條됴本본文문이 我아國국事ᄉᆞ例례와 相샹左자ᄒᆞᆯ시 그 글에 나아가 라간 改거고 건 ᄒᆞ야두믈이 러ᄐᆞᆺᄒᆞ노라

【通】檢屍有定期ᄒᆞ야 不容少緩이니 或値鄰近官司ㅣ 有故而他官守宰ㅣ 過去境內則本官이 牒請覆檢이 道內四鄰官이 有故ㅣ면 他道官接隣者도 同케 卽 國朝故事ㅣ어ᄂᆞᆯ 今廢而不擧ᄒᆞ니 理宜飭行이니라

【諺】檢검屍시定뎡ᄒᆞᆫ 긔ᄒᆞᆫ이 이셔 잠간도 지완키ᄅᆞᆯ 용납디 못ᄒᆞᆯ거시니 或혹鄰린近근잇 官관司ᄉᆞㅣ 연고잇고 다ᄅᆞᆫ 고을 원동도면고

올원이라 이境경內내예 디나감을 만나거든 本
본官관이 문련ᄒᆞ야 覆복檢검을 請청ᄒᆞᄂᆞᆫ
거시道도內내四ᄉᆞ鄰린官관이연고이시면他타道도교온接졉鄰린ᄒᆞᆫ者자도
ᄀᆞᆺᄐᆞ니라 곳 國국朝됴에 녜일이어ᄂᆞᆯ 이제 發
패ᄒᆞ야 거ᄒᆡᆼ티 아니ᄒᆞ니 ᄉᆞ리 맛당히 신틱
ᄒᆞ야 行ᄒᆡᆼᄒᆞ얌즉ᄒᆞ니라
重刑枉直이 在推詳事頭ᄒᆞ니 凡檢驗屍傷에 衆證品
仗여 顯然ᄒᆞ야 易於結案者도 猶不免變亂情款이온 若
初不訟官ᄒᆞ고 直待身死然後에 方告ᄒᆞ며 或因他疾而
死ᄒᆞ미 或事涉曖昧ᄒᆞ야 不願進告ᄒᆞ야 屍已燒埋어ᄂᆞᆯ 里正

人等이 許囑縣吏ᄒᆞ야 妄投詞狀ᄒᆞ며 又有妄以驚死老幼及自傷殘害로 故行謀賴ᄒᆞ며 人家典雇人及負債不能償者ㅣ不幸而死ᄒᆞ면 其族黨이 需求錢物개리 不得則往往教唆陳告게ㅣ 胥吏兜攬受理ᄒᆞ며 官亦貪求ᄒᆞ야 從而檢驗ᄒᆞ며 或以屍首發變青赤顏色으로 妄作生前傷痕ᄒᆞ야 改變是非ᄒᆞ야 鍛鍊成獄ᄒᆞ며 或放火蹤跡이 不明ᄒᆡ어 或被強盜之類로 吏卒이 敎令事主ᄒᆞ야 妄指平人ᄒᆞ야 因而破家ᄒᆞ며 致有拷訊而死ᄒᆞᄂᆞ니 今後ᄂᆞᆫ 有司ㅣ 遇有人命公事ㅣ어든 審問是否五服內親及致死緣由ᄒᆞ야 若是親屬이오 的有冤濫이어든 方許受理ᄒᆞ고 若其告人이 不係其親屬이어늘 或稱親戚의

私人이라ᄒᆞ야代告ㅣㅏ이及里正主首申聞之類及不見

殺者의冤濫情節든이이無得理問ᄒᆞ고或潑皮有饑怨

ᄒᆞ야誣告平人ᄒᆞ야窺害人命든이이追問及坐ᄒᆞ고果有身

殺不明者ㅣ오實無親戚人等든이이許令鄰佑地主와

或里正頭目이從實申官ᄒᆞ야依理追問ᄒᆞ라

重듕ᄒᆞᆫ형옥의굽으며바ᄅᆞᆷ이일ᄎᆞ두ᄅᆞᆯ밀우여

ᄌᆞ세히홈에이시니믈읏屍시의상처ᄅᆞᆯ檢검驗

험홈애여러간증과品귀仗당살인ᄒᆞᆫ긔계라이顯현然

연ᄒᆞ야結결案안죄인이승복ᄒᆞ야문안을결말ᄒᆞ단말이라ᄒᆞ기수ㅣ

운者자ㅣ라도오히려情졍款관을變변亂란ᄒᆞ

기예免면티못ᄒᆞᆯ거시온만일아이예訟송官관
티아니코바로身신死ᄉᆞᄒᆞ기ᄅᆞᆯ기ᄃᆞ린然연後
후에보야ᄒᆞ로告고ᄒᆞ며或혹다ᄅᆞᆫ병을因인ᄒᆞ
야죽어시며或혹일이분명티아녀進진告고ᄒᆞᆷ
을願원티아니코시신을이믜燒쇼ᄒᆞ거나화장ᄒᆞ단
말이라埋ᄆᆡᄒᆞ얏거ᄂᆞᆯ里리正졍人인等등이縣현
吏리ᄅᆞᆯ계교로쳥쵹ᄒᆞ야허망히詞ᄉᆞ狀장을더
디며ᄯᅩ허망히ᄂᆞᆯ나셔주엇ᄂᆞᆫ늙은이며어린이
와ᄂᆞᆯ나죽은거ᄉᆞᆫ급거ᄒᆞ야병든죽엄과다ᄅᆞ니라밋스스로傷샹히와
殘잔害해ᄒᆞ니로ᄡᅥ집즛쎄ᄒᆞ야힘닙음을行힝

ᄒᆞ면사ᄅᆞᆷ의재의ᄯᅩ당호고공이와왜ᄢᅫᆨᄠᅡᆼ그홈 계사ᄅᆞᆷ빗負부債채ᄒᆞ고能능히갑디못ᄒᆞᆫ者
자ㅣ不블幸ᄒᆡᆼᄒᆞ아죽으면그族족黨당이錢전 物물을求구ᄒᆞ다가잇디못ᄒᆞ면ᄯᅢ앙ᄀᆞᄅᆞ처다
래어陳딘告고ᄒᆞᄂᆞ니라이젼이어우루처잡아다ᄉᆞ리며관
원이ᄯᅩ호貪탐求구ᄒᆞ야드듸여檢검驗험ᄒᆞ며
或혹屍시首슈ㅣ發발變변ᄒᆞ야프르고ᄇᆞᆰ어던
빗ᄎᆞ로ᄲᅥ허망히生ᄉᆡᆼ前젼엣傷샹痕흔을삼아
是시非비를고뎌變변ᄒᆞ야鍛단鍊련ᄒᆞ야成셩
獄옥ᄒᆞ며或혹放방火화ᄒᆞᆫ蹤종跡젹이ᄇᆞᆰ디몯
ᄒᆞ거나或혹強강盜도만난ᄂᆞᆫ類류를吏리卒졸
이事ᄉᆞ主쥬ㅣ라고ᄅᆞᆯᄆᆞᄅᆞ처시거허망히平평人

외을지목ᄒᆞ야因인ᄒᆞ야집을破파ᄒᆞ며拷고訊
신 디못단 밀이라 ᄒᆞ야죽음이잇기예닐위니이젼後후
ᄂᆞᆫ有유司ᄉᆞㅣ만일人인命명公공事ᄉᆞㅣ잇거
든五오服복안헷친쇽일시올ᄒᆞ며아님과밋致
티死ᄉᆞᄒᆞᆫ緣연由규ᄅᆞᆯ샹심ᄒᆞ야무러만일이親
친屬쇽이오뎍실히冤원濫람ᄒᆞᆷ이잇거든보야
흐로許허ᄒᆞ야바다다ᄉᆞ리고만일그告고ᄒᆞᆫ사
ᄅᆞᆷ이제親친屬쇽에미이디아녀기ᄂᆞᆯ或혹親친
戚쳑의私ᄉᆞ人인이로라일ᄏᆞ러ᄃᆡ신ᄒᆞ야告고
ᄒᆞ거나밋里리正정 약졍이라 과主쥬首슈 동리소임이라 의

申신聞문고ᄒᆞ단말이라ᄒᆞᄂᆞᆫ類류와밋死ᄉᆞ者쟈의寃
원濫람ᄒᆞ오情졍節졀을보디굿ᄒᆞ엿거든응당고홀사ᄅᆞᆷ
이라도분명티아니ᄒᆞᆫ일이라다ᄉᆞ려뭇디말고或혹潑발皮피
무뢰비라ㅣ讎슈怨원이이셔平평人인을誣무告고
ᄒᆞ야人인命명을害해ᄒᆞ려ᄒᆞ엿거든追츄問문ᄒᆞ
야反반坐좌법에죄업슨사ᄅᆞᆷ을거즛고ᄒᆞ면그죄ᄅᆞᆯ도로혀무고ᄒᆞᆫ사ᄅᆞᆷ을주ᄂᆞ니
리ᄒᆞ고과연身신死ᄉᆞᄒᆞ기ᄅᆞᆯ不블明명히ᄒᆞᆫ者
쟈ㅣ잇고實실로親친戚쳑엣人인等등이업거
든許허ᄒᆞ야鄰린佑우이웃사ᄅᆞᆷ이라와地디主쥬죽은곳ᄃᆡ
읫님재라와或혹里리正졍과頭두目목존위ᄅᆔ라이실상

대로관ᄉᆞ에신문ᄒᆞ게ᄒᆞ야법리대로잡허뭇게

ᄒᆞ라

檢驗一事ㅣ若有大段疑難이면須當廣布耳目以合

之라사庶幾無誤ㅣ니如鬪毆限內身死ᄒᆞ되痕損이不明

ᄒᆞ고若有病色이오曾使醫人師巫로救治之類則多因

病患死ㅣ니若不訪問則不知也ㅣ라然이나亦不可專任

一人이오仍宜善使之ㅣ니不然이면適足自誤ㅣ니라

檢검驗험一일事ᄉᆞㅣ만일큰疑의難난이이시

면모롬이맛당히耳이目목을너비펴버合합여려

사ᄅᆞᆷ의말을ᄒᆞ야사거의그ᄅᆞᆺ홈이업ᄉᆞ리니만

만출이라

일배홈ᄒᆞ야려고ᄒᆞᆫ明명律률辜고限ᄒᆞᆫ法법에手슈足족이나他타物물로
티傷상ᄒᆞ면二이十십日일이오刃인物물이나湯탕火화로傷상히오견三삼十십日일이오折
절跌딜肢지體톄와破파骨골과墮타胎ᄐᆡᄂᆞᆫ手슈足족이거他타物물을뭇디말고다五오十십
日일이니라 內ᄂᆡ예죽어시되痕흔損손이분명티아
니코만일病병色ᄉᆡᆨ이잇고일즉醫의人인과쇼
경무당으로ᄒᆞ여곰救구ᄒᆞ야치료ᄒᆞ던類류ᄂᆞᆫ
病병患환으로因인ᄒᆞ야죽음이만ᄒᆞ니만일訪
방問문듯보와아단말이라ᄒᆞ디아니면모롤때라그러나
ᄯᅩᄒᆞᆫ可가히ᄒᆞᆯ사ᄅᆞᆷ만견혀맛디디못ᄒᆞ얏거시오
仍잉ᄒᆞ야맛당이잘부릴때니그러티못ᄒᆞ면맛

리스스로그릇틸만이니라

凡檢覆後에體訪得行凶人事因ᄒᆞ야不可現之公文者ㅣ어든面白上官ᄒᆞ야使知曲折이면庶易鞫勘이니라

믈읫檢검覆복ᄒᆞᆫ後후에行ᄒᆡᆼ凶흉人인의일근인을體톄訪방ᄉᆞ단을ᄎᆞ자못단말이라ᄒᆞ야可가히公공文문에드러내디못ᄒᆞᆯ거시어든上상官관의게ᄂᆞᆺᄎᆞ로ᄉᆞᆯ와曲곡折졀을알게ᄒᆞ면거의국균ᄒᆞ야감단ᄒᆞ기쉬우니라

凡檢屍不過條例所錄이니然勒殺이類乎自縊ᄒᆞ고溺死ㅣ類乎投水ᄒᆞ고鬪毆ᄒᆞ야有限內致命而實因病患

身死ᄒᆞ며 人力女使ㅣ 因被捶撻ᄒᆞ야 在主家自害自縊之類ㅣ 理有萬端ᄒᆞ니 並爲疑難이라 臨時審察ᄒᆞ고 切勿輕易ᄒᆞ라

、글ᄠᅳᆺ 檢검屍시ㅣ 條됴例례에 긔록ᄒᆞᆫ바에 디나디아니ᄒᆞ나 그러나 勒륵殺살놈이목ᄆᆡ야죽인거시라 이 自ᄌᆞ縊의스스로목ᄆᆡ야ᄃᆞᆫ거시라과 ᄀᆞᆺ고 溺닉死ᄉᆞ놈이물에ᄲᅡ뎌죽인거시라ㅣ 投투水슈스스로색던거시각와 ᄀᆞᆺ고 ᄲᅡ화뎌고ᄒᆞᆫ 안히 죽어시도 實실은 病병患환을 因인ᄒᆞ야 죽으미 이시며 人인力력죵놈이라이며 女녀使ᄉᆞ죵년이라ㅣ 捶츄撻달티ᄂᆞᆫ말이라 남음을 因인ᄒᆞ야 主쥬家가

、自[illegible]

에이셔스스로害해ᄒᆞ며스스로縊익ᄒᆞᆫ類류ㅣ
졍리萬만端단이나혹이이시니다疑의難난이
되ᄂᆞ니라臨림時시ᄒᆞ야ᄌᆞ셰히ᄉᆞᆯ피고부ᄃᆡ輕
경易이히말게ᄒᆞ라

凡檢驗屍首애指定作被打後에服毒或自縊或投
水身死之類ᄂᆞᆫ最須見得親切이라사方可如此定執
이니라世上에多有打死人後에以藥灌入口中ᄒᆞ고誣
以自服毒者ᄒᆞ며亦有死後에用繩弔起ᄒᆞ고假作生前
自縊者ᄒᆞ며亦有死後에推在水ᄒᆞ고假作自投水者ᄒᆞ니
一或差互ㅣ면利害不小ㅣ라今須仔細點檢ᄒᆞ야有可憑

實跡사니라方可辨明라이니
믈읫屍시首슈ᄅᆞᆯ檢검驗험ᄒᆞᆷ에指지定뎡ᄒᆞ야
被피打타ᄒᆞᆫ後후에毒독을먹엇다커나或혹自
ᄌᆞ縊익ᄒᆞ엿다커나或혹投투水슈身신死ᄉᆞ로
삼ᄂᆞᆫ類류ᄂᆞᆫᄀᆞ장조곰이보기ᄅᆞᆯ親친切절히ᄒᆞ
야사보야ᄒᆞ로ᄆᆡ가히이리定뎡執집ᄒᆞ미니라
世셰上샹애만히사ᄅᆞᆷ을더주인後후에藥약으
로ᄡᅥ口구中듕에부어너코스스로服복毒독ᄒᆞᆷ
으로무고ᄒᆞᄂᆞᆫ者쟈도이시며ᄯᅩᄒᆞᆫ죽은後후에
노ᄒᆞ로ᄡᅥᄆᆡ야ᄃᆞᆯ고거ᄌᆞᆺ生ᄉᆡᆼ前젼自ᄌᆞ縊익을

삼ᄂᆞᆫ 着착도 이시며 ᄯᅩ호 죽은 後후에 밀텨 믈에 두고 거즛 스스로 投투水슈ᄒᆞᆷ을 삼ᄂᆞᆫ 者자도 이시니 ᄒᆞ나히나 或혹 어긔수 근쳬기 書셔 젹디 아닌디라 이제 모롬이 仔ᄌᆞ細셰히 點뎜檢검ᄒᆞ야 可가히 빙고ᄒᆞᆯ 實실跡젹이 이셔사 보야ᄒᆞ로 可가히 졀히야ᄇᆞᆯ힐디니라

凡體問에 必先喚集鄰證ᄒᆞ야 反覆審問ᄒᆞ야 歸一捧招ᄒᆞ되 或見聞이 參差ㅣ이든 令各取招ᄒᆞ고 或併責行兇人供辭ᄒᆞ야 一併粘申上司ᄒᆞ되 若憑吏卒開口ㅣ면 即是私意ㅣ니 須多方體訪ᄒᆞ야 務令參會歸一ᄒᆞ고 不可憑一二

人口說ᄒᆞ야 便以爲信이며 及僃三兩紙供辭ᄒᆞ야 謂可塞責이라 況其中不識字者ᄂᆞᆫ 招辭ㅣ 多出吏手ᄒᆞ며 鄰證이 或與囚身으로 是親故及贈受買囑符合ᄒᆞᄂᆞ니 不可不察이니라

믈읫 體톄問문(ᄉᆞᆯ펴 믓단 말이라)ᄒᆞᆷ에 반ᄃᆞ시 몬저 鄰린證증(절린 피간 증이라)을 블니 모화 反반覆복ᄒᆞ야 ᄌᆞ세히 무러 歸귀一일(여러 말이 ᄀᆞᆺ틈이라)ᄒᆞ게 됴ᄉᆞ를 바ᄃᆞ듸 或혹 보며 듯ᄂᆞᆫ 거시 어긋나거든 ᄒᆞ여곰 각각 取취招됴ᄒᆞ고 或혹 行ᄒᆡᆼ凶흉人인의 供공辭ᄉᆞ를 비ᄒᆞ야 취척ᄒᆞ야 ᄒᆞᆷ셰 上샹司ᄉᆞ에 텸련ᄒᆞ야 신

보호ᄃᆡ만일吏리卒졸의開ᄀᆡ口구ᄒᆞᆷ만의방ᄒᆞ
면곳이ᄂᆞᆫᄉᆞᄉᆞᄯᅳᆺ이니모롬이여러가디로體례
訪방ᄒᆞ야ᄒᆞ여곰參참會회서ᄅᆞ섯거보와알음이라歸귀一
일키롤힘ᄡᅳ고可가히一일二이人인의口구說
설만의빙ᄒᆞ야믄득비밋븜을삼으며밋三삼兩
냥紙지供공辭ᄉᆞ롤ᄆᆞᄎᆞ아可가히塞석責ᄌᆡᄒᆞ
리라ᄒᆞ디못ᄒᆞᆯᄯᅢ라ᄒᆞ몸며그가온대ᄀᆞᆯᄋᆞ모ᄅᆞ
ᄂᆞᆫ者자ᄂᆞᆫ招쵸辭ᄉᆞㅣ만히아젼의손에나며鄰
린證증이或혹凶흉身신살인원범이라과이親친故고
ㅣ어나밋ᄆᆞ만이買미囑쵹지글로청쵹홈이라ᄒᆞᆫ을밧고

뷔동ᄒᆞ야合합ᄒᆞᄂᆞ니可가히숣피디아니티몯
ᄒᆡᆺ거시니라
凡檢驗承牒之後에不可接見在近官員秀才術人
僧道ᄒᆞ야以防姦欺니라
믈읫檢검驗험홈애문뎝을바든後후에可가히
갓가이잇ᄂᆞᆫ원一원셕의웃사ᄅᆞᆷ이라官관員원과秀슈才
지션비라와術술人인잡술ᄒᆞᄂᆞᆫ사ᄅᆞᆷ이라과僧승道도듕과도ᄉᆡ
라ᄅᆞᆯ接졉見견티말아ᄡᅥ간사와소기ᄅᆞᆯ막을디
니라
凡檢驗官이遇經宿處ㅣ어든須問其家ㅣ與凶身及

苦主로親戚是否ᄒ고方可安歛ᄒ야以別嫌疑ᄒ라
믈읫檢검驗험官관이經경宿슉ᄒᆞᆯ곳을만나거
든모롬이그집이凶흉身신과밋苦고主쥬ᄅᆞᆯ더
브러親친戚쳑이며아니늘믓고보아ᄒᆞ로可가
히미므러쉬여써嫌혐疑의ᄅᆞᆯ분별케ᄒᆞ라

【補】檢驗狀을一一親手塡註ᄒ고毋得假手吏胥ᄒ야以備
推勘ᄒ고或有不得姓名人屍首ᄒ야其親屬이追後呈
告者ᄂᆞᆫ須驗狀証辨이니至若獄囚軍人無主外人도
驗狀을尤須詳愼이고不可稍有疎略이니라

[illegible] 檢검狀장을一일一일히親친히손으로메워

註주ᄃᆞᆯ고 吏리胥서의게 손을 킈라 ᄇᆡ 推츄勘감츄문ᄒᆞ야마감ᄒᆞᆫ단말이라을 쥰비티 발고 或혹 姓셩名명을 엇디 못ᄒᆞᄂᆞᆫ 사ᄅᆞᆷ의 屍시首슈ㅣ 이셔 그 親친屬쇽이 追츄後후ᄒᆞ야 呈뎡告고ᄒᆞᄂᆞᆫ 者쟈ᄂᆞᆫ 모름이 驗힘狀장으로 증거ᄒᆞ야 ᄀᆞ힐띠니 獄옥囚슈와 軍군人인 ᄀᆞᄅᆞᆫ 님자업ᄉᆞᆫ 殺살人인에 니ᄅᆞ러도 驗험狀장을 거옥부ᄃᆡ ᄌᆞ세히 삼ᄀᆞᆯ개시오 可가히 져기도 疎소略략ᄒᆞᆷ이 잇디 못ᄒᆞᆯ띠니라

若昏夜被殺ᄒᆞ야 見證無人及屍無下落者ᄂᆞᆫ 只宜密訪이오 不可妄意猜疑ᄒᆞ야 鍛鍊成獄이니라

【諺】만일어두운밤에被피殺살ᄒᆞ야見견證증ᄒᆞᆯ사ᄅᆞᆷ이업스며믿시신이下하落락이업ᄉᆞᆫ간곡이업다말이라着자ᄂᆞᆫ다만맛당히비밀히ᄎᆞ자무ᄅᆞᆯ께시오可가히妄망意의로딤작ᄒᆞ며의심ᄒᆞ야鍛단鍊련ᄒᆞ야獄옥을일우디몯ᄒᆞᆯᄯᆡ니라

檢式

검험ᄒᆞᄂᆞᆫ법이라

【增】此條ᄂᆞᆫ即篇之骨子也ㅣ니條例門諸條에更有檢式ᄒᆞ니各見本條ᄒᆞ야宜參考ᄅᆡ니

【諺】이됴목은곧一일篇편읫骨골子ᄌᆞㅣ라條됴例례門문은모ᄃᆞᆫ됴목에ᄯᅩ檢검式식이이셔각각本본條됴에뵈어시니맛당히섯거샹고ᄒᆞᆯ디니라

檢屍官이不得先到屍處ᄒᆞ고於上風에坐定ᄒᆞ라 令燒皂角蒼朮ᄒᆞ야以辟穢氣ᄒᆞ며○或以眞麻油로塗鼻孔邊ᄒᆞ며或以蘇合元으로塞鼻孔이亦可ᄒᆞ니

檢검屍시官관이屍시處처에몬저니ᄅᆞ디못ᄒᆞ고 응당무롯사ᄅᆞᆷ과ᄒᆞᆫ가디로나아가란말이라 ᄇᆞ람웃편에坐좌定뎡ᄒᆞ라 ᄒᆞ여곰皂조角각과蒼창朮튤을ᄐᆡ와ᄡᅥ더라운기운ᄋᆞᆯᄆᆞᆯ니티게ᄒᆞ라○或혹ᄎᆞᆷ기ᄅᆞᆷ으로ᄡᅥ코구무ᄀᆞ의ᄇᆞᄅᆞ거나或혹蘇소合합元원으로ᄡᅥ코굼글막음이ᄯᅩᄒᆞᆫ可가ᄒᆞ니라

檢屍場聽候人吏等

司吏○干犯人○干證人○切鄰人○正犯人○主首人○屍親○仵作○行人○醫律

檢검屍시터ᄒᆡ령ᄃᆡ후ᄒᆞᆫ人인吏리等등

이라

司ᄉᆞ吏리어젼이라○干간犯범人인옥ᄉᆞ에干간涉셥ᄒᆞ야죄잇ᄂᆞᆫ사ᄅᆞᆷ이라○干간證증人인본ᄉᆞᄅᆞᆯ아ᄂᆞᆫ사ᄅᆞᆷ이라○切졀鄰린人인졉린ᄒᆞᆫ집사ᄅᆞᆷ이라○干간證증과切절鄰린을협ᄒᆞ야五오人인에더나디말게ᄒᆞ라○正정犯범人인살인원범이라○主쥬首수人인死ᄉᆞ人인잇ᄂᆞᆫ곳동ᄂᆡ이라○屍시親친死ᄉᆞ人인의親친屬쇽과發발狀장ᄒᆞᆫ사ᄅᆞᆷ이라○仵오作작我아國국鎖쇄匠장이類류ㅣ라○行항人인我아國국使ᄉᆞ令령類류ㅣ라○醫의律률셔울은醫의員원律률官관이니首슈領령官관이라ᄒᆞᄂᆞ니라○외방은醫의生성律률生성이라

隨行人吏及干連人이多賣弄四鄰ᄒᆞ야先期縱

其走避ᄒᆞ고 只捉遠鄰이이나 或老人婦人及未成
丁人ᄒᆞ야 塞責ᄒᆞ고 又有行凶人이 恐要切干證人
直供ᄒᆞ야 故令藏匿ᄒᆞ고 自以親密人으로 合套誣證
ᄒᆞᄂᆞ니 不可不知니라

ᄯᆞᆯ와 갓ᄂᆞᆫ 아젼과 밋 干간連련人인이 만히
四ᄉᆞ鄰린을 소기며 조롱ᄒᆞ야 션물빗고권세롤ᄑᆞ라소
겨ᄃᆞᆯ래탈이라ᄃᆞᆫ 先션期긔ᄒᆞ야 그ᄃᆞ라나피ᄒᆞ게
노코 다만 먼 이웃이어나 或혹 老로人인과
婦부人인과 成셩丁뎡티 못ᄒᆞᆫ 사ᄅᆞᆷ아ᄒᆡ라을
잡아 塞식責칙ᄒᆞ고 ᄯᅩ 行ᄒᆡᆼ凶흉人인이 要

요切절ᄒᆞ干간證증人인이바로공ᄉᆞᄒᆞᆯ가

저허짐줏ᄀᆞᆷ초아숨게ᄒᆞ고스스로親친密

밀ᄒᆞᆫ사ᄅᆞᆷ으로ᄡᅥ거즛거ᄉᆞᆯ주합ᄒᆞ야소겨

증참ᄒᆞᆷ이잇ᄂᆞ니可가히아디아니티못ᄒᆞᆯ

ᄯᅵ니라

應用法物

酒○糟○醋○初春與冬月은煮醋炒糟ᄅᆞᆯ令熱

ᄒᆞ라○仲春殘秋ᄂᆞᆫ宜微熱이니라○夏秋間은糟醋

ᄅᆞᆯ微熱이면以天氣炎熱이라恐傷皮肉이니라○秋將

深則用熱이니左右手册相去三四尺에加火熷ᄒᆞ라

以氣候差涼故也ㅣ니라【增】檢驗時예將新白布或白紙야投入酒醋ᄒᆞ試看ᄒᆞ라有弊則布紙變色ᄒᆞᄂᆞ不變ᄒᆡ야ᅀᅡ方可用ᄃᆡ니

○鹽○椒○葱○梅實

○甘草或受囑ᄒᆞ以茜草로投醋內ᄒᆞ塗傷處면痕皆不見ᄒᆞᄂᆞ以甘草水로洗之면即見ᄒᆡ니

○土盆○椀○湯水器○炭○銀釵銀釵ㅣ假僞면

纔觸穢氣예其色이即變ᄒᆞ難以辨明中毒ᄒᆞ遂致究在ᄒᆞᄂᆞ宜用十成天銀不雜銅鉛者ᄒᆞ監臨

成造ᄒᆞ堅記封收가다專用於檢屍ᄒᆞ餘詳中毒門ᄒᆞ니○白飯○雞飯鷄法은詳見

中毒門ᄒᆞ니○白紙竹紙ᄂᆞᆫ見鹽醋多爛ᄒᆞᄂᆞ須用白紙ᄒᆞ라○綿絮○薦

席○【麤】細繩○灰○盆器○官尺【釋】即黃鍾尺ㅣ니所以量傷處ㅣ니

以周尺으로准則周尺長이六十六釐ㅣ니

응당쓰ᄂᆞᆫ法법物믈이라

酒쥬술이라 ○糟조지강이라 ○醋조초히라 ○初초春
츈과다ᄆᆞᆺ冬동月월은ᄎᆞᄅᆞᆯᄉᆞᆯ히며술지강부
기ᄅᆞᆯ덥게ᄒᆞ라 ○仲듕春츈과殘잔秋츄는맛
당히져기덥게ᄒᆞᆯ디니라 ○夏하秋츄ᄉᆞ이는
糟조와醋조ᄅᆞᆯ져기나덥게ᄒᆞ면ᄲᅥ天텬氣긔
더운디라저컨대갓과ᄉᆞᆯ히傷샹ᄒᆞᆯ가ᄒᆞ니라
○ᄀᆞ올이쟝ᄎᆞᆺ깁거든ᄲᅥ덥게ᄒᆞᆯ디니左자右
우手슈와肋륵자우륵이라 相샹去거三삼四ᄉᆞ尺
쳑에블쬐ᄅᆞᆯ더으라氣긔候후ㅣ져기서ᄂᆞᆯ홈
으로ᄲᅦ니라 檢김驗험ᄒᆞᆯ셰에새白빅布포나或혹白빅紙지ᄅᆞᆯ가져酒주

醋조에 드리더시 험ᄒᆞ야 보라 간폐 이시면 뵈와 죠희 빗처 變변ᄒᆞᄂᆞ니 變변티 아니ᄒᆞ야사
보야ᄒᆞ로 可가히 쓸 ᄯᅢ니라 ○鹽염 소금이라 ○椒쵸 川쳔椒쵸ㅣ라 ○
蔥총 과이라 ○梅미實실 미실 듕 빗 힌 거슬 쓰라 ○甘감草
조 或혹 쵹을 ᄡᆞ고 곡도 손으로 ᄲᅵ초히 드리 더 傷상處처에 ᄇᆞᄅᆞ면 상ᄒᆞᆫ 이 다 뵈다 아니
ᄒᆞ、나 甘감草초水슈로 ᄢᅦᄢᅧ스면 즉시 뵈ᄂᆞ니라 ○土토盆분 本본無무寃원
錄록에 砂사盆분이라 ○槌퇴 ᄢᅢ 上상件건物믈을 ᄀᆞᄂᆞᆫ 거시라 ○槌퇴ᄂᆞᆫ 俗쇽稱
칭 막지니 本본無무寃원錄록에 砂사槌퇴라 ○湯탕水슈器긔 믈 ᄭᅳᆯ힐 그
르시라 ○炭탄 숫치라 ○銀은釵차 銀은 빈혀라 ○銀은釵차ㅣ 거
즛거시면 穢예氣긔ᄅᆞᆯ ᄇᆞ근 시밧일ᄃᆞᄒᆞᆷ여 그 빗처 즉시 變번ᄒᆞ야 ᄲᅧ中듕毒독ᄒᆞᆷ을 ᄀᆞᆯ희여
뵈히기 어려워 드ᄃᆡ여 寃원枉왕ᄒᆞᆷ을 닐우ᄂᆞ니 밋당히 十십成셩ᄒᆞᆫ 단 銀은이 銅동鉛연 섯

기디아니ᄒᆞᆫ거ᄉᆞ로ᄡᅥ監감臨림ᄒᆞ아成셩造조ᄒᆞ고조가보람ᄒᆞ고封봉ᄒᆞ야ᄀᆞᆷ초갓다가
檢검屍시에만쓰라나ᄆᆞᄂᆞᆫ中듕毒독門문에ᄌᆞ세ᄒᆞ니라 ○ 白빅飯반 힌밥
이라 ○ 鷄계 ᄃᆞᆰ이라 ○ 飯반雞계法법은中듕毒독門문에ᄌᆞ셰히뵈엿ᄂᆞ니라 ○
白빅紙지 竹듁紙지ᄂᆞᆫ鹽염과醋조로보면만ᄋᆡ처디ᄂᆞ니모롬이白빅紙지로쓰
리 ○ 綿면絮셔 풀소음과소음이라 ○ 薦쳔席셕 집자리라 ○
보 細셰繩승 ᄀᆞᄂᆞᆫ노히라 ○ 灰회 ᄌᆡ라 ○ 盆분器긔 소라
그르시니灰회印인덥ᄂᆞᆫ거시라 ○ 官관尺척 증畀黃황鍾종尺척이니ᄡᅧ傷
상處쳐ᄅᆞᆯ지히ᄂᆞᆫ거시니周쥬尺척으로準쥰ᄒᆞ면周쥬尺척長댱이六륙寸촌六륙釐리니
다

官관尺척半반

凡驗屍에 須先責血屬及隣保ᄒᆞ야 識認是與不是本屍ᄒᆞ되 或屍首ㅣ 經久ᄒᆞ야 胖脹腐爛ᄒᆞ야 識認不眞이어든 須先責問元着甚衣服色樣ᄒᆞ며 有甚記號及身上에 有甚疤認處오ᄒᆞ야 令分明責狀訖에 始開檢ᄒᆞ되 屍首ㅣ 或在屋內地上이어나 或床上이어나 或屋前後露天地上이어나 頭南脚北頭東脚西仰合側臥를 屍旁에 開寫ᄒᆞ고 亦寫東西南北四至處所와 門窓墻壁之類를 各幾許步寸ᄒᆞ고 或在山嶺溪澗草木上이어든 打量

薨屍四至 高低遠近 去某處若干 在溪澗中

이어든 上去至山脚或岸幾許ㅣ며 係何人地甚地名이며

屍傍애 應有器仗物色 仔細聲說ᄒᆞ고 若屍在水中

이어나 或窄暗處ᄒᆞ야 難以定驗者ㅣ어든 許移於近便處

ᄒᆞ고 開說移動緣由ᄒᆞ라

믈읫驗험屍시홈애 모롬이 몬져 血혈屬쇽과 및

隣린保보의게 다 집바다 本본시신 일시 올ᄒᆞ며

올티 아니홈을 알오ᄃᆡ 或혹 屍시首슈ㅣ오라야

胮방脹턍퓡퓡홈이라 ᄒᆞ고 석어 허여뎌 알옴이 진뎍

디 몯ᄒᆞ거든 모롬이 몬져 아이예 므슴 衣의服복

色ᄉᆡᆨ樣양 물ᄉᆡᆨ과 양이라 졔 을 넘어시며 므슴 記긔 號호
着다 標표ㅣ 니 호패뤼라 ㅣ이 심과 밋 身신上샹에 므슴 허믈
알올 곳이 잇ᄂᆞᆫ고 다뎌 무러 分분明명히 문장에
다 집ᄒᆞ게 ᄒᆞ야 모ᄎᆞᆷ애 비로소 열고 검험호되 屍
시 首슈ㅣ 或혹 집속에 ᄯᅡ바닥이어나 或혹 床상
上샹이어나 或혹 집 압히어나 뒤ᄒᆡ 하ᄂᆞᆯ 뵈ᄂᆞᆫ 地
듸 上샹에 잇거나 머리 南남이오 발이 北븍이며
머리 東동이오 발이 西셔ㅣ며 仰앙ᄒᆞ며 合합ᄒᆞ
며 側측ᄒᆞ야 仰앙은 반ᄃᆞ시 누은 거시오 合합은 업ᄃᆡᆫ 거시오 側측은 녑흐로 누은 거
시라 누어심을 屍시房방 屍시帳댱 겻ᄐᆡ 니시신노 혓ᄂᆞᆫ 형상을 시댱우ᄒᆞ不

增修無冤錄諺解 卷一 二十二

셰히긔록ᄒᆞᆫ란말이라 애ᄠᅥ려쓰고ᄯᅩᄒᆞᆫ東동西셔南남北북四ᄉᆞ至지ᄉᆞ면으로어ᄃᆡ어ᄃᆡᄭᆞ디라에處쳐所소와門문이며窻창이며墻쟝이며壁벽의類류로각각몃步보히며寸촌이라ᄒᆞ야쓰고或혹山산嶺령이어나溪계澗간이어나草초木목우희이셧거든屍시노혓ᄂᆞᆫ듸四ᄉᆞ至지와놉ᄑᆞ며ᄂᆞᄌᆞ며멀며갓가옴과草초木목잇高고低뎌와山산嶺령과溪계澗간잇遠원近근이라아모곳에셔샹게언마나ᄒᆞᆷ을打타量량ᄒᆞ고溪계澗간가온대이셧기ᄂᆞᆫ웃편으로가뫼기슭이어나或혹언덕에다ᄃᆞᄅᆞᆷ이언마나ᄒᆞ며엇던사ᄅᆞᆷ의더ᄒᆞ미 이여시며 므슴 地디名명이며 屍시旁방 屍시首슈 겻티라 에 응당 잇ᄂᆞᆫ 器긔仗당物믈色ᄉᆡᆨ을 仔ᄌᆞ細셰히 소릐ᄒᆞ야 닐으고、만일 屍시ㅣ 水슈中듕에나 或혹 좁고 어두운 곳에 이셔 ᄡᅥ 定뎡驗험키 어렵거든 갓갑고 便편ᄒᆞᆫ 곳에 옴기게 ᄒᆞ고 옴겨온즉인 緣연由유ᄅᆞᆯ 開ᄀᆡ說셜ᄒᆞ라

從頭檢起ᄒᆞᆯ시 約年多少ᄒᆞ고 量得身長大小와 面體肉色이 如何와 脂肉이 膌與不膌과 兩手脚이 伸直或拳曲과 髻髮이 緊慢或散解ᄒᆞ며 開髻ᄒᆞ야 量髮長多少ᄒᆞ고 擘開兩眼ᄒᆞ야 看雙睛ᄒᆞ고 如有傷處ㅣ어든 指定其處

에 有傷幾處ᄒᆞᄃᆡ 皮破血出이어나 或皮微損血不出이어나 或青赤色이어나 或腫이어나 或浮皮破이어나 或骨損與不損ᄒᆞ고 量得長闊深淺團圓青赤紫黑黷腫高分寸ᄒᆞᄃᆡ 或係手足이어나 或他物이어나 或磕擦隱墊ᄒᆞ야 定執致命之因ᄒᆞ라 ○ [增] 生前에 有鉄刃肢體及傴僂拳跛禿頭青紫黑紅色痣肉瘤諸般疾狀과 雕青灸瘢疥癬癰癤瘡을 開寫新舊와 有無膿血ᄒᆞ라 ○ 更看頂心頭髮內에 有火燒釘子와 眼睛臍孔前後陰에 有釘無釘ᄒᆞ며 齒舌耳鼻內와 或手足指甲中에 有簽無簽ᄒᆞ라

미리로부터檢검ᄒᆞ야시작ᄒᆞᆫ시나히언마나ᄒᆞᆷ을헤아리고킈크여적음과面면體테에肉육色석이엇더ᄒᆞᆷ과腈지肉유 肌기肉유이라 이ᄭᅥ저시며다못ᄭᅥ더디아니ᄒᆞᆷ과두손과발이펴이여고닷거나或혹줌쥐며굽음과 손은줌쥐고다리와ᄑᆞᆯ은굽단말이라 샹토와머리터럭이도도ᄒᆞ며누엇거나或혹ᄒᆞ더디며푸러집을헤아리며샹토ᄅᆞᆯ푸러터럭기리언마되옴을자히고두눈을ᄯᅥ혀여러두눈망울을보고만일傷상處처ㅣ잇거든아모곳에傷상ᄒᆞᆷ이몃곳이이시되갓티사여디고피낫거나或혹

갓티微미ᄒᆞ샹ᄒᆞ야피아니낫거나或혹프르며
븕은빗치어나或혹부엇거나或혹듧는갓ᄎᆞ사
여뎟거나或혹爽상ᄒᆞ얏거나다못상티아녓다
ᄆᆞᄅᆞ처定뎡ᄒᆞ고기릐와너븨와깁흠엿틈과에
음과프르며븕으며검븕으며검으며검흐검으
며부은거시分분寸촌을자히되或혹手슈足족
이어나或혹他타物물이어나或혹磕합擦찰몸으
로다달녀생흠이라커나隱은墊뎜아래잇는거시우ᄒᆞ
로다달너생흠이라ᄒᆞᆫ
틔미이엿다ᄒᆞ야致티命명ᄒᆞᆫ근인을定뎡ᄒᆞ야
잡으라○[增]生싱前젼에肢시體톄이조러더시

며부러딤이 잇거나 밋곱사등이어구 조막손이

어나 젓도발이어나 머리미 엇거나 프르며 검븕

으며 검으며 븕은 빗칫사마피와 솔후이어나 여

러가지 병형상과 雕됴青쳥 솔희사기고프르이 블드린거시라

며 ᄯᅳᆷ질허믈이어나 옴이며 버즘이며 큰죵긔며

보돌옷시며 창질을 새거시며 오란 거시며 고롬

피이시며 업슴을 버려 쓰라 ○ 다시 頂뎡心심과

머리더럭속에 블티운쇠못시이 심과 블에달화 박아ᄲᅧ속

에더ᄒᆞ면피나디아니ᄒᆞ고ᄯᅩᄒᆞᆫ ᄒᆞᆫ손도뵈디아니ᄒᆞᄂᆞ니라 눈망울이며 빗곱

이며 前젼後후陰음 압뒤음혈이라 에 釘뎡이 이시며 釘

뎡이업스며 니와 혀와 귀와 코속과 或혹 손ᄐᆞᆸ
톱가온대 簽쳠대ᄣᅧᆺ근거시라 이이시며 簽쳠이 업스믈
보라

檢婦人에 不可避羞ㅣ니라 ○檢婦人에 無傷損處ㅣ어
든 須看陰門ᄒᆞ라 恐自此入刀於腹內ㅣ니 畜皮淺則臍
上下에 微有血沁ᄒᆞ고 深則無ㅣ니라 ○[補]婦人이 因產
門受傷身死ᄒᆞ야 皮肉消化者ᄂᆞᆫ 其顖門骨幷架骨이
俱紫赤色ㅣ니라 ○驗處女屍에 令收生婆로 剪去中
指甲ᄒᆞ고 用綿包紮ᄒᆞ고 眼同屍親과 幷隣婦二三人ᄒᆞ야
令產婆로 將綿紮指頭ᄒᆞ야 於陰戶內에 試ᄒᆞ야 有黯血

이면 卽是處女ㅣ오 無ㅣ면 卽非ㅣ니라 ○ 補 檢小兒도 亦如檢
式이니라
婦부人인을 檢검험에 可가히 슈티를 피티 몯ᄒᆞᆯ
띠니라 ○ 婦부人인을 檢검험에 傷상損손ᄒᆞᆫ 곳
이 업거든 모롬이 陰음門문을 보라 저컨대 이ᄃᆡ
로부터 ᄀᆞᆯ흘 腹복內내예 드려 보내여 실가 ᄒᆞᆯ이
나 갓희셔 상게 엿트면 빗곱 上상下하에 微미히
피 딘 거시 잇고 겁프면 업ᄉᆞ니라 칼ᄭᅳᆺ과 기족ᄉᆞ이 갓가오면 피
것ᄒᆞ로 비초여 며티고 말면 업ᄉᆞᆫ 말이라 ○ 補 婦부人인이 産산門문
에 受슈傷상홈을 因인ᄒᆞ야 身신死ᄉᆞᄒᆞ야 가과

ᄉᆞᆯ히 消쇼化화 석어 업ᄉᆞᆷ이라 ᄒᆞᆫ 者쟈ᄂᆞᆫ 그 顖신門문 숫구
멍이라 骨골과 다믓 架가骨골 ᄒᆡ복아래 ᄀᆞᄅᆞ 둘너 뒤ᄒᆡ 옹ᄆᆞᆫ이 삿ᄲᅧ와
서ᄅᆞ 니인 거시라 이 다 검븕으며 븕은 빗치니라 ○ 處쳐
女녀의 屍시ᄅᆞᆯ 驗험홈애 收슈生ᄉᆡᆼ婆파 ᄒᆡ산시기ᄂᆞᆫ 계
집이라 로 ᄒᆞ여곰 中듕指지甲갑 댱가락 손돕이라 을 버혀
ᄇᆞ리고 소음으로 ᄡᅥ 싸 감고 屍시親친과 다믓이
웃겨집 두세 사ᄅᆞᆷ을 眼안同동ᄒᆞ야 產산婆파로
ᄒᆞ여곰 소음 감은 손가락ᄉᆞᆺᄎᆞᆯ 가져 陰음戶호 內
ᄂᆡ예 시험ᄒᆞ야 검은 피이시면 곳 이ᄂᆞᆫ 處쳐女녀
ㅣ오 업스면 곳 아니니라 ○ 小쇼兒ᄋᆞᄅᆞᆯ 검험

ᄒᆞᆷ三件ᄒᆞᆫ檢검式식대로ᄒᆞᆯ띠디라

並抄劄屍形四至訖에方可扛擡ᄒᆞ야出平穩明淨地上ᄒᆞ고用門扇簟席襯磹ᄒᆞ야不惹泥土ᄒᆞ라○先剝在身衣服ᄒᆞ고自頭上至鞋襪等히逐一抄劄ᄒᆞ되有隨身行李ㅣ어든亦具名件ᄒᆞ라○且乾驗一番ᄒᆞ라○次以湯水肥皂로洗滌垢膩ᄒᆞ고又以水로衝蕩洗淨ᄒᆞ라○次用白紙厚鋪襯ᄒᆞ라○檢沿屍ᄒᆞᆯ시脫下衣物已애責付里正王首收管ᄒᆞ야聽候覆檢ᄒᆞ되有照用衣物이어든幾件을開ᄒᆞ고無照用衣物이라도開ᄒᆞ라○方可押兩爭人及親屬干連人ᄒᆞ야見認了애各令書押格目驗狀ᄒᆞ라

屍시의형상과四ᄉᆞ至지ᄅᆞᆯ아오론벗겨ᄀᆡ록ᄒᆞ야ᄆᆞᄎᆞᆷ애보야호로可가히머여드러平평穩온ᄒᆞ고ᄇᆞᆰ고조ᄒᆞᆫ地디上상에내고門문扇션【문ᄶᅡᆨ이라】이나삿자리나돗티나ᄡᅥ솔부터ᄭᆞ라【시신이래펴란말이라】ᄌᆞᆫ흙과흙을뭇티디아니케ᄒᆞ라○몬져몸에잇ᄂᆞᆫ衣의服복을벗기고頭두上상으로부터시과보션들ᄭᆞ디니ᄅᆞ히낫낫티ᄯᅥ라가며벗겨ᄀᆡ록ᄒᆞ되몸에ᄯᅥ로인行ᄒᆡᆼ李니【ᄒᆡᆼ인의가딘잡물이라】잇거든ᄯᅩᄒᆞᆫ일홈과가디수ᄅᆞᆯᄌᆞ초긔록ᄒᆞ라○아ᄃᆡ乾간驗험【法법物물업시보란말이라】을ᄒᆞᆫ번ᄒᆞ라○버거湯

당水슈와肥비皂조皂쇼莢협이라로ᄲᅢ셔와기름을ᄲᅢ
서가싀고또믈노ᄲᅢ시더ᄲᅢ서가스라○버거白
빅紙지글씨두터이펴솔부리게ᄒᆞ라○沿연屜
시시신상하로말ᄆᆡ암단말이라ᄒᆞ야檢검ᄒᆞᆯ시衣의物믈을벗
겨다ᄒᆞᆷ에里리正졍과主쥬首슈의게다짐밧고
맛뎌거두어ᄎᆞ지ᄒᆞ야覆복檢검을기ᄃᆞ리게ᄒᆞ
되빙죠ᄒᆞ야ᄡᅳ일ᄃᆡ잇ᄂᆞᆫ衣의物믈이어ᄂᆞᆫ뎟가
딘줄을버리고버려괴ᄒᆞᆫ란말이라빙죠ᄒᆞ야ᄡᅳ일ᄃᆡ얼
순衣의物믈이라도버리라○보야ᄒᆞ로可가
兩냥爭징人인원고와원척이라과밋親친屬속과干간

連련ᄒᆞᆫ 사ᄅᆞᆷ드ᄅᆞᆯ 압령ᄒᆞ야 보아 알뇌매 각각 格

目목驗험狀장 검험ᄒᆞᆫ 장에 거ᄉ 바 됴목이라 에 일홈두이라

就驗處ᄒᆞ야 以薦席으로 襯碑屍首ᄒᆞ고 週圍에 用灰印記

ᄒᆞᄃᆡ 【增】屍四面에 鋪灰ᄒᆞ고 多數踏印ᄒᆞ 跡ᄒᆞ고 隨即覆盆ᄒᆞ야 以防奸僞ᄒᆞ며 責里正隣人看守

狀ᄒᆞ야 附案ᄒᆞ라

驗험處쳐에 나아가 薦진席셕으로 ᄡᅥ 屍시首슈

ᄅᆞᆯ ᄡᅡ며 셜고 에 엇ᄎᆞ 灰회ᄅᆞᆯ ᄡᅥ 印인 텨 보람ᄒᆞ고

【증】屍시 四ᄉᆞ面면에 ᄌᆡ를 펴고 印인跡적을 만히 마티고 印인 린ᄃᆡ마다 소라 그릇ᄉᆞᆯ 덥허 ᄡᅥ 奸간僞위를 막으라

里리正정과 隣린人인의 看간守슈ᄒᆞᆫ

문장을 다짐바다 문안에 부티라

【補】四縫屍首之並係要害虛怯致命處로 尤宜仔細니 親檢頂心偏左偏右顖門頭顱額角兩太陽穴兩耳竅咽喉胸膛兩乳心坎肚腹兩脇臍肚玉莖腎囊【增】凡傷下部之人이 其痕이 皆現於上ᄒᆞᄂᆞ니 男子之傷은 現於上下牙根襄骨ᄒᆞ며 傷左則居右ᄒᆞ고 傷右則居左ᄒᆞ고 傷正則居中ᄒᆞ니 女子之傷도 亦然ᄒᆞ며 又現於上腭ᄒᆞᄂᆞ니 ○【增】一說에 腎囊이 傷破ᄒᆞ며 顖門이 血紅ᄒᆞ고 牙齒脫落ᄒᆞ고 小腹與傷도 同ᄒᆞᄂᆞ니 領頦食氣嗓兩腋胑兩肋腦後兩耳根脊背臀兩後肋兩後脇腰眼ᄒᆞ야 若一處ㅣ라도 有痕損이어든 並令仵作으로 指定喝起ᄒᆞ라【增】他毆處도 傷重ᄒᆞ면 亦卽死니라 ○【增】頂心顖門耳根咽喉心坎肚腹小腹[illegible] 此ㅣ 速死之處ㅣ오 腦後頭顱胸膛脊背脇肋은 此ㅣ

必死之處ㅣ오 肉青黑皮破肉綻骨裂腦出血流ᄒᆞᆫ 此ㅣ 致命之傷이니 致命之傷이 當速死之處ㅣ면 不得過三日이오 當必死之處ㅣ면 不得過十日이라 ○凡打着애 分寸이 稍大ᄒᆞ고 毒氣蓄積向裏ㅣ면 可約得一兩日後身死ㅣ오 若分寸이 深重ᄒᆞ고 毒氣紫黑ᄒᆞ야 卽時向裏ㅣ면 可以當下身死ㅣ니라 ○凡命門骨이 最屬虛怯ᄒᆞ야 以手擊之ㅣ면 卽可立斃ᄒᆞᄂᆞ니 因命門骨左右兩穴에 有紅筋이 若細絲ᄒᆞ야 通於兩內腎이라 拍斷이면 卽死ᄒᆞᄃᆡ 外無痕跡ᄒᆞᄂᆞ니 若有告稱拍着命門處身死ㅣ어든 只檢驗命門骨ᄒᆞ야 紫赤者ㅣ 卽是ㅣ니라

四ᄉᆞ縫봉仰앙合합面면마左자右우側측이라屍시首슈의다
要요害해긴요롭고해로온곳이라虛허怯겁허ᄒᆞ고무서운곳이라ᄒᆞ
야致티命명ᄒᆞ기에미인곳을더옥맛당히仔ᄌᆞ
細세히ᄒᆞᆯ디니頂뎡心심과偏편左자와偏편右
우와顖신門문과頭두顱로와額의角각과兩냥
太태陽양穴혈과兩냥耳이鬢빈와咽인喉후와
胸흉膛당과兩냥乳유와心심坎감과肚두腹복
과兩냥脇협과臍제肚두와玉옥莖깅과腎신囊
냥婦부人인은陰음戶호ㅣ라○[illegible]믈읫下[illegible]부ᄅᆞᆯ傷상ᄒᆞᆫ사ᄅᆞᆷ이고흔력이다우획뵈니[illegible]
남子ᄌᆞ의상쳐는上상下하아금니불휘속[illegible]에드리[illegible]뎌좌편짝바[illegible][illegible]은傷상ᄒᆞᆫ면우편짝[illegible]

[illegible]라ᄒᆞᆫ에 잇고 우편 下하[illegible] [illegible]을 傷샹ᄒᆞ면 쇠[illegible] [illegible]하[illegible]에 잇고 바로 下하[illegible] [illegible] 傷샹ᄒᆞ면 가온

며下하[illegible] [illegible] 거 잇고 女녀子ᄌᆞ의 샹처도 ᄯᅩᄒᆞᆫ 그러ᄒᆞ되 ᄯᅩ 上샹腭악[illegible] 에 드러나ᄂᆞ니라 ○

一일說셜에 腎신囊낭이 샹ᄒᆞ야사 여ᄃᆡ면 顖신門문이 피ᄃᆡ 붉고 ᄀᆞᆺ아 齒치 세ᄃᆡ고 小쇼腹복

이 受슈傷샹ᄒᆞ야도 ᄒᆞᆫ가디니라 과 頷함頦ᄒᆡ와 食식氣긔嗓상

과 兩냥腋익肢지와 兩냥肋륵과 腦노後후와 兩냥

耳이根근과 脊쳑背ᄇᆡ와 膂려와 兩냥後후肋

륵과 兩냥後후脇협과 腰요眼안을 親친히 檢검

ᄒᆞ야 만일 一일處쳐ㅣ라도 痕흔損손이 잇거든

다 作오作작으로 ᄒᆞ여 指지定뎡ᄒᆞ야 일ᄏᆞ라

닐으라 ○ 다른 歇혈ᄒᆞᆫ 곳도 傷샹홈을 重듕히 ᄒᆞ면 ᄯᅩᄒᆞᆫ 卽즉死ᄉᆞᄒᆞᄂᆞ니라 ○

頂뎡心심과顖신門문과耳ᅀᅵ根근과咽인喉후

와心신坎감과腰요眼안과小쇼腹복과腎신囊

낭으이ᄉᆡᆯ니죽ᄂᆞᆫ곳이오腦노後후와頭두顱로

와胸흉膛당과脊쳑背븨와脇협肋륵은이반ᄃᆞᆺ

시죽ᄂᆞᆫ곳이오ᄉᆞᆯ히프르고검으며갓치ᄊᆞ여디

켜ᄉᆞᆯ히터디며ᄲᅧ씌여디며노장이나오며피흐

른거슨이致티命명ᄒᆞᆫ샹쳬니致티命명ᄒᆞᆯ샹

쳬ᄉᆡᆯ니죽을곳을當당ᄒᆞ야시면三삼日일을디

내디못ᄒᆞ고반ᄃᆞᆺ시죽ᄂᆞᆫ곳을當당ᄒᆞ야시면十

십日일을ㅣ내디못ᄒᆞᄂᆞ니라○믈읫려심애分

분寸촌이 퍽크고毒독氣긔ᄡᅵ혀 毒독氣긔時시日일노셩ᄒᆞᆷ이
라안ᄒᆞ로向향ᄒᆞ면可가히혜아리건대ᄒᆞᆫ두날
後후에나죽을ᄭᅥ시오만일分분寸촌이深심重
듕ᄒᆞ고毒독氣긔紫ᄌᆞ黑흑ᄒᆞ야卽즉時시안ᄒᆞ
로向향ᄒᆞ면可가히곳에죽을ᄯᅢ니라○[illegible]믈읫
命명門문骨골이ᄀᆞ장虛허怯겁ᄒᆞᆫ듸屬쇽ᄒᆞ야
손으로ᄡᅥ티면곳可가히즉시죽ᄂᆞ니命명門문
骨골左자右우兩냥穴혈 命명門문骨골은尾미骶저骨골로부터거스
리혀어닐곱재ᄲᅧ마ᄃᆡ오兩냥旁방相상去거各각一일寸촌五오分분에小쇼穴혈이이시니일
홈은腎신喩유ㅣ라에ᄂᆞᆯ은힘줄이ᄀᆞᄂᆞᆫ실ᄀᆞᄐᆞᆫ거시이서

두內ᄂᆡ腎신에通통ᄒᆞᆷ을因인ᄒᆞ얀ᄂᆞᆫ디라두ᄃᆞ
려ᄉᆞᆺ처디면(命명門문骨골을리紅홍 筋근이산처디ᄃᆞᆫ말이라)즉ᄉᆞ죽으
ᄃᆡ밧게ᄂᆞᆫ痕흔跡적이업ᄂᆞ니만일命명門문處
쳐로拍박着탁ᄒᆞ야身신死ᄉᆞᄒᆞ다告고稱칭ᄒᆞ
리잇거든다만命명門문骨골을檢검驗험ᄒᆞ야
紫ᄌᆞ赤젹ᄒᆞᆫ者자ㅣ곳이니라

[補] 驗傷에須用手指ᄒᆞ야按其青紅處ᄒᆞ면眞傷處ᄂᆞᆫ堅
硬호ᄃᆡ指一把에仍然青紅ᄒᆞ고將水滴上ᄒᆞ면水聚不散
開ᄒᆞ고如係發變處ᄂᆞᆫ將指一點把ᄒᆞ면卽時白色이오
水滴上ᄒᆞ면水不停住ㅣ니라(發變은是人腹內之血이死後에發散於外ᄒᆞ야不能

聚結故로浮汎ᄒᆞ고若生前受打氣絶則血聚成傷ᄒᆞ거니와蓋人之血이附氣而行ᄒᆡ氣旣壅而血亦壅故로堅硬ᄒᆡ ᄒᆞ

[보] 샹쳐ᄅᆞᆯ驗험ᄒᆞᆯ제모로미손가락으로써正졍官관의손이라그프르고븕은곳을눌으면진딧傷샹處쳐ᄂᆞᆫ굿고돈도ᄒᆞ되손가락을ᄒᆞᆫ번셔히매그ᄃᆡ로靑쳥紅홍ᄒᆞ고믈을가져셔르티면믈방울이ᄒᆞ더디디아니코만일發발變변에미인곳은손가락을가져ᄒᆞᆫ번덥허셔히면卽즉時시흰빗치오믈을가져셔르티면믈이무디아니ᄒᆞᄂᆞ니라

發발變변은이사ᄅᆞᆷ의빗속엣피가死ᄉᆞ後후에밧그로發발散산ᄒᆞ야能능히모도여미리더못

ᄒᆞᄂᆞᆫ 故고로ᄡᅥ 넘ᄯᅵ고 만일 生ᄉᆡᆼ前젼에 마자 氣긔絕졀ᄒᆞ되 민팍모히 상쳐가 되니 대개 사ᄅᆞᆷ의 피ㅣ 긔운에 부리 行ᄒᆡᆼᄒᆞᄂᆞᆫ디라 긔운이 긑디 막히매 피 ᄯᅩᄒᆞᆫ 막히ᄂᆞᆫ 故고로 ᄀᆞᆺ고 ᄃᆞᆫᄃᆞᆫᄒᆞᄂᆞ니라

【增】凡檢傷에 以瘢暈爲主ㅣ니 瘢之爲形이 要皆自近而遠ᄒᆞ며 由深漸淺ᄒᆞ며 自濃及淡而將盡之處ㅣ 又皆如雲霞如雨脚ᄒᆞ며 如晴雲之若有若無ᄒᆞ야 可望而不可卽ᄒᆞ며 鮮潤淡宕ᄒᆞ야 要皆自然之氣所致라 故로 其色이 活ᄒᆞ니 此ㅣ 爲檢傷綱領이라 如紅自紅紫自紫ᄒᆞ야 呆板積於一處ᄒᆞ야 瘢脚ㅣ 全無則僞造也ㅣ니라

【[illegible]】믈읫 상쳐ᄅᆞᆯ 검험ᄒᆞᆷ애 瘢음 피민린그ᄅᆞᆫ 거시리 暈운 돈거

시라으로 벗主쥬를 삼을ᄯᆡ니 癊음의 형샹되옴이 요지컨대 다 갓가옴으로부터 크며 깁흠으로부터 졈졈 엿트며 濃롱 빗치딧단 말이라 ᄒᆞᆷ으로부터 淡담 빗치엿단 말이라 ᄒᆞᄃᆡ 밋처 盡진ᄒᆞ야 가ᄂᆞᆫ곳이 또다구름과 안개도 ᄀᆞᄐᆞ며 빗발도 ᄀᆞᄐᆞ며 갠구름의 잇ᄂᆞᆫ듯 업ᄂᆞᆫ듯ᄒᆞᆷ ᄀᆞᄐᆞ야 可가히 ᄇᆞ라볼듯ᄒᆞᄃᆡ 可가히 나아가디 못ᄒᆞ며 ᄇᆞ라ᄆᆡ 잇ᄂᆞᆫ듯ᄒᆞᄃᆡ 나아가ᄆᆡ 또 분명티 아니ᄒᆞᆫ 말이라 곱고 潤윤ᄒᆞ고 淡담宕탕 局국滯톄티 아니ᄒᆞᆫ 말이라 ᄒᆞ야 요지컨대 다 自ᄌᆞ然연ᄒᆞ 긔운의 닐윈배라 故고로 그빗치 ᄉᆡᆼ활ᄒᆞᄂᆞ니 이ᄂᆞᆫ 샹처ᄅᆞᆯ 검험ᄒᆞᄂᆞᆫ 綱

강領령이라 간일븕은거슨스스로븕을만ᄒᆞ고

검븕은거슨스스로검븕을만ᄒᆞ야ᄆᆞᆺ본板판ᄡᅥᆺ벗이ᄇᆞᆨ히인형상이라ᄒᆞ야효ᇫ에ᄃᆞᆷ빠혀피미티인발이젼

허업스면거즛지은거시니라

凡檢爭鬪致死에 雖二主ㅣ分明而屍上애 並無痕損이면 何以定要害致命處오 此必是被傷人이 舊有宿患氣疾이어나 或爭鬪前에 飮酒致醉라가 至爭鬪時有所觸犯ᄒᆞ야 氣絕而死也ㅣ니 如此者ᄂᆞᆫ 多是胥子ㅣ或一箇ㅣ어나 或兩箇ㅣ [illegible]上不見ᄒᆞᄂᆞ니 須用溫湯ᄒᆞ야 蘸軟衣服ㅣ어나 或綿絮之類ᄒᆞ야 罨一飯久ㅣ어다 令

仵作行人으로以手揉按小腹下ᄒᆞ면其腎子ㅣ自下ᄒᆞᄂᆞ니即其驗也라ㅣ然後에仔細看要害致命處ᄒᆞ라

믈읫爭징鬪투ᄒᆞ야致티死ᄉᆞᄒᆞᆫ거ᄉᆞᆯ검험홈애비록二이主쥬두편에ᄃᆞ토ᄂᆞᆫ사ᄅᆞᆷ이라ㅣ分분明명ᄒᆞ나屍시上샹애痕흔損손이아오로업스면엇디ᄡᅥ要요害해致티命명處쳐ᄅᆞᆯ定뎡ᄒᆞ리오이ᄂᆞᆫ반ᄃᆞ시이被피傷샹ᄒᆞᆫ사ᄅᆞᆷ이본ᄃᆡ宿슉患환인氣긔疾질긔운오ᄅᆞᄂᆞᆫ병이라ㅣ잇거나或혹爭징鬪투ᄒᆞ기前전에술먹어醉취토록ᄒᆞ엿다가爭징鬪투ᄒᆞᆯ세예니ᄅᆞ리觸촉犯범ᄒᆞᆫᄣᅢ이付氣긔絶졀ᄒᆞ야죽

은거시니이마ᄐᆞᆫ者쟈ᄂᆞᆫ만히이腎신子ᄌᆞ 볼알이라
ㅣ或혹ᄒᆞᆫ낫치나或혹두낫치주리혀디그어뵈
디아니ᄒᆞᄂᆞ니모롬이더온醋조湯탕을ᄡᅥ부드
러온衣의服복이어나或혹소음부티에적셔ᄒᆞᆫ
식경만덥헛다가仵오作작과行항人인으로ᄒᆞ
여곰손으로ᄡᅵ小쇼腹복아래ᄅᆞᆯ밀ᄆᆞᆫ져ᄂᆞᆯ으면
그腎신子ᄌᆞㅣ절로ᄂᆞ리ᄂᆞ니곳그증험이라그
런後후에要요害해致티命명處쳐ᄅᆞᆯ仔ᄌᆞ細셰
히보라
凡暑月에用湯水酒醋ᄒᆞ야罨着其屍上ᄒᆞ면損處ᄂᆞᆫ浮

皮多白ᄒᆞ고不損處ᄂᆞᆫ却有青黑ᄒᆞ야〔增〕暑時에罨則皮爛浮白ᄒᆞ나盖傷處에有凝血生氣故也ㅣ니若不傷處ᄂᆞᆫ變ᄒᆞ야作青黑케니不見的確痕ᄒᆞᄂᆞ니若避臭穢ᄒᆞ야據見在檢驗過ㅣ면往往誤事ㅣ라稍有疑處ᄒᆞ야浮皮破損이어든須令剝去ᄒᆞ라如有損傷이면底下에血廕이分明이오更有暑月九竅內애未有蛆出이오却於太陽穴髮際兩脇腹間에先有蛆出이면是ᄂᆞᆫ彼中有損이니宜仔細看이니라

블읫暑셔月월에湯탕水슈와酒쥬醋조롤써그處쳐의우희덥호면손샹호곳은듧ᄯᅳᆫ갓치만히희고손샹키아닌곳은믄득프르고검으미이셔

〔四〕暑셔時시예뎌ᄒᆞ면갓치ᄌᆞᆺ무르고ᄒᆡ디희여
다니대개傷상處쳐에ᄂᆞᆫ피이ᄅᆞᆨ미이셔生ᄉᆡᆼ氣긔
ᄒᆞᆫ연고라만일傷상티아닌ᄃᆡᄂᆞᆫ變변動동ᄒᆞ아프르고검어디ᄂᆞ니라的뎍確확ᄒᆞᆫ
흔젹을보디못ᄒᆞᄂᆞ니만일臭취穢에ᄅᆞᆯ避피ᄒᆞ
야뵈ᄂᆞᆫ것만빙거ᄒᆞ야숨은거ᄉᆞᆫ숣피디아니ᄒᆞ고뵈ᄂᆞᆫ것만의거ᄒᆞᆫ말이
라檢검驗험ᄒᆞ야디내티면往왕往왕일을그ᄅᆞᆺ
틸ᄯᆡ라져기의심된곳이이셔듧ᄯᅳᆫ갓치破파損
손ᄒᆞ얏거든모롬이ᄒᆞ여곰벗겨보리라浮부皮피ᄅᆞᆯ벗
기란말이라만일損손傷상이이시면밋바닥애벗기갓아
패라血혈癊음이分분明명ᄒᆞᆯ꺼시오ᄯᅩ暑셔月월
에九구竅교안ᄒᆡ耳이目목口구鼻비와水슈道도穀곡道도ㅣ과與여

귀덕이라 나미 잇디 아니코 믄득 太태陽양穴혈과 髮발際졔와 兩냥脇협과 腹복間간애 몬저 蛆져ㅣ 나미 이시면 이ᄂᆞᆫ 뎌 가온대 손상ᄒᆞ거시 이심이니 맛당히 仔ᄌᆞ細셰히 볼 띠니라

〔增〕人身에 有舊痕者ㅣ 多ᄒᆞ니 如幼時跌撲과 平日爭毆及杖痕瘡瘢은 雖久교 復이나 其痕이 不滅ᄒᆞ되 色跡이 淺黑ᄒᆞ야 至死猶著ᄒᆞᄂᆞ니 蓋其血이 既凝ᄒᆞ야 終身不能如故ᄒᆞ되 但周匝無餘暈ᄒᆞ고 按之虛平ᄒᆞ고 視之色黯ᄒᆞ야 其骨肉이 皆與新毆傷痕으로 有辨이니라 ○凡死人項後背上兩肋後腰眼內兩臀上兩腿後兩曲䐐兩

脚肚子上下에 有微赤色이면 驗是本人이 身死後에 一
向仰臥停泊ᄒᆞ야 血脉이 墜下ᄒᆞ야 致有此微赤色이오 節
不是別致他故身死ㅣ니라

【諺】사ᄅᆞᆷ의몸에녯허물이잇ᄂᆞ니만ᄒᆞ니어린제
업더더부ᄃᆡ이즌ᄃᆡ와平평日일에ᄢᅢ화티며맛
당쳐ᄒᆞᆫ젹과창쳐어물ᄀᆞᆺᄐᆞᆫ거ᄉᆞᆫ비록平평復복
ᄒᆞ연디오라나그ᄒᆞᆫ젹이업서디디아니ᄒᆞᄃᆡ빗
과ᄌᆞ최엇트며검어죽기예나ᄅᆞ히오히려나다
나ᄂᆞ니대개그피이미어리여더終죵身신토록
能능히뎨ᄌᆞ디못ᄒᆞ되다만에엇도ᄃᆡ에나므릭

운이 입고 늘으매 虛허平평ᄃᆞᆫᄃᆞᆫ티 ᄒᆞ니코도다 나다아ᄒᆞ탄 말이라
ᄒᆞ고 봄애 빗치 거두어 그ᄈᆡ와 ᄉᆞᆯ히 다 새로더셔
傷샹ᄒᆞᆫ 흔젹과 분변이 잇ᄂᆞ니라 ○ 믈읫 殺살人
인의 項항後후와 背ᄇᆡ上샹과 兩냥肋륵後후와
腰요眼안內ᄂᆡ와 兩냥臀둔上샹과 兩냥腿퇴後
후와 兩냥膕곡䐁츄와 兩냥脚각肚두子ᄌᆞ上샹
下하에 微미ᄒᆞᆫ 븕은 빗치 이시면 驗험홈애 이ᄂᆞᆫ
本본人인이 죽은 後후에 ᄒᆞᆫ ᄀᆞᆫᄀᆞ치 반ᄃᆞ시 누어
停뎡泊박노히여다 하심이라ᄒᆞ야 血혈脉ᆡᆨ이 처뎌ᄂᆞ려
이런 微미赤젹色ᄉᆡᆨ이 잇기예 ᄂᆞᆯ위ᄆᆞ 오ᄑᆞᆺ이 ᄲᅬ

별노다른연고로身신死ᄉ에닐위미아니니라

凡行凶器仗이拳手磚石拵棒이나이或金刃竹簽之類를見在者는比對傷處ᄒ야定驗有無相同ᄒ고開說名件ᄒ며量得大小長短丈尺分寸ᄒ고封記發去라ᄒ니今圖李至中上司ᄒ면器仗은封而着標以罡杵如上司ㅣ使之起送ᄒ면發送ᄒ미니 ○凡行凶器仗을索之少緩則奸凶之家ㅣ藏匿移易ᄒ야滋成疑獄ᄒ야可以免死ㅣ리干繫甚重이라先當急急收索이니라 殺人凶刀ㅣ日久難辨ᄒ거든須用炭火燒紅ᄒ고以高醋洗之ᄒ면血跡自見ᄒ리니

믈읫行ᄒᆡᆼ凶흉ᄒᆞᆫ器긔仗댱이拳권手슈ㅣ며磚젼石셕벽돌이라拵계절고공棒방막대ㅣ라이어나或

혹金금刀인이며竹듁簽쳠의類류를見현在재
ᄒᆞᆫ거슨傷샹處쳐에다혀마초아서ᄅᆞᆯ ᄀᆞᆺ트미이
시며업슴을定뎡驗험ᄒᆞ고名명件건 무슴각당이며멋가
이더라란 말을버려닐으고大대小쇼長댱短단丈댱
尺쳑分분寸촌을자히고封봉ᄒᆞ고보람ᄒᆞ야發
발去거ᄒᆞ라 이제ᄂᆞᆫ그린本본으로ᄡᅥ上샹司ᄉᆞ에신보ᄒᆞ고器긔仗댱은封봉ᄒᆞ고
보람ᄒᆞ야ᄡᅥ두엇다가만일上샹司ᄉᆞ에셔起긔送송ᄒᆞ라ᄒᆞ면보내ᄂᆞ니라○믈읫行
힝凶흉ᄒᆞᆫ器긔仗댱을ᄎᆞᆺ기를저기緩완히ᄒᆞ면
奸간囚슈 간사ᄒᆞᆫ죄쉬라의졉이ᄀᆞᆷ초며빗고아疑의獄
옥을삭이며므ᄃᆞ라미가히ᄡᅥ죽기를免면ᄒᆞ리니

干간繫계甚심히重듕ᄒᆞᆫ디라몬져맛당히急급
急급히거두며ᄎᆞ즐디니라刀〔增〕殺살人인ᄒᆞᆫ젹ᄒᆞᆫ도로날이오라아
분변기어렵거든모롬이숫불노ᄲᅵᄆᆞᆯ와ᄇᆞᆰ게ᄒᆞ고신초로ᄲᅧᄡᅵ스라핏자최스스로뵈ᄂᆞ니라
【洗罨】如法用糟醋ᄒᆞ야擁罨屍首ᄒᆞ고仍以死人衣服
으로盡蓋ᄒᆞ고用煮醋酒澆淋ᄒᆞ고又以薦席으로罨一時久
가候屍體透軟ᄒᆞ야即去罨物ᄒᆞ고以水衝去糟醋ᄒᆞ고
方驗ᄒᆞ되毋得信行人說ᄒᆞ야只將酒醋潑過ᄒᆞ라痕損이
不出이니라〔增〕如法洗罨後에猶未分明則次第用此下諸法이라○人身이本
赤黑色이면死後變動ᄒᆞ야作青黯色ᄒᆞᄂᆞ니其痕未見有
可疑處든ㅣ어先將水灑濕ᄒᆞ고後將葱白ᄒᆞ야拍碎塗痕

處ᄒᆞ고 以醋로 蘸紙蓋上이라가 候一時久 除去ᄒᆞ고 以水
洗ᄒᆞ면 其痕이 卽見이리니 ○若傷損痕跡이 未甚分明
이어든 再用醋糟擁罨이라가 可久예 去糟ᄒᆞ고 以水衝洗
ᄒᆞ고 於露天處에 以新油絹이어나 或明油雨傘으로 覆蓋
欲見處ᄒᆞ고 迎日隔傘看ᄒᆞ면 痕이 卽現ᄒᆞᄂᆞ니 若陰雨ㅣ어
든 以熟炭으로 隔照ᄒᆞ라 ○或更隱難見이어든 以白梅搗
爛ᄒᆞ야 攤在欲見之處ᄒᆞ고 再擁罨看ᄒᆞᄃᆡ 猶未快見이어든
再以白梅取肉ᄒᆞ야 加葱椒鹽糟ᄒᆞ야 一處研拍作餠子
ᄒᆞ야 火上煨令熱ᄒᆞ야 烙損處ᄒᆞᄃᆡ 先用紙襯之ᄒᆞ면 卽見이니
라 ○冬雪寒凜에 屍首 僵凍ᄒᆞ면 糟醋를 雖極熱ᄒᆞ고

衣被ᄅᆞᆯ 重疊擁罨도이라 亦不得屍體透軟ᄒᆞᄂᆞ니 當燒
坑ᄒᆞ야 置屍於內ᄒᆞ고 仍用衣被覆蓋ᄒᆞ고 再用熱醋淋遍
ᄒᆞ고 坑兩邊相去二三尺에 復以火烘ᄒᆞ야 約透去火ᄒᆞ고
移屍出驗ᄒᆞ라 ○昔有二人이 鬪毆ㅣ라가 俄頃에 一人
이 仆地氣絶ᄒᆞ고 見證이 分明ᄒᆞ되 及驗屍에 無痕이라 檢
官이 甚撓ㅣ러니 時方寒이라 忽思得計ᄒᆞ야 遂令掘一坑
ᄒᆞ되 深二尺餘ㅣ오 依屍長短ᄒᆞ고 以柴燒熱得所ᄒᆞ고 以醋
沃之ᄒᆞ고 置屍坑內ᄒᆞ고 以衣物覆之ㅣ려가 良久에 覺屍溫
出屍ᄒᆞ야 以酒醋潑紙貼附ᄒᆞ니 痕傷이 盡出ᄒᆞ니라
벗기고 덥ᄂᆞᆫ 法법이라 如여法법히 糟조와 醋초

를ᄡᅥ屍시首슈를시며덥고仍잉ᄒᆞ야死ᄉᆞ人인
의衣의服복으로ᄡᅥ다덥고달힌초와술노ᄡᅥ시
언저적시고또薦쳔席셕으로ᄡᅥᄒᆞᆫ時시人동안
을딥엇다가屍시體톄ᄉᆞ못게부드럽기를기ᄃᆞ
려술파초긔운이ᄉᆞ못차저즈면시톄부드러워디ᄂᆞ니라곳덥혓던거슬앗
고믈노ᄡᅥ糟조醋조를ᄡᅵ서업시ᄒᆞ고손으로ᄡᅥᄉᆞ면갓치
버서뎟가ᄒᆞ야믈노씻기미라보야ᄒᆞ로검험호ᄃᆡ行항人인의
말을미더酒쥬醋조를가져시길만ᄒᆞ디말라洗셰
罨엄을여법히ᄒᆞ란말이라痕흔損손이나디아니ᄒᆞᄂᆞ니라
【증】如여法법히뻣기고덥흔後후에오히려分분
明명티못ᄒᆞ면이아래여러法법을ᄎᆞ례로ᄡᅳᆯ거

가니○人인身신이본ᄃᆡ赤젹黑흑色ᄉᆡᆨ이면死ᄉᆞ

後후에變변動동ᄒᆞ야青쳥膒子이프른빗치오윤이이셔기름변

로ᄃᆞᆺᄒᆞᆷ이라色ᄉᆡᆨ이되ᄂᆞ니그ᄒᆞᆫ젹이可가히의심저

온곳이이심을보디못ᄒᆞ거든몬저물을가져ᄲᅮ

려적시고後후에葱총白ᄇᆡᆨ을가져두드려사여

痕ᄒᆞᆫ處쳐요해로온디응당ᄒᆞᆫ젹이이실ᄃᆞᆺᄒᆞᆫ곳이라에ᄇᆞ르고ᄌᆞ로

ᄡᅧᄌᆞ히ᄆᆞᆯ젹셔우희덥헛다가ᄒᆞᆫ時시ᄉᆞ동안을

기ᄃᆞ려가사ᄇᆞ리고ᄆᆞᆯ론ᄡᅵ스면그痕ᄒᆞᆫ이곳뵈

ᄂᆞ니라○만일傷샹損손ᄒᆞᆫ痕ᄒᆞᆫ跡젹이채分분

明명티아니커든다시醋조糟조ᄅᆞᆯ써擁옹罨엄

ᄒᆞ얏다가 ᄆᆞ장 오라매 糟조ᄅᆞᆯ 업시고 몰노 ᄲᅵ시
터 ᄡᅵᆺ고 하ᄂᆞᆯ 뵈ᄂᆞᆫᄃᆡ 셔 새로 기름 ᄐᆞᆯᄒᆞᆫ 버 단 이 나
或혹 븕게 머론 雨우傘산으로 ᄲᅥ 보고져 ᄒᆞᄂᆞᆫ 곳
에 ᄆᆞ리우고 ᄒᆡᆺ빗 마조 우산을 隔격ᄒᆞ고 보면 흔
적이 곳 뵈ᄂᆞ니 만일 陰음雨우ᄒᆞ거든 숫블노 ᄲᅥ
隔격ᄒᆞ야 비최라 ○ 或혹 다시 은회ᄒᆞ야 보기어
려거든 白ᄇᆡᆨ梅ᄆᆡ로 ᄲᅦ ᄯᅵ허 즛니겨 보고져 ᄒᆞᄂᆞᆫ
곳에 편고 다시 擁옹罨엄ᄒᆞ야 보ᄃᆡ 오히려 快쾌
히 뵈디 아니커든 다시 白ᄇᆡᆨ梅ᄆᆡ로 ᄲᅥ 肉유을 取
취ᄒᆞ야 葱총과 椒쵸와 鹽염과 糟조ᄅᆞᆯ 너허 ᄒᆞᄃᆡ

ᄀᆞᆯ아ᄡᆞᆫ느려ᄯᅥᆨ을민ᄃᆞ라불우희구어덥게ᄒᆞ야
상손ᄒᆞ곳에눌너더이되몬져죠ᄒᆡ로ᄡᅥ부듸티
면상쳐우희몬져죠ᄒᆡ로덥고우희미유을부티란말이라그곳뵈ᄂᆞ니라○
冬동雪설寒한凜름ᄒᆞ제屍시首슈ㅣ僵강凍동
빗더이더심이라ᄒᆞ야시면糟조醋조로비록極극히덥
게ᄒᆞ고衣의被피로重듕疊텹히擁옹罨엄ᄒᆞ야
도ᄯᅩᄒᆞ屍시體톄ᄉᆞᄆᆞᆺ부드럽기못ᄒᆞᄂᆞ니맛당
히곳에블딜너屍시ᄅᆞᆯ안히곳안이라노코仍잉ᄒᆞ야
衣의被피로ᄡᅥ덥고다시더운초로ᄡᅥ적ᄀᆡ두르
가게ᄒᆞ고곳兩냥邊변相상去거ㅣ二이三삼尺쳑

에다시블노ᄲᅥᄶᅬ야ᄉᆞ뭇ᄎᆞᆯ만ᄒᆞ야든블을ᄎᆡ우
고屍시ᄅᆞᆯ옴겨내여검험ᄒᆞ라○녜두사ᄅᆞᆷ이ᄲᅡ
화티다가져근덧애ᄒᆞᆫ사ᄅᆞᆷ이ᄯᅡ희업더져氣긔
絶졀ᄒᆞ고본증인이分분明명호ᄃᆡ밋屍시ᄅᆞᆯ驗
험흠애샹ᄒᆞᆫ이업ᄂᆞᆫ디라檢검官관이甚심히요
란ᄒᆞ더니ᄲᅢ보야ᄒᆞ로치운디라홀연이계교ᄅᆞᆯ
ᄉᆡᆼ각ᄒᆞ야ᄃᆞ티여ᄒᆞᆫ곳을ᄑᆡ이되깁희ᄂᆞᆫ二이尺
쳑ᄂᆞᆽ족고시톄기리대로ᄒᆞ고징직으로ᄲᅥ블릴
너더여알맛게ᄒᆞ고초ᄅᆞᆯᄲᅧ적시고屍시ᄅᆞᆯ곳안
ᄒᆞᆫ드려노코衣의物믈로ᄲᅥ덥힛다가ᄆᆞ장오라

메시데더위딘줄이알리ᄃᆞᆫ屍시ᄅᆞᆯ내야酒쥬醋조로ᄡᅵ조히에ᄲᅳ려부티니痕흔傷상이드듸여나니라

四時變動 春三月은屍ㅣ經兩三日이면變動ᄒᆞ야口鼻肚皮兩脇胸前肉色이微青ᄒᆞ고若經十日以來則鼻耳內예多有惡汁流出ᄒᆞ고肚皮胖脹ᄒᆞᄂᆞ니此ᄂᆞᆫ節肥大之人이오若是久患으로形體瘦弱之人則經半月以後ㅣ사方有如此變動이니라○夏三月은屍ㅣ經一二日이면先從面上肚皮兩脇胸前ᄒᆞ야肉色이變動ᄒᆞ고經三日則口鼻內예多有汁流蟲蛆ᄒᆞ고遍身이胖脹

ᄒᆞ고 口唇이 皺ᄒᆞ고 皮膚ㅣ 脫爛ᄒᆞ고 皰胗이 起ᄒᆞ고 經四五
日則頭髮이 脫落이니라 ○秋三月은 屍ㅣ 經兩三日
이면 亦先從面上肚皮兩脇胸前ᄒᆞ야 肉色이 變動ᄒᆞ고 四
五日則鼻口內에 多汁流ᄒᆞ고 蟲蛆ㅣ 出ᄒᆞ고 遍身이 脝
脹ᄒᆞ고 口唇이 皺ᄒᆞ고 皰胗이 起ᄒᆞ고 經六七日이면 髮始脫
落이니라 ○冬三月은 屍ㅣ 經四五日이면 身體肉色이
黃緊微變ᄒᆞ고 經半月以後則先從面上口鼻兩脇胸
前ᄒᆞ야 變動ᄒᆞ니 若安在濕地어나 用薦席裹瘞ㅣ면 其屍猝
難變動이니 更審月頭月尾ᄒᆞ며 按春秋節氣ᄒᆞ야 定之니라
○盛熱은 屍首ㅣ 經一日이면 卽皮肉이 變動ᄒᆞ야 作靑

黯色ᄒᆞ고 己有氣息ᄒᆞ고 經三四日이면 皮肉이 潰壞ᄒᆞ고 屍脹ᄒᆞ고 蛆出ᄒᆞ고 口鼻에 流惡汁ᄒᆞ고 頭髮이 漸落이니라 ○ 盛寒은 五日이 如盛熱一日時ㅣ오 半月이 如夏熱三五日時니라 ○ 春秋ᄂᆞᆫ 氣候ㅣ 平和ᄒᆞ야 二三日이 可比夏一日이오 入冬日이 可比夏三四日이나 然이나 人有肥瘦ᄒᆞ니 肥少者ᄂᆞᆫ 易壞ᄒᆞ고 瘦老者ᄂᆞᆫ 難壞ᄒᆞ며 又南北은 氣候ㅣ 不同ᄒᆞ고 山中은 寒暄이 陡頓不常ᄒᆞ니 更在臨時通變審察이니라

四ᄉᆞ時시變변動동ᄒᆞᆷ이라 春춘三삼月월은 ᄃᆞ시ㅣ 兩냥三삼日일이 디나면 變변動동ᄒᆞ야 ᄃᆞ

구鼻비와肚두皮피와兩냥脇협과胸흉前젼ᄉᆞᆯ
빗치검거나프르고만일十십日일이디나뻐오면
鼻비耳이안ᄒᆡ만히惡악汁즙이이셔흘니나고
肚두皮피胮방脹턍커녀부턍흠이라ᄒᆞ니이는곳肥
비大대ᄒᆞᆫ사ᄅᆞᆷ이오만일이오란병에形형體톄대
瘦수弱약ᄒᆞᆫ사ᄅᆞᆷ이면半반月월디난以이後후
에사보야ᄒᆞ로이ᄀᆞᆺ티變변動동홈이잇ᄂᆞ니라
○夏하三삼月월은屍시一일二이日일이디
나면몬져面면上상과肚두皮피와兩냥脇협과
胸흉前젼으로조차ᄉᆞᆯ빗치變변動동ᄒᆞ고三삼

日일이디나면口구鼻비안ᄒᆡ만히汁즙이흐르
여蟲츙蛆져ㅣ귀덕이라ㅣ잇고遍변身신이胖방脹챵
ᄒᆞ고口구脣슌이두ᄃᆡ이고갓파ᄉᆞᆯ히버서허여
디고疱포胗진갓치ᄃᆡ게ᄃᆞᆫᄯᆞᆫ거시라이닐고四ᄉᆞ五오日
일이디나면머리ᄐᆡ럭이버서뎌러디ᄂᆞ니라○
秋츄三삼月월은屍시ㅣ兩냥三삼日일이디나
면ᄯᅩᄒᆞᆫ몬져面면上샹과肚두皮피와兩냥脇협
과胸흉前젼으로조차ᄉᆞᆯ빗치變변動동ᄒᆞ고四
ᄉᆞ五오日일이면鼻비口구안ᄒᆡ만히汁즙이흐
르고蟲츙蛆져ㅣ나고만키ᄂᆞᆫ녀름만몯ᄒᆞ니라遍변身신이

胮방脹댱ᄒᆞ고口구唇슌이뒤티이고皰포疹진
이닐고六륙七칠日일이디나면머리터럭이비
로소脫탈落락ᄒᆞᄂᆞ니라○冬동三삼月월은屍
시ㅣ四ᄉᆞ五오日일이디나면身신體톄ㅣᄉᆞᆯ빗치
누르며緊긴ᄒᆞ야죠아져이ᄃᆞᆫ말이라져기變변ᄒᆞ고半반
月월을디난以이後후면몬져面면上상과口구
鼻비와兩냥脇협과胸흉前젼으로조차變변動
동호ᄃᆡ만일濕습地디에노히여잇거나薦쳔席
셔으로ᄡᅡ무더시면그屍시졸연히變변動동키
어려우니습디ᄂᆞᆫ차고두더시면풍일을피ᄒᆞᄂᆞᆫ고로변동키어려옴이라고쳐

月월頭두ㅣ며月월尾미초셩과금음인셔우며덥기ᄀᆺ디못홈이라로ᄉᆞᆯ피며春츈秋츄節졀氣긔로답허定뎡ᄒᆞᆯ때니라○盛셩熱열은屍시首슈ㅣ一일日일곳디나면갓과ᄉᆞᆯ히變변動동ᄒᆞ야靑쳥黯암色ᄉᆡᆨ이되고블셔氣긔息식기운과내라이잇고三삼四ᄉᆞ日일이니나면갓과ᄉᆞᆯ히졈졈문허디고상ᄒᆞᆫ단말이라屍시ㅣ脹턍ᄒᆞ고져츙이나고口구鼻비에惡악汁즙이흐르고頭두髮발이졈졈셔러디ᄂᆞ니라○盛셩寒한은五오日일이盛셩熱열一일日일새ᄌᆞ고半반月월이녀름三삼五오日일새ᄌᆞᄃᆞ니

라○春츈秋츄ᄂᆞᆫ氣긔候후ㅣ平평和화ᄒᆞ야二
이三삼日일이可가히녀름一일日일에比비ᄒᆞ
꺼시오八팔九구日일이可가히녀름三삼四ᄉᆞ
日일에比비ᄒᆞᆯ때나그러나사ᄅᆞᆷ이슴디며이긔
니이시니슴디고져믄者쟈ᄂᆞᆫ샹ᄒᆞ기쉽고여외
고늙은者쟈ᄂᆞᆫ샹ᄒᆞ기어려우며ᄯᅩ南남과北북
은氣긔候후ㅣ곳디이니ᄒᆞ고山산中듕은차며
덥기陡두頓돈(급거ᄒᆞ단 말이라)ᄒᆞ야더덧디아니ᄒᆞ니
다시臨림時시ᄒᆞ야通통變변ᄒᆞ야슴힘애잇ᄂᆞ
니라

白僵乾屍 先鋪炭火ᄒᆞᄃᆡ 約與屍長濶ᄒᆞ고 上鋪薄布ᄒᆞᄃᆡ 可與炭等ᄒᆞ고 以水로 噴微濕ᄒᆞ고 臥屍於上ᄒᆞ고 仍以布로 覆蓋頭面肢體訖에 再用炭火鋪擁令遍ᄒᆞ고 再以布覆之ᄒᆞ고 復用水遍灑 一時久면 其屍ㅣ 體肉이 必軟起ᄒᆞᄂᆞ니 方可以熱醋로 洗之ᄒᆞ고 於驗傷處에 以葱椒로 同白梅ᄒᆞ야 和糟研爛ᄒᆞ야 搯作餅子ᄒᆞ야 火內煨令極熱ᄒᆞ고 先於屍身上에 用紙搭着了ᄒᆞ고 次以糟餅으로 罨之면 其痕損이 必見리니 ○ 補僵屍受內傷痕리 隱伏者ᄂᆞᆫ 用糟五斤ᄒᆞ야 入麻黃末 甘草末各三兩ᄒᆞ야 煮成粥ᄒᆞ야 候溫ᄒᆞ야 徧塗屍身ᄒᆞ고 掘地作坑ᄒᆞᄃᆡ 如冬月

蒸罨法ᄒᆞ야燒熱ᄒᆞ고多潑酒醋ᄒᆞ고舁屍置坑內ᄒᆞ고蓆薦
으로密蓋ᄒᆞ고別以淨水一鍋로入燒酒二斤ᄒᆞ야煮白布
二方ᄒᆞ야候屍軟ᄒᆞ야擡至平明處ᄒᆞ야細細拭淨ᄒᆞ면其傷
이卽見이니라

白ᄇᆡᆨ僵강ᄒᆞ고乾간瘁ᄎᆔᄒᆞᆫ시신이라 白ᄇᆡᆨ僵강은희게ᄢᅥᆺ
ᄢᅥᆺᄒᆞᆫ형상이오乾간瘁ᄎᆔᄂᆞᆫ마ᄅᆞᆫ형상이니사ᄅᆞᆷ이죽어시즙이ᄲᅡ지고벗ᄡᅧ여돌나ᄢᅥᆺᄢᅥᆺᄒᆞᆫ말
이라 몬져커炭탄火화ᄅᆞᆯ펴되시례와기릐되여너븨
될만티ᄒᆞ고우희헐온뵈ᄅᆞᆯ펴되可가히炭탄과
상등케ᄒᆞ고물노ᄡᅥᄲᅮᆷ어져기젓게ᄒᆞ고屍시ᄅᆞᆯ
우희누이고仍잉ᄒᆞ야뵈로ᄡᅥ頭두面면과肢디

體톄ᄅᆞᆯ 덥허다 홈애 다시 炭탄火화로ᄡᅥ 고ᄅᆞ게

두루 가게 ᄒᆞ고 다시 뵈로ᄡᅥ 덥고 다시 믈노ᄡᅥ 두

루ᄲᅮ려 ᄒᆞᆫ 時시ᄉ 동안이면 그 屍시ㅣ 몸과 손히

반다시 부드러워 ᄂᆞ니 보아 ᄒᆞ로 可가히 더운

초로ᄡᅥ ᄡᅵᆺ기고 샹쳐 驗험ᄒᆞᆯ 곳에 파와 椒초로ᄡᅥ

白ᄇᆡᆨ梅ᄆᆡ ᄅᆞᆯ ᄒᆞᆫ 가지로 ᄒᆞ야 糟조ᄅᆞᆯ 섯거 ᄀᆞ라 무

르녹게 ᄒᆞ야 쥐집어 ᄠᅥᆨ을 ᄆᆡᆫᄃᆞ라 블속에 구어 極

극히 덥게 ᄒᆞ고 몬져 屍시身신 우희 죠희로ᄡᅥ 인

져부뎌티고 버거 糟조餅병으로ᄡᅥ 덥흐면 그 痕

흔 損、손이 반ᄃᆞ시 뵈ᄂᆞ니라 ○ 보 僵강屍시ㅣ 皮

피肉육애傷샹痕흔이 숨어 뵈지 아니ᄂᆞᆫ者쟈ᄂᆞᆫ
糟조五오斤근을 倂麻마黃황末말과 甘감草초
末말 各각 三삼兩냥을 너어 ᄃᆞᆯ혀 粥쥭을 ᄆᆡᆫᄃᆞ라
ᄃᆞᆺᄉᆞᆺᄒᆞᆫ 기ᄅᆞᆯ 기ᄃᆞ려 너모딥거야니메홈이라 屍싀身신에 두
루 ᄇᆞ르고 새흘 파 ᄀᆞᆺ 민 도기ᄅᆞᆯ 冬동月월에 蒸증
罨엄ᄒᆞᄂᆞᆫ 法법과 ᄀᆞᆺ티 ᄒᆞ야 불 ᄆᆞᆯ니 덥게 ᄒᆞ고 酒
쥬醋초로 만히 ᄲᅮ리고 시신을 드러 ᄀᆞᆺ 안히 노코
소음과 돗츠로 박박이 덥고 作로 밍물 一일鍋과
로 뻬 燒쇼酒주 二이斤근을 녀허 白빅布포 두조
갸을 ᄃᆞᆯ혀 시신이 부드럽기ᄅᆞᆯ 기ᄃᆞ려 드러 平평

ᄒᆞ고 ᄇᆞᆰ은 곳에 니ᄅᆞ러 細셰細셰히 ᄡᅵ서 가스면
그 샹쳬 주시 뵈ᄂᆞ니라

壞爛屍 若避臭穢ᄒᆞ야 不親臨이면 往往誤事ㅣ니라 ○量
劄四至訖에 用水衝去蛆蟲穢汚ᄒᆞ야 皮肉이 既淨이어
ᄃᆞᆫ 方可驗이오 不必用醋糟ㅣ니라 ○頻令潑新水ᄒᆞ야 澆
潑屍首四面ᄒᆞ라 ○毆傷處ㅣ 不至骨損則肉이 緊貼
在骨上ᄒᆞ야 用水衝激不去ᄒᆞ고 指甲壓之라사 方脫호되 肉
貼處에 有損卽見이니라 ○被打或刃傷處ᄂᆞᆫ 皮肉이
作赤色深重ᄒᆞ고 久而作青黑色ᄒᆞ야 貼骨不壞ᄒᆞ고 蟲不
能食이니라

壞괴爛란ᄒᆞ시신이라 상ᄒᆞ야석은거시라 만일臭취穢예
ᄅᆞᆯ避피ᄒᆞ야親친히臨림티아니ᄒᆞ면往왕往왕
일을그ᄅᆞᆺ티ᄂᆞ니라○四ᄉᆞ至지ᄅᆞᆯ자혀그루ᄒᆞ
야ᄆᆞᄎᆞᆷ애물노써세려蛆저蟲츙과穢예汚오ᄅᆞᆯ
업시ᄒᆞ야갓과ᄉᆞᆯ히이믜조하디거든보야ᄒᆞ로
可가히驗험ᄒᆞᆯ꺼시오ᄀᆞᆺᄃᆞ야醋조糟조ᄅᆞᆯ쓰디
아니ᄒᆞᆯ띠니라○ᄌᆞ조새ᄅᆞᆯ올길리여屍시首슈
四ᄉᆞ面면에ᄭᅵ혀인조라○毆구傷샹處처ㅣᄲᅧ
손샹홈애니ᄅᆞ디아니ᄒᆞ면ᄉᆞᆯ히ᄃᆞᆫᄃᆞᆫ히부터ᄲᅧ
우희이셔 손샹티아니호ᄉᆞᆯ은괴란ᄒᆞ고손샹ᄒᆞ 인ᄉᆞᆯ은ᄀᆞᆺ고ᄃᆞᆫᄃᆞᆫᄒᆞ야ᄲᅧ에븟ᄃᆞᆺᄂᆞ니

라 물노ᄡᅥ 衝츙激격ᄒᆞ야도 하디 아니ᄒᆞ고 술노ᄡᅵ셔

터도ᄉᆞᆯ히ᄲᅧ에ᄡᅧ러 ᄃᆡ다아니한말이라 손톱으로處츄 손톱의그미 러ᄯᅥ히ᄆᆞ말

이락 ᄒᆞ야사 보야흐로 버서디ᄃᆡ ᄉᆞᆯ부터 덧던ᄃᆡ 손상

ᄒᆞ거시 이셔 즉지 뵈ᄂᆞ니라 ○ 被피打타ᄒᆞ거든

或혹刃인傷샹ᄒᆞᆫ 곳은 皮피肉육이 븕은 빗치 되

ᄃᆡ 깁고 重듕ᄒᆞ고 오라매 靑청黑흑色색이 도야

ᄲᅧ에 부듸텨 믄허디디 아니코 버려도 能능히 ᄆᆞᆯ

디 못ᄒᆞᄂᆞ니라

濃磨好墨ᄒᆞ야 塗骨上ᄒᆞ야 候乾ᄒᆞ야 卽洗去墨ᄒᆞ라

有損處則墨必浸入ᄒᆞ고 無損處則墨不浸入이라 ○

【補】用新綿ᄒᆞ야 于骨上拂拭ᄒᆞ라 遇損處ㅣ면 必牽惹綿絲ᄒᆞᄂᆞ니 再看折處ᄒᆞ라 其骨芒刺ㅣ 向裏ㅣ면 是毆打折者ㅣ니 骨折處에 滯淤血이니라 ○ 【補】骨上被打處ᄂᆞᆫ 即有紅色路微癊ᄒᆞ[illegible] 骨斷處ᄂᆞᆫ 其接續兩頭에 各有血暈色ᄒᆞᄂᆞ니 再以有痕骨로 日中照看ᄒᆞ야 如紅活이면 乃是生前被毆分明이오 骨上에 若無血癊이면 縱有損折이나 乃死後痕이니라

【보】뼈를 검험ᄒᆞᆷ이라도 됴ᄒᆞᆫ 먹을 ᄃᆡᆺ게 ᄆᆞ라 뼈우희 바르고 ᄆᆞ르기를 기ᄃᆞ려 즉시 먹을 ᄡᅵ스라 만일 상ᄒᆞᆫ곳이 이시면 먹이 반ᄃᆞ시 저저 들고 상ᄒᆞᆫ곳

이업스면먹이저저드디아니ᄒᆞᄂᆞ니라○【新】새
소음으로ᄡᅥᄲᅧ우희다혀ᄇᆞᄉᆞ라샹ᄒᆞᆫ곳을만나
면반ᄃᆞ시소음을무텨ᄃᆞ리야니러내ᄂᆞ니다시
부러딘ᄃᆡ를보라그ᄲᅧ엣가ᄉᆡᄲᅧ부러딘곳에반ᄃᆞ시가ᄉᆡ잇ᄂᆞ니
라안ᄒᆞ로욱어시면밧게셔텻ᄂᆞᆫ고로안ᄒᆞ로향ᄒᆞᆷ이라이ᄂᆞᆫ毆구
打타ᄒᆞ야부러딘거시니ᄲᅧ부러딘곳에淤어血
혈이머무럿ᄂᆞ니라○【新】ᄲᅧ우희被피打타ᄒᆞᆫᄃᆡ
ᄂᆞᆫ곳븕은줄微미히ᄭᅬ미틴ᄃᆞᆺ시잇고ᄲᅧ근허딘
ᄃᆡᄂᆞᆫ그마초아셔니이ᄂᆞᆫ두ᄆᆞᆺ치각각血혈暈운
돈빗치잇ᄂᆞ니다시ᄒᆞᆫ젹잇ᄂᆞᆫᄲᅧ로ᄡᅥ헛빗가온

대비최여보아만일븕고싱싱ᄒᆞ면이生싱前젼에被피毆구ᄒᆞᆷ이分분明명ᄒᆞ고ᄲᅧ우희만일血혈蔭음이업스면비록상ᄒᆞ야부러디미이시나이에死ᄉᆞ後후흔젹이니라

開棺檢驗 凡發塚開棺檢驗이誠未應ᄒᆞ니人命이至重ᄒᆞ니合驗屍傷이로되却緣埋有月日遠近ᄒᆞ며時有寒暑不同이오況人情이萬狀ᄒᆞ고所犯이各別ᄒᆞ니似難一槩定論이라今後ᄂᆞᆫ凡有人命이어든雖已安埋ㅣ나亦合開檢이니廢塋事有證驗이오情無疑似ㅣ라ㅓ○開棺檢得에皮肉이消化ᄒᆞ고骨殖이顯露ᄒᆞ야難以檢驗이오自

來亦無檢骨定例ᄒᆞ니 憑何ᄒᆞ야 定執致命根因이리오 若
照勘明白이어든 將行凶人干連人ᄒᆞ야 研窮磨問致命
根因ᄒᆞ야 責各各招準實詞ᄒᆞ라 [附]埋瘞經久ᄒᆞ야 已應朽敗及詞證拔疑者ᄂᆞᆫ 理
難開檢ㅣ와 徒憑招辭成獄도 亦難的確ᄒᆞ니 惟在臨時善處ᄒᆡ ○[增]檢時에 毋得施以刑威ᄂᆞᆫ 朝家著
令이 至嚴而近多濫施ᄒᆞ니 甚非法意라 須要究轉查究ᄒᆞ야 得其情僞ᄒᆞ고 切勿妄施杖棍刑訊及杖撞等刑
ᄒᆞ라 ○先驗是墳이 係何人地ㅣ며 高長闊尺寸若干ᄒᆞ고
屍在屋下或屋内殯者ㅣ어든 對衆開土ᄒᆞ고 驗得屍用
何物盛磹이며 棺漆席緣有無ᄒᆞ라 ○盜發人塚이어든 驗
塚何向과 圍長闊多少ᄒᆞ고 開土見板이어나 或開棺見
屍ㅣ어든 驗元着衣服物色이 被賊偸與否ᄒᆞ라 [增]先檢屍身完

棺관을열고檢검驗험홈이라믈읫무덤을열고
棺관을여러檢검驗험홈이진실로응당티못ᄒᆞ
나人인命명이至지重듕ᄒᆞ니합당히屍시傷상
을驗험홈꺼시로ᄃᆡ도로혀무더심이月월日일
의遠원近근도이시며새寒한暑셔ㅣᄀᆞᆺ디몯홈
이잇기로인연ᄒᆞ고ᄒᆞ믈며人인情졍이만가짓
형상이나ᄒᆞ고犯범ᄒᆞᆫ배각각다ᄅᆞ니一일槩개
로定뎡ᄒᆞ야의론키어려올ᄃᆞᆺᄒᆞᆫ디라이젼後후
ᄂᆞᆫ믈읫人인命명이잇거든비록이믜무더시나

ᄯᅩᄒᆞᆫ 합당히 여러 검험ᄒᆞᆯ띠니 거의 일이 證증驗
험이 잇고 옥졍이 疑의似ᄉᆞ ᄒᆞᆫ 업슴을 ᄇᆞ라리니
라 ○ 棺관을 여러 檢검得득ᄒᆞᆷ애 皮피肉육이 누
고 骨골殖식 ᄲᅧ에 기ᄅᆞᆷ이 어림 거시라 이 드러나ᄇᆡ 檢검驗험
ᄒᆞ기 어렵고 본ᄃᆡ ᄯᅩᄒᆞᆫ 檢검骨골ᄒᆞᄂᆞᆫ 定뎡例례
업스니 무어슬 의방ᄒᆞ야 致티命명ᄒᆞᆫ 根근因인
을 定뎡ᄒᆞ야 잡으리오 만일 照조勘감 죽인 졍젹을 아단 말
이라 이 明명白ᄇᆡᆨᄒᆞ거든 行ᄒᆡᆼ凶흉人인과 干간連
련人인을 가져 致티命명ᄒᆞᆫ 根근因인을 研연ᄒᆞᄃᆞ
시 궁구ᄒᆞ고 磨마ᄃᆞ시 연파 멧돌질ᄒᆞᄃᆞ시 세토록ᄒᆞ란 말이라 세무

러各각各각납됴ᄒᆞ야쥰복ᄒᆞᄂᆞᆫ實실詞ᄉᆞ를다
짐바ᄃᆡ 各각人인의승복ᄒᆞᄂᆞᆫ됴ᄉᆞ를바드란ᄆᆞᆯ이라○增무던디오라여이믜벅벅
이석은것과밋詞ᄉᆞ證증의익심저은거ᄉᆞᄉᆞ리에開ᄀᆡ檢검ᄒᆞ기어렵고ᄒᆞᆫ갓招됴辭ᄉᆞ만의빙
ᄒᆞ야成셩獄옥ᄒᆞᆷ도또ᄒᆞᆫ的뎍確확기어려우니오직臨림時시ᄒᆞ야잘쳐티ᄒᆞᆷ애잇ᄂᆞ니라○增
검험ᄒᆞᆯ졔에시려곰형벌위업으로배배프지못ᄒᆞᆷ은朝됴家가에命령나단거시지극히嚴
엄ᄒᆞ신되근리에濫람施시ᄒᆞᆷ이만ᄒᆞ니심히法법意의아니라모롬이부되죵용히사힉ᄒᆞ고궁
구ᄒᆞ야그실졍과간위를엇고부되망녕되이杖쟝과棍곤과刑형訊신과밋杖쟝으로덜으ᄂᆞᆫ녕
빌을베프지말라 ○몬저이무덤이엇던사ᄅᆞᆷ의ᄯᅡᄒᆡ며
여시며놉희와기릐와너븨尺쳑寸촌이언만줄
을驗험ᄒᆞ고屍시ㅣ屋옥下하簷쳠下하ㅣ라에나或혹

屋옥內ᄂᆡ집안히라에이셔殯빈ᄒᆞ얏거든여러사ᄅᆞᆷ을對되ᄒᆞ야ᄒᆞᆰ을열고屍시ᄅᆞᆯ무어스로써담고ᄉᆞ라시며棺관엣漆칠과·돗게션이이시며업슴을驗험得득ᄒᆞ라○도적이사ᄅᆞᆷ의무덤을發발ᄒᆞ얏거든무덤이므슴向향이며에움과기릐와너븨언마나ᄒᆞᆷ을驗험ᄒᆞ고ᄡᅡᄒᆞᆯ여러널이뵈엿거나或혹棺관을여러주검이뵈엿거든처엄닙엇던衣의服복物물色식므슴거시미므슴빗치라이賊적의게도적마즌與여否부ᄅᆞᆯ驗험ᄒᆞ라[illegible]문저[illegible]시[illegible]신이완결ᄒᆞ며아니ᄅᆞᆯ檢검ᄒᆞ라

〔無骨殖檢驗處〕檢時에 宜說頭髮이 褪落ᄒᆞ고 頭面과 遍身皮肉이 並皆青黑ᄒᆞ며 致皮壞爛及被蛆蟲咂破骨殖顯露去處ᄒᆞ라○如皮肉이 消化ㅣ어든 宜說骸骨이 顯露ᄒᆞ고 上下皮肉이 並皆消化ᄒᆞ되 只有些少未消化筋肉이 與骨殖相連ᄒᆞ나 今來예 委是無憑檢驗이오〔附〕餘同溺水檢法末段애 兼用手揣捏上下ᄒᆞ니 並無骨損去處ㅣ라ᄒᆞ라

○〔補〕路死之屍ㅣ 時或有之ᄒᆞ니 既無親人來認ᄒᆞ고 土人이 擧報ㅣ로되 又恐惹事ᄒᆞ야 往往暴露ᄒᆞ니 深爲不宜라 遇此等屍骸ㅣ어든 先令地方으로 不許不報明ᄒᆞ고 即當捐俸銀一二兩ᄒᆞ야 率領仵作ᄒᆞ야 協同地方ᄒᆞ야 相驗

有無傷痕ᄒᆞᆫ가約略年紀ᄒᆞ며塡註面貌衣服ᄒᆞ고如有携帶行李財帛이든이公驗貯庫ᄒᆞ야以俟親人識認ᄒᆞ고隨將捐去銀兩ᄒᆞ야買棺盛殮ᄒᆞᆫ뒤且勿牢釘ᄒᆞ고仍埋標立記號ᄒᆞ라

의빙ᄒᆞ야檢검驗험ᄒᆞᆯ까시업슨시신이라검험ᄒᆞᆯ새애맛당히頭두髮발이버서디고頭두面면과遍변身신엣皮피肉육이아오로다靑청黑흑ᄒᆞ며갓치버서壞괴爛란ᄒᆞ야시며밋蛆져蟲츙이무러ᄯᅳ러디骨골殖식이顯현露로ᄒᆞᆫ곳을닐으라○만일皮피肉육이노얏거든맛당히닐ᄋᆞ

되骸히骨골이顯현露로ᄒᆞ고上상下하皮피肉
육이아오로다녹이시되다만些샤少쇼녹디아
닌힘줄과ᄉᆞᆯ이骨골殖식으로더브러서르連련
ᄒᆞᆫ것만이시니이지실노이의빙ᄒᆞ야檢검驗험
ᄒᆞᆯ꺼시업고【增】니ᄆᆞᆫ溺닉水슈檢검法법末말端단과ᄀᆞᆺᄒᆞ니라兼겸ᄒᆞ
야ᄉᆞᆫ으로ᄡᅥ上상下하ᄅᆞᆯ揣췌捏날밀만져눌러봄이라ᄒᆞ
니아오로ᄲᅧᄉᆞᆫ상ᄒᆞᆫ곳도업다ᄒᆞ라○【增】검ᄒᆞ셔
죽은주검이ᄲᅧ로或혹잇ᄂᆞ니이ᄯᅴ親친人인이
와알오리업고그ᄯᅦ사ᄅᆞᆷ이드러報보ᄒᆞᆯ꺼시로
되ᄯᅩ일을니르혈셔저허往왕往왕히暴포露로로

ᄒᆞ니길히맛당티아닌디라이러ᄒᆞᆫ屍시骸ᄒᆡ를
만나거든몬져地디方방으로ᄒᆞ여곰報보홈이
분명티아닌거ᄉᆞᆫ許허티말고즉시맛당히俸봉
銀은一일二이兩냥을내야仵오作작을귀ᄂᆞ라
地디方방과ᄒᆞᆫ가디로ᄒᆞ야傷샹痕흔이이시며
업슴을ᄉᆞᆯ펴驗험ᄒᆞ되年년紀긔를짐작ᄒᆞ며面
면貌모와衣의服복을메워긔록ᄒᆞ고만일가졋
ᄂᆞᆫ行ᄒᆡᆼ李니財ᄌᆡ帛ᄇᆡᆨ이잇거든공변히즁인을ᄃᆡᄒᆞ야
봄이驗험ᄒᆞ야庫고ᄒᆡ의녀허ᄇᆡ親친人인의게지라
ᄒᆞ야알기를기ᄃᆞ리고조ᄎᆞ내엿ᄂᆞᆫ銀은兩냥을

가져棺관을사담아斂렴호ᄃᆡ아직굿게못박디말고仍잉ᄒᆞ야標표ᄒᆞᆯ뭇고記긔號호를세우라

〔免檢〕賊徒殺人은雖同鬪毆殺人이나事主ㅣ隨時告知兩隣社長ᄒᆞ야看視在身傷痕ᄒᆞ고指實陳告ㅣ어든官司ㅣ準理免檢ᄒᆞ라○凡檢驗에雖有血屬이乞免檢이나亦須察其屍首ㅣ有無元地所ᄒᆞ고方可領狀이니라

검험을免면홈이라賊적盜도강되라의殺살人인은鬪투毆구ᄒᆞ야죽인것과ᄀᆞᆺ티ᄒᆞ기어려우니事ᄉᆞ主쥬ㅣ세로조차兩냥隣린좌우절린이라과社사長댱리당뤼라의게날더알뇌야몸에잇ᄂᆞᆫ傷샹痕흔

을보고실상을ᄆᆞᄅᆞ려陳딘告고ᄒᆞ거든官관司ᄉᆡ빈리ᄅᆞᆯ準쥰ᄒᆞ야검험ᄋᆞᆯ免면ᄒᆞ이라○믈읫檢검驗험ᄒᆞᆷ에비록血혈屬쇽이아검험을免면스스로목ᄆᆡ야도거나믈에ᄲᅢ뎌라ᄒᆞ야디라ᄒᆞ나ᄯᅩᄒᆞᆫ모ᄅᆞᆷ이그屍시首슈ㅣ쳐엄더히이시며엄습을ᄉᆞᆯ피고보아ᄒᆞ로可가히문장을바들디니라

覆檢官이檢驗을依上施行ᄒᆞ라○覆檢官이或恐前官怨恨ᄒᆞ야不敢異同ᄒᆞ며或因犯者富豪ᄒᆞ야不肯開釋ᄒᆞ며或觀望上官之批語ᄒᆞ야以爲從違ᄒᆞ며或揣摩向求之成案ᄒᆞ야以完己事ᄒᆞᄂᆞ、倘有毫髮冤情이면其罪

重於初審이니라 ○[補]待上司批回ᄒᆞ야給屍埋葬ᄒᆞ라
覆복檢검官관이檢검驗험을우대로ᄒᆞ야이우ᄒᆞᆫ김
히의론ᄒᆞᆫ말이리施시行ᄒᆡᆼᄒᆞ라 ○[언]覆복檢검官관이
或혹前젼官관초검관이라이怨원恨ᄒᆞᆫ홈가지허敢
감히異이同동티몯ᄒᆞ며或혹犯범호者쟈ㅣ富
부豪호홈을因인ᄒᆞ야즐겨開ᄀᆡ釋셕분명이말홈이라
다아니ᄒᆞ며或혹上샹官관의데ᄉᆞᄅᆞᆯ觀관望망
ᄒᆞ야ᄡᅥ從죵違위샹ᄉᆞ뜻대로좃기나이기기나홈이라로삼으며
或혹向향來ᄅᆡ의成셩案안초긴문안이라을고텨벗겨
ᄡᅥ내일만ᄆᆞᆺ太ᄐᆡᄒᆞᄂᆞ니란을毫호髮발만티나

冤원情졍이이시면그罪죄ㅣ初초審심초검이라에셔重듕ᄒᆞ니라○[圖]上샹司ᄉᆞ애ᄉᆞ도라옴을기ᄃᆞ려屍시ᄅᆞᆯ니여주어埋미葬장ᄒᆞ라

屍帳式[增]屍帳에先具屍形圖ᄒᆞ고次具格目ᄒᆞ야格目은卽仰面頂心과合面腦後以下也ㅣ以傷處로比對屍帳ᄒᆞ야一一懸錄傷損完全於屍圖及格目ᄒᆞ라

某州某縣某處某年月日某時에檢驗到某人屍形ᄒᆞᆯᄉᆡ用某字幾號[增]某字ᄂᆞᆫ如天字地字之類와幾號ᄂᆞᆫ如一天一地之類ㅣ○我國屍帳에作周帖ᄒᆞ야紙面交際處에書填字號經印勘合ᄒᆞ야展之則分爲半ᄒᆞ야憑後考ᄒᆞ야亦稱勘合이라ᄒᆞ야書填ᄒᆞ고定執生前致命根因ᄒᆞ야標注于後ᄒᆞ라

屍시帳댱법식이라[圖]屍시帳댱에몬져屍시形형圖도ᄅᆞᆯᄀᆞᆺ초고

배거擧거目목을ᄀᆞᆺ초ᄀᆡ格격目목은곳仰
앙面면에頂뎡心심과合합面면에腦노後
후ᄢᅢ아래라傷상處쳐로ᄡᅥ屍시帳댱에比
비對ᄃᆡᄒᆞ야傷상損손ᄒᆞ며完완ᄒᆞᆫ全젼ᄒᆞᆷ을
屍시圖도와밋格격目목에
一일一일히懸현錄록ᄒᆞ라

某모州쥬某모縣현某모處쳐某모年년月월日
일某모時시에某모人인屍시形형을檢검驗험
ᄒᆞ오시某모字ᄌᆞ몃재號호ᄅᆞᆯᄡᅥ 증某모字ᄌᆞᄂᆞᆫ天 텬ㅅ字ᄌᆞ地디ㅅ
字ᄌᆞᄀᆞᄐᆞᆫ類류ㅣ오幾긔號호ᄂᆞᆫ一일天텬一일 地디ᄀᆞᄐᆞᆫ類류ㅣ라○我이國국屍시帳댱이
두루마리ᄅᆞᆯ민ᄃᆞ라紙지面면이마조맛초인곳 에字ᄌᆞ號호ᄅᆞᆯ글ᄡᅥ메우고印인을케내이펄티
면ᄂᆞᆫ호여半반히되게ᄒᆞ야後후考고에빙 죠케ᄒᆞ니ᄯᅩᄒᆞᆫ勘감合합이라ᄒᆞᄂᆞ니라 勘감
合합ᄒᆞ야글ᄡᅥ메우고生성前젼에致티命명ᄒᆞᆫ

根근因인을定뎡執집ᄒᆞ야뒤희標표ᄒᆞ야注쥬ᄃᆞᆯ나

對衆定驗得其人實因致死ᄒᆞ라 【增】正官이宜親塡實因늬어近來京外檢法이ᄆᆞᆺ以結項或刃傷等二字로懸錄ᄒᆞ야大非法意라今後ᄂᆞᆫ各項自死被死ᄂᆞᆫ明辨詳錄ᄒᆞ고或係有他違端ᄒᆞ야難於執定則具由以懸ᄒᆞ며毋嫌字多ᄒᆞ라

즁인을對뎌ᄒᆞ야其모人인주은사ᄅᆞᆷ이라이實실로인연실로아모연고ᄅᆞᆯ인ᄒᆞ야죽단말이라ᄒᆞ야致뎌死ᄉᆞᄒᆞ다定뎡ᄒᆞ야驗험ᄒᆞ라【增】正졍官관이맛당히親친히實실因인을메올끼시어ᄂᆞᆯ近근來ᄅᆡ京깅外외檢검法법이다만結결項항이나或혹刃인傷상等등二이字ᄌᆞ로附ᄃᆞ라긔록ᄒᆞ니크게法법意의아닌다라이젼後후ᄂᆞᆫ各각項

향 스스로 죽으며 죽기를 님은 거슬 ᄇᆞᆰ히 분변ᄒᆞ야 ᄌᆞ세히 긔록ᄒᆞ되 或혹 다ᄅᆞᆫ 違위端단 또 이 이셔 잡아 定뎡키 어려온 ᄃᆡ미 이엿거든 연유를 ᄀᆞ초아 ᄡᅥ 돌고 글ᄌᆞ 만흠을 혐의치 말나

凡傷處를 看其大小ᄒᆞ야 量見分寸ᄒᆞ고 又看幾處ㅣ皆可致命이라도 只指定重要害一處致命身死ᄒᆞ리 ○聚衆打人이 最難定致命痕이니 如死人身上에 有兩痕ᄒᆞᄃᆡ 皆可致命이오 此兩痕이 若是一人下手則無害ㅣ어니와 若是兩人則一人은 償命이오 一人은 不償命이니 須於兩痕中에 斟酌最重者ᄒᆞ야 爲致命ᄒᆞ라

믈읫 傷상處쳐를 그 大대小쇼를 보아 分분寸촌

을자혀보고또보아몃곳이다可가히致티命명ᄒᆞ얌즉ᄒᆞᆯ띠라고다만要요害해ᄒᆞᆫᄒᆞᆫ곳에致티命명身신死ᄉᆞᄒᆞᆷ을指지定뎡ᄒᆞ야귀듕ᄒᆞ라○즁인을모화사ᄅᆞᆷ티거시ᄀᆞ장致티命명痕흔을定뎡ᄒᆞ기어려우니만일死ᄉᆞ人인의身신上샹에兩냥痕흔이이시되다可가히致티命명ᄒᆞ얌즉ᄒᆞ고이두샹흔이만일이ᄒᆞᆫ사ᄅᆞᆷ의손지음이면害해로옴이업거니와두샹흔이다ᄒᆞᆫ사ᄅᆞᆷ의ᄒᆞᆫ거시면비록경듕을분변티아녀도해로옴이업단말이라만일이두사ᄅᆞᆷ이랑이면一일人인은償샹命명ᄒᆞ고一일人인은償샹命명

을못ᄒᆞᆯ이니모로미두샹ᄒᆞᆫ中듕에ᄀᆞ장重듕ᄒᆞᆫ
者자ᄅᆞᆯ斟침酌작ᄒᆞ야致티命명을삼으라
[附]檢驗이非徒檢傷處而已라口眼開閉와手脚
拳散等許多形症이俱係緊要ᄒᆞ니凡沿身上下를
勿論完全傷損ᄒᆞ고有可以証明實因이則理當逐錄
於屍帳名目之中而近來京外檢法이事不當致察
ᄒᆞᆫ傷處外ᄂᆞᆫ併以一全字로混錄而止ᄒᆞ니此ㅣ豈
古人作法之意耶아司民命者ㅣ宜致詳焉래니
[具]檢검驗험이ᄒᆞᆫ갓傷샹處쳐만檢검ᄒᆞᆯᄲᅮᆫ아
니라口구眼안開ᄀᆡ閉폐와手슈脚각과拳권
散산等등許허多다ᄒᆞᆫ形형症증이ᄀᆞ장緊긴要요
ᄒᆞᆫᄃᆡᄆᆡ인거시니믈읫沿연身신上샹下하를
完완全젼ᄒᆞ며傷샹損손ᄒᆞᆷ올의론티말고可
가히ᄡᅥ實실因인올증험ᄒᆞ야ᄇᆞᆰ힐개시여시
ᄯᅳᆫᄉᆞ리맛당히ᄡᅥ시라가며屍시帳댱名명
中듕에긔록ᄒᆞᆯ거시어ᄂᆞᆯ近근來ᄅᆡ京경外외
檢검法법이젼혀致티察찰티아니ᄒᆞ야傷샹
處쳐外외에ᄂᆞᆫ일병ᄒᆞ全젼字ᄌᆞ로ᄡᅥ혼동ᄒᆞ

야긔록ᄒᆞᆯ만ᄒᆞ니이잇디녯사ᄅᆞᆷ의作작法법
ᄒᆞᆫ뜻이리오民민命명ᄀᆞᄋᆞᆷ아ᄂᆞᆫ者쟈ㅣ맛당
히ᄌᆞ셰ᄒᆞᆷ을극
진히ᄒᆞᆯ디니라

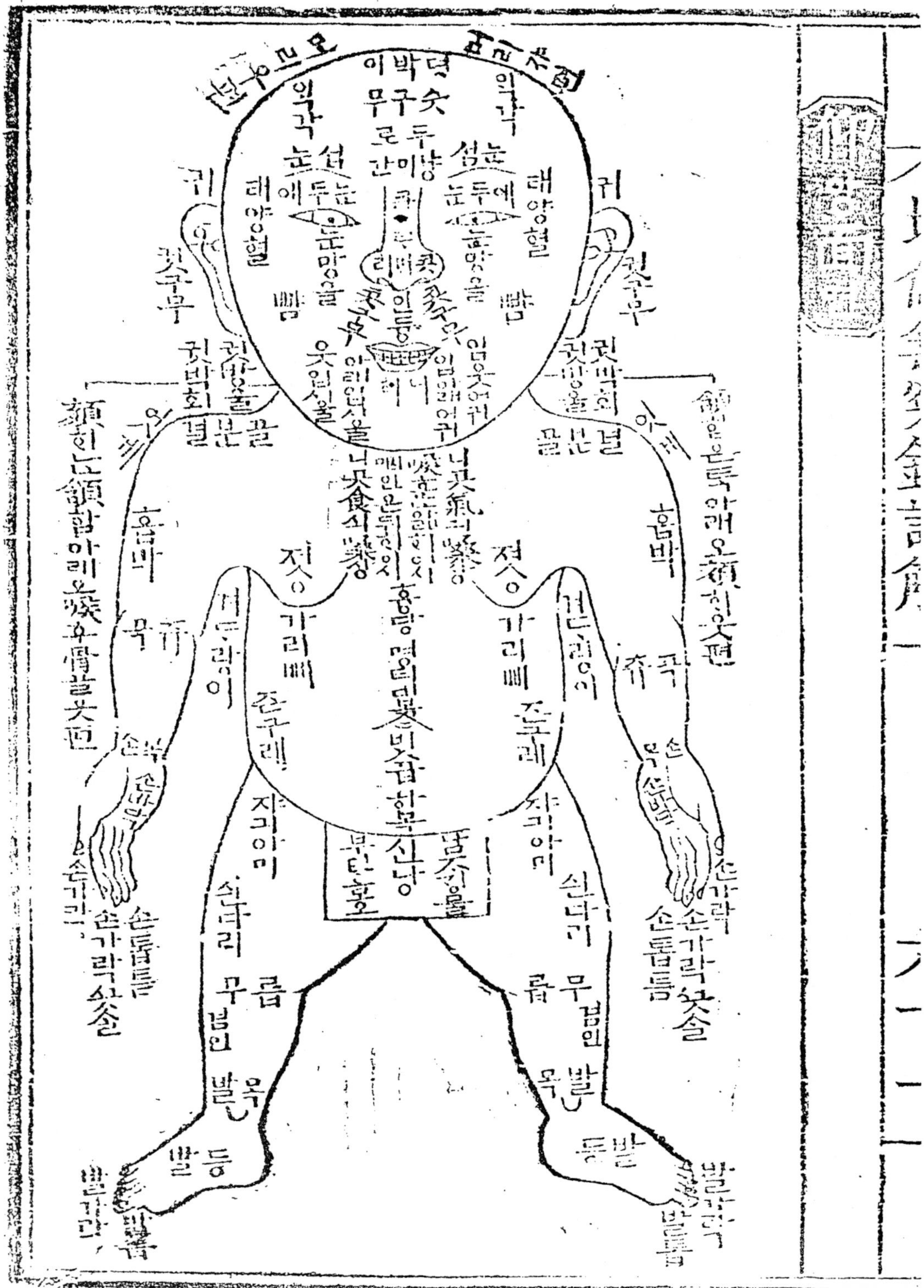
귀
태양혈
뺨
젖
가리뼈
무릅
발등

頂뎡心심 百뵉會회○속칭뎡박이가마딘ᄃᆡ

顖신門문 百뵉會회앏○속칭숫구멍

兩냥太태陽양穴혈 두눈섭ᄭᅳᆺ리○눈섭과ᄉᆞᆯ쩍두ᄉᆞ이

眉미叢총 叢총은모도임이니두눈섭이서ᄅᆞ모도인곳○속칭냥미간

兩냥腮싀頰협 ᄂᆞᆺ벼○속칭냥ᄲᅧᆷ근처

偏편左자偏편右우 머리左자右우편녑

頭두顱로 顖신門문아래

額익角각 顙상이니顱로아래左자右우나민ᄃᆡ

兩냥眉미 두눈섭

兩냥眼안胞포 속명눈두에

眼안睛졍 瞳동子ᄌᆞ○속칭눈망울

兩냥耳이 두귀

耳이輪륜 귓박회

耳이垂슈 귀아래드리운것○속칭귓방올

耳이竅교 귓구무

鼻비梁량 곳ᄆᆞᄅᆞ

鼻비準쥰 곳미리

鼻비竅교 곳구무

人인中듕 입시울우ᄒᆡ오코아래

上상下하唇순吻문 唇순은입시울이오吻문은입ᄀᆞ어귀

上상下하牙아齒치 속칭牙아ᄂᆞᆫ아금니오齒치ᄂᆞᆫ압니

舌설 어

頷함頦ᄒᆡ ᄐᆞᆨ아래○頷함은우ᄒᆡ오頦ᄒᆡᄂᆞᆫ아래니다喉후骨골온편

咽인喉후 頦ᄒᆡ아래이시니喉후ᄂᆞᆫ압ᄒᆡ이셔긔운을통ᄒᆞ고咽인은뒤ᄒᆡ이셔음식을ᄉᆞᆷ키ᄂᆞ니라

食식氣긔과顙상 顙상은嗓상과ᄀᆞᄐᆞ니食식氣긔嗓상은爲咽인喉후

兩냥血혈盆분骨골 곳缺

兩냥肩견胛갑 두엇게

兩냥腋익胑지 脅川脇허ᄉᆡ이○속칭겨드랑이

兩냥䐁곡肰추 폴ᄆᆞᄃᆡ안편屈굴伸신ᄒᆞ는곳이니一일云운䐁곡肘주

手슈心심 손掌댱心심

手슈指지 손가락

手슈指지甲갑縫봉 손톱끗ᄉᆞᆯ과모ᄒᆞᆫ곳

兩냥乳유 두젓

결盆분骨골이니엇게안편젓우희오목끼단곳

兩냥胳흡膊박 肩견胛갑아래니폴옷ᄆᆞᄃᆡ

兩냥手슈腕완 손ᄆᆞᄃᆡ屈굴伸신ᄒᆞ는곳○속칭손목

手슈指지肚두 손가락끗ᄉᆞᆯ듯거운ᄃᆡ

胸흉膛당 가ᄉᆞᆷ이ᄃᆡ당둥ᄒᆞᆫᄃᆡ○胸흉은우희오膛당은아래

〈增修無寃錄諺解 一　　六十三

心심坎감 胸흉膛당아래오 肚두腹복우 ○속칭명티
肚두腹복 心심坎감아래니 곳 大대腹복

兩냥肋륵 가리뼈
膪세肚두 빗곱 게니 곳 下하腹복

兩냥脇협 肋륵아래뼈 업는디 ○속칭존구레
兩냥胯과 腿퇴上상이오 脇협下하 ○속칭자긔아미

莖깅物믈 腎신囊낭 婦부人인은 陰음戶호
兩냥腿퇴 무릅우희니 ○속칭신다리

兩냥膝슬 종아리우ᄒᆡᆺ 뒤듸 ○두무릅
兩냥膁겸肕인 무릅앞 톄으발 목우

兩냥脚각腕완 踝과플 아래 ○속칭 발목

兩량脚각面면 발등

足죡趾지 발가락

足죡趾지甲갑 발톱

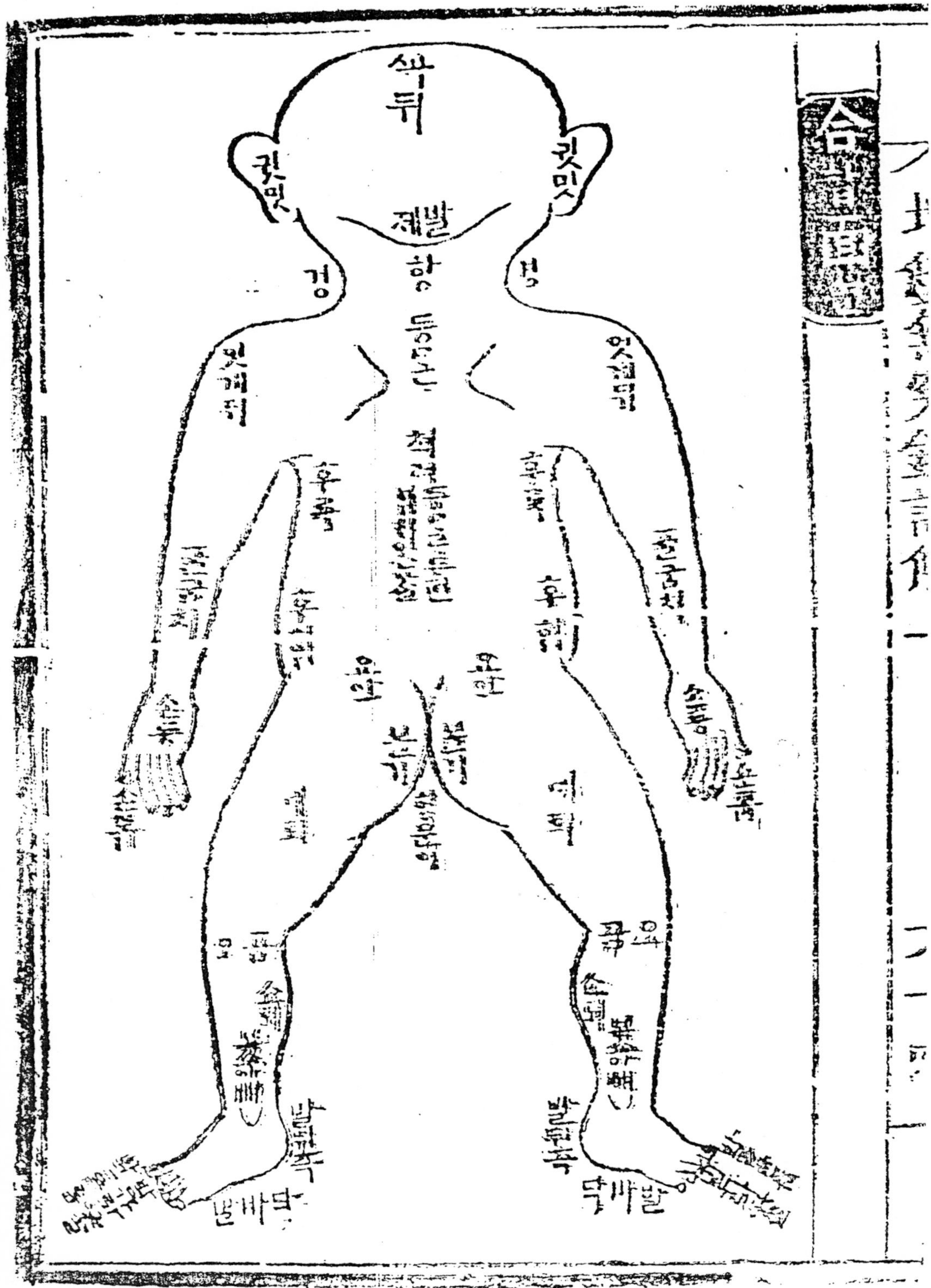
귓밋
귓밋
경
항
발바닥
발바닥

腦노後후 百빅會회뒤 ○쇽칭뫅뒤

兩냥耳이根근 쇽칭귀 뒤밋

項항頸경 項항은곳頸 경뒤히니미 기리줄

手슈腕완 見현上샹

兩냥手슈背비 두손 등

手슈指지甲 손톱

脊척膂려 膂려는술히 니등무르두 편녁희 잇는것

兩냥後후脇협 見현上샹

髮발際제 목과머리터 럭이닛다흐 곳

兩냥臂비膊박 엇게 뒤

兩냥肐흘肘쥬 폴모딕 ○쇽칭 폴곰 셔

手슈指지 見현上샹

脊척背비 脊척骨골이 등에잇는고 로갈온脊척背비 ○쇽칭등무르

兩냥後후肋륵 見현上샹

腰요眼안 허리左자右 우오목거던

兩냥臀둔 두볼기

穀곡道도 肛항門문

兩냥膕곡瞅추 무릅ᄆᆞᄃᆡ안편 屈굴伸신ᄒᆞ는곳 ○ 속칭 오곰

兩냥脚각踝과 발두편녑히놉픈뼈니 곳 內니外외踝과 ○ 속칭 복쇼아뼈

足죡趾지肚두 발가락ᄭᅳᆺᄉᆞᆯ돗거온ᄃᆡ

곳

兩냥腿퇴 上見상현

兩냥腿퇴肚두 속칭종아리바닥이니 곳 小쇼腿퇴 ○ 속칭 어복

脚각跟근 발뒤축

兩냥脚각心심 발바닥

足죡趾지 上見상현

足죡趾지甲갑縫봉 발톱ᄭᅳᆺᄉᆞᆯ과ᄆᆡ힌곳

檢屍에 隨卽定立時刻ᄒᆞ고 正官이 引首領官吏와

慣熟仵作行人ᄒᆞ야 就賫屍帳三幅ᄒᆞ고 速請停屍去處ᄒᆞ야 呼集應合聽驗人과 并行凶人等ᄒᆞ야 躬親監視ᄒᆞ되 對衆眼同ᄒᆞ야 自上至下히 一一分明仔細檢驗ᄒᆞ야 指說沿身應有傷損ᄒᆞ야 劃時於屍帳上에 比對ᄒᆞ야 標寫長濶深淺各各分數ᄒᆞ야 定執端的要害致命根因ᄒᆞ고 檢屍官吏ㅣ 於上에 署押ᄒᆞ야 一幅은 給付苦主ᄒᆞ고 一幅은 粘連入卷ᄒᆞ고 一幅은 申連本管上司ᄒᆞ고 仍取苦主와 并聽檢人等의 着押甘結ᄒᆞ라 謂正犯人某干犯人某看證人某地鄰人某主首某屍親某仵作行人某ᄅᆞᆯ列名着押於下右仵之上ᄒᆞᆫ

檢검屍시홈애 즉시 時시刻각을 定뎡立립ᄒᆞ
고 (초검관은 원고의 소지 뎡ᄒᆞᆫ 세ᄅᆞᆯ 셰우고 복검관은 초검관의 이문 바ᄃᆞᆫ 세ᄅᆞᆯ 셰
엿다가 관문에 올니려 홈이라) 正졍官관이 首슈領령官관吏
리와 닉은 仵오作작 行항人인을 引인ᄒᆞ야 곳
屍시帳댱 三삼幅복을 ᄡᅢ가지고 셜니 停뎡屍
시ᄒᆞᆫ 곳에 나아가 응당히 검험에 뎡령ᄒᆞᆯ 사ᄅᆞᆷ
과 아오로 行힝凶흉人인等등을 불너 보도아
몸소 親친히 監감ᄒᆞ야 ᄉᆞᆯ피되 증인을 對ᄃᆡᄒᆞ
야 眼안同동ᄒᆞ야 우부터 이래 ᄭᆞ지 낫낫티 分
분明명ᄒᆞ며 仔ᄌᆞ細셰히 檢검驗험ᄒᆞ야 몸을

ᄯᆞ라가며응당잇는傷상損손을지뎡ᄒᆞ야너
려주시屍시帳쟝우희다허마초아기리와너
븨와깁ᄒᆞ며엿흠의各각各각分분數수ᄅᆞᆯ標
표ᄒᆞ야올녀端단的뎍히要요害해致티命명
ᄒᆞᆫ根근因인을定뎡執집ᄒᆞ고檢검屍시官관
吏리ㅣ우희시ᄋᆞᆼ우히라슈례두어一일幅복은苫
고主쥬ᄅᆞᆯ주어맛디고一일幅복은부텨너어
문서초복검험ᄒᆞ마온문안이라에녀고一일幅복은부텨
本본管관上샹司ᄉᆞ에신뎡ᄒᆞ고仍잉ᄒᆞ야苫
고主쥬와아오로검시에령ᄒᆞ는사ᄅᆞᆷ들의

일홈두어 甘감結결홈을 取츄ᄒᆞ라 〔증〕正정犯범人인某모干간犯범人인某모看간證증人인某모地디鄰린人인某모主쥬首슈某모屍시親친某모仵오作작行항人인某모롤 이아래요 右우件건우희 列렬名명ᄒᆞ야 일홈두이라 꼬ᄌᆡ갬같은 캐여

右件前項致命根因을凡有脫漏不實ᄒᆞ며符同捏合ᄒᆞ며增減屍傷이어든情願甘伏罪責無辭ㅣ라ᄒᆞ야保結是實ᄒᆞ라

右우件건前젼項항상항이란말이라 致티命명ᄒᆞᆫ根근因인을 믈읫 脫탈漏루ᄌᆞᆺ초긔록디아니탄말이라ᄒᆞ야 實실답디아니ᄒᆞ며ᄉᆞ실을숨기단말이라 符부同동들이

서ᄅᆞ부합ᄒᆞᆫ단말이라ᄒᆞ야ᄊᆞ며合합ᄒᆞ며거즛말노ᄡᅥ며민드단말
이라屍시의샹처ᄅᆞᆯ더ᄒᆞ며덜홈이잇거든情경
願원으로罪죄責칙을甘감伏복ᄒᆞ고말ᄉᆞᆷ이
업ᄉᆞ리라ᄒᆞ야감결에保보두어이實실케ᄒᆞ
라검시관리그감결이라실홈을보두단말이라

某年某月某日司吏某着押

首領官某着押

檢屍官某着押

某모年년某모月월某모日일司ᄉᆞ吏리某모

着탹押압

首슈領령官관某모着탹押압

檢검屍시官관正정官관이라某모着
탹押압

若當場ᄒᆞ야 認定行凶致命事情明白者則於屍帳上에 明白標寫行凶正犯某人이라ᄒᆞ야 畫字ᄒᆞ고 事情疑似ᄒᆞ고 首從未分者ᄂᆞᆫ 標寫被告行凶人이라ᄒᆞ야 畫字ᄒᆞ라

만일 當댱場댱ᄒᆞ야 行ᄒᆡᇰ凶흉致티命명ᄒᆞᆫ 事ᄉᆞ情졍이 明명白ᄇᆡᆨ홈을 아라 定뎡ᄒᆞᆫ 者쟈ᄂᆞᆫ 屍시帳댱上샹애 明명白ᄇᆡᆨ히 行ᄒᆡᇰ凶

흉ᄒᆞᆫ正졍犯범某모人인이라標표ᄒᆞ야셔일홈두이고事ᄉᆞ情졍이疑의似ᄉᆞᄒᆞ고首슈와從죵올분변티몯ᄒᆞᄂᆞᆫ者쟈ᄂᆞᆫ被피告고ᄒᆞᆫ行힝凶흉人인이라標표寫샤ᄒᆞ야일홈두이라

關文式

具銜ᄒᆞ고某年月日時에準某人牒訴ᄒᆞ야節引司吏某人仵作某人等ᄒᆞ야起程前去ᄒᆞ야至某日時에到某縣某里地名某色人屍首停置處ᄒᆞ야呼集合恭人等ᄒᆞ야當職이躬親監視ᄒᆞ며對衆眼同ᄒᆞ야依例用法物ᄒᆞ야自

上至下히 翻轉ᄒᆞ야 一一 仔細分明定驗得ᄒᆞ야 就於屍帳上에 逐一 比對ᄒᆞ야 標寫ᄒᆞ고 取仵作某人의 並無增減不實移易輕重ᄒᆞᄂᆞ니라 甘結文狀ᄒᆞ고 並責屍親某人行凶某人及應叅檢人等의 各各證驗執結文狀ᄒᆞ고 定驗得某人屍首致命根因이 委係端的ᄒᆞ고 將屍首ᄒᆞ야 遮蓋灰封ᄒᆞ고 責里正等用心看管ᄒᆞ야 無致虫鼠傷殘ᄒᆞ고 合叅檢人等을 差人管領ᄒᆞ고 發關覆檢官云云이라ᄒᆞ라

關관文문규식이라 상ᄉᆞ에 관유ᄒᆞᆷ이라

진 함을ᄀᆞᆺ초고 某모 年년 月월 日일 時시에 某모

大인의牒텹訴소홈을ᄆᆞ[illegible]ᄒᆞ야즉시司ᄉᆞ吏리
其모人인과仵오作작其모人인等등을引인ᄒᆞ
야길ᄯᅥ나나아가其모日일時시에니ᄅᆞ러其모
縣현某모里리地디名명엣아모명식사ᄅᆞᆷ의屍
시首슈머무러든곳에니ᄅᆞ러합당히참예ᄒᆞᆯ사
ᄅᆞᆷ들을블러모도아當당職직겸관이스스로이일ᄀᆞᆺ는말이라
몸소親친히監감ᄒᆞ야보오ᄃᆡ여러사ᄅᆞᆷ을對ᄃᆡ
ᄒᆞ야眼안同동ᄒᆞ야법례대로法법物물을ᄡᅥ우
부러아래ᄭᆞ지翻번轉전ᄒᆞ야낫낫치仔ᄌᆞ細세
ᄒᆞ고分분明명히定뎡驗험ᄒᆞ야즉시屍시帳댱

上샹에낫낫치仵라가며다혀마초아標표寫샤
ᄒᆞ고仵오作작某모人인의게더ᄒᆞ며덜ᄒᆞ야실
답디아니ᄒᆞ며輕경ᄒᆞ며重듕ᄒᆞᆷ을옴기며밧고
미다업노라ᄒᆞᄂᆞᆫ甘감結결文문狀장검험을절못ᄒᆞ엿거
든죄ᄅᆞᆯ당ᄒᆞ리라ᄒᆞᄂᆞᆫ다짐이라을밧고아오로屍시親친某모
人인과行힝凶흉某모人인과밋응당검험에참
예ᄒᆞᆯ사ᄅᆞᆷ들의各각各각證증驗험ᄒᆞ야뎡졉ᄒᆞ
엿노라ᄒᆞᄂᆞᆫ감결文문狀장을다짐밧고某모人
인屍시首슈의致티命명ᄒᆞᆫ根근因인이실노端
단的뎍ᄒᆞ기예미여실을定뎡驗험ᄒᆞ고屍시首

슈ᄅᆞᆯ가져ᄀᆞ리와덥허灰회封봉ᄒᆞ고里리正졍
等등의게다짐바다ᄆᆞ음써보ᄉᆞᆯ펴맛다蟲츙鼠
셔의傷샹殘잔홈을닙위디말게ᄒᆞ고합당히검
험에참예ᄒᆞᆯ사ᄅᆞᆷ들을사ᄅᆞᆷ을칙뎡ᄒᆞ야맛다가
ᄂᆞ리게ᄒᆞ고관이라슈ᄒᆞᆷ覆복檢검官관의게移이關
관云운云운이라ᄒᆞ라

〔附〕初檢訖에不待申報ᄒᆞ고急速差人ᄒᆞ야行移附近
不干礙官司ᄒᆞ야請來覆檢ᄒᆞ고初檢官이回避ᄒᆞ라○

〔附〕覆檢官檢驗等項을亦遵此例호ᄃᆡ稱某年月日
에準某處公文ᄒᆞ야某時起程云云ᄒᆞ라○〔附〕京則刑

曹ㅣ因殺人投狀ᄒᆞ야移文京兆든ㅣ어京兆ㅣ先令

當部로初檢ᄒᆞ고京兆郞이覆檢ᄒᆞ되若三檢則刑曹

ㅣ草記擧行이니라

[illegible] 初초檢검을ᄆᆞᄎᆞᆷ애申신報보검시문장을샹ᄉᆞ에보ᄒᆞᆷ

이라ᄒᆞ기ᄅᆞᆯ기ᄃᆞ리디몯ᄒᆞ고急급速속히사ᄅᆞᆷ

을시겨附부近근에干간碍애己긔身신이나밋親친屬속이

干간連련ᄒᆞ야防방碍에로온사ᄅᆞᆷ이라티아닌官관司ᄉᆞ의게行

ᄒᆡᆼ移이ᄒᆞ야請쳥ᄒᆞ야와覆복檢검ᄒᆞ고初초

檢검官관이回회避피복검관과서르보ᄒᆞ락디밀란말이라

○ [illegible] 覆복檢검官관이檢검驗험ᄒᆞᄂᆞᆫ等등項

항이리가ᄃᆡ절목이라을또ᄒᆞᆫ이범례대로ᄒᆞᄃᆡ某모年년月월日일에某모處쳐公공文문을빙쥰ᄒᆞ야某모時시에길ᄯᅥ낫노라云운云운ᄒᆞ라○

(附) 京경은刑형曹조ㅣ사ᄅᆞᆷ주엿다ᄒᆞᄂᆞᆫ소지뎡ᄒᆞᆷ을因인ᄒᆞ야京경兆됴에移이文문ᄒᆞ야든京경兆됴ㅣ몬져當당部부로ᄒᆞ여곰初초檢검ᄒᆞ고京경兆됴랑관이覆복檢검ᄒᆞ되만일三삼檢검을ᄒᆞ면刑형曹조ㅣ草초記긔ᄒᆞ고擧거行ᄒᆡᆼᄒᆞᄂᆞ니라

增修無冤錄諺解卷之一

增修無寃錄諺解 卷之二

增修無冤錄諺解卷之二

條例

됴목과 법례라

胎傷死

婦人이 有胎孕不明致死者ㅣ어든 檢驗後에 令收生婆로 驗腹內ᄒᆞ라 若有胎孕이면 心下至臍肚히 以手拍之ᄒᆞ면 堅如鐵石ᄒᆞ고 如無ᄒᆞ면 卽軟ᄒᆞ니 又勒收生婆ᄒᆞ야 定驗產門內에 有無他物ᄒᆞ라 ○ 產門에 血水惡物이 流出ᄒᆞ면 驗是產子不下致命身死ᄒᆞ여 或是有姙에 用毒藥ᄒᆞ야 墮胎致命身死ᄒᆞ니 當用銀釵入產門試看ᄒᆞ라

胎ᄐᆡ傷샹ᄒᆞ야죽은거시라

婦부人인이胎ᄐᆡ孕잉이분명티몯ᄒᆞ고致티死ᄉᆞᄒᆞᆫ者쟈ㅣ잇거든檢검驗험ᄒᆞᆫ後후에收슈生싱婆파(히산시기ᄂᆞᆫ늘근계집이라)로ᄒᆞ여곰腹복內ᄂᆡ를驗험ᄒᆞ라만일胎ᄐᆡ孕잉이이시면心심下하로臍졔肚두에니르히손으로ᄲᅧ두드리면도ᄃᆞᆫ기鐵쳘石셕ᄀᆞᆺ고만일업스면곳무루ᄀᆡᄯᅩ收슈生싱婆파ᄅᆞᆯ시겨産산門문內ᄂᆡ에他타物믈이이시며업슴을定뎡驗험ᄒᆞ라○産산門문에血혈水슈와惡악物믈이흘러나면驗험홈에이ᄂᆞᆫ子ᄌᆞ

ᄅᆞᆯ産산ᄒᆞ다가나리몯ᄒᆞ고致티命명ᄒᆞ야身신死ᄉᆞᄒᆞᆷ이어나或혹이ᄌᆞ식ᄇᆡ미이실에毒독藥약을ᄡᅥ胎ᄐᆡᄅᆞᆯᄃᆡ르려致티命명ᄒᆞ야身신死ᄉᆞᄒᆞᆷ이ㅣ맛당히銀은釵ᄎᆡᄅᆞᆯᄡᅥ産산門문에녀허시험ᄒᆞ야보라 中듕毒독ᄒᆞᆫ문에ᄌᆞ셰히ᄇᆡ엇ᄂᆞ니라

驗小兒胞胎에 令收生婆로 定驗月數ᄒᆞ며 定成人形이어 或未成形ᄒᆞ야 責狀附案ᄒᆞ라 ○ 兒ㅣ 在母腹中ᄒᆞ야 被驚後死胎下者ᄂᆞᆫ 胞衣紫黑色이오 血蔭軟弱ᄒᆞ고 生下腹外死者ᄂᆞᆫ 其屍ㅣ 淡紅赤ᄒᆞ야 無紫黑色ᄒᆞ고 胞衣白ᄒᆞ며 若月未足者ᄂᆞᆫ 其身體에 必有生未全處ᄒᆞ니 仍

集産婆驗之ᄒᆞ라 ○胎子落者를 按五臟論ᄒᆞ니 一月은
如珠露ᄒᆞ고 二月은 如桃花ᄒᆞ고 三月은 男女ㅣ分ᄒᆞ고 四
月은 形像이 具ᄒᆞ고 五月은 筋骨이 成ᄒᆞ고 六月은 毛髮
이 生ᄒᆞ고 十月은 滿足ᄒᆞ니 若未成形像은 只作血肉
一片或一塊ᄒᆞᄃᆡ 若經日久壞爛이면 多化爲惡水ㅣ니라
若墮胎已成形像者ᄂᆞᆫ 謂頭腦口眼耳鼻手脚指甲
等全者ㅣ오 亦有臍帶之類ㅣ니라 ○有孕婦ㅣ被殺이어
나 或因産子不下身死屍를 經埋地窨ㅣ면 因地水火
風이 吹屍首脹滿ᄒᆞ야 骨節縫이 開ᄒᆞ야 逐出腹內胎孩
ㅣ니 一孕婦ᄂᆞᆫ 殯殮入棺ᄒᆞ고 一孕婦ᄂᆞᆫ 覆檢之
라 後에 並未經埋瘞ᄒᆞ고 胎亦自出ᄒᆞ니

小兒ᅀᆞ의胞포胎ᄐᆡᄅᆞᆯ驗험ᄒᆞᆷ에收슈生ᄉᆡᆼ婆

파로ᄒᆞ여ᄃᆞᆯ月월數수ᄅᆞᆯ定뎡驗험ᄒᆞ며人인形

형이일웟거나或혹일우디몯ᄒᆞᆷ을定뎡ᄒᆞ야문

장에다짐바다문인에부티라○兒ᅀᆞㅣ母모腹

복中듕에이셔놀란後후에死ᄉᆞ胎ᄐᆡㅣ난者쟈

ᄂᆞᆫ胞포衣의의검븕으며검은빗치오피ᄆᆞ티고軟

연弱약ᄒᆞ고사라ᄇᆡ밧긔나셔죽은者쟈ᄂᆞᆫ그屍

시ㅣ淡담히븕거나검븕어淡담히검븕ᄂᆞᆫ말이라검은빗

치업고胞포衣의희디만일ᄃᆞᆯ이足죡디몯ᄒᆞᆫ者

쟈ᄂᆞᆫ그身신體톄에반ᄃᆞ시삼기미온젼리몯ᄒᆞᆫ

곳이잇ᄂᆞ니仍잉ᄒᆞ야産산婆파를보화증험ᄒᆞ라○胎ᄐᆡ子ᄌᆞ다운者자를五오臟장論론에按안ᄒᆞ니一일月월에ᄂᆞᆫ珠쥬露로ㅣ이슬이동글게ᄆᆡ친거시라ᄀᆞᆺ고二이月월에ᄂᆞᆫ桃도花화ᄀᆞᆺ고三삼月월에ᄂᆞᆫ男남女녀ㅣᄂᆞᆫ호이고四ᄉᆞ月월에ᄂᆞᆫ形형像샹이ᄀᆞᆺ초이고五오月월에ᄂᆞᆫ힘줄과ᄲᅨ일고六륙月월에ᄂᆞᆫ毛모髮발이나고十십月월에ᄂᆞᆫ滿만足족ᄒᆞᄂᆞ니만일形형像샹이일우디못ᄒᆞ거슨다만血혈肉육ᄒᆞᆫ조각이어나或혹ᄒᆞᆫ덩이되ᄃᆡ만일날이오라믈디내야샹ᄒᆞ면만하化화ᄒᆞ

야惡악水슈ㅣ되ᄂᆞ니라만일ᄯᅥ러딘胎ᄐᆡ이믜
形형像샹이일운者쟈ᄂᆞᆫ頭두腦노와口구眼안
과耳이鼻비와手슈脚각과指지甲갑等등이온
젼ᄒᆞᆫ者쟈ᄅᆞᆯ닐음이오ᄯᅩᄒᆞᆫ臍졔帶ᄃᆡ탯줄이라의類
류ㅣ잇ᄂᆞ니라○有유孕잉婦부ㅣ주임을닙거
나或혹ᄌᆞ식ᄂᆞ타가나티몯ᄒᆞ고죽은시신을地
디窖교ᄯᅡ굿이라에뭇기ᄅᆞᆯ디내면ᄯᅡ히水슈火화風
풍이屍시首슈ᄅᆞᆯ부러脹댱滿만홈을因인ᄒᆞ야
骨골節졀縫봉ᄲᅧᄆᆞᄃᆡ서ᄅᆞ고도인곳이라이열니여腹복內
ᄂᆡ엣胎ᄐᆡ孩ᄒᆡᄅᆞᆯ조차내ᄂᆞ니라ᄒᆞᆫ孕잉婦부ᄂᆞᆫ殯빈殮렴ᄒᆞ야

入입棺관ᄒᆞᆫ 孕잉婦부ᄂᆞᆫ 覆복檢검ᄒᆞᆫ 後후에 다 곳에 뭇기ᄅᆞᆯ 디내지 못ᄒᆞ여 시티 胎ᄐᆡ ᄯᅩᄒᆞᆫ 절로 나니라 (연혈ᄋᆞᆫ 관ᄒᆞᆫ [illegible])

[增] 寡婦處女ㅣ 或少時에 腹內癥瘕ㅣ 婚配後에 陰陽이 氣和ᄒᆞ야 向時結塊ㅣ 自下ᄒᆞ야 多似胎孕ᄒᆞ야 須知胎孕은 必有衣膜ᄒᆞ고 癥瘕ᄂᆞᆫ 止是血塊니 或成形이 如鱉如蛇等則受異氣所致니 或有結成鬼胎者ᄒᆞ니 此不可不辨判니

[언] 寡과婦부와 處쳐女녀ㅣ 或혹 어린 제 ᄇᆡᆺ속엣 癥뎡瘕가 [illegible] ㅣ 婚혼配ᄇᆡᄒᆞᆫ 後후에 陰음陽양이 氣긔ㅣ 和화ᄒᆞ야 져셰엿 結결塊괴ㅣ 절로 ᄂᆞ리니 만히 胎ᄐᆡ孕잉과 ᄀᆞᆺᄃᆞ니 모롬이 알올 디니 胎ᄐᆡ孕잉은 반ᄃᆞ시 ᄇᆡ히딘 거플이 잇고 癥뎡瘕가ᄂᆞᆫ 다만 이 핏뎡이라 或혹 형상 되욤이 자라도 ᄀᆞᆺᄃᆞ며 ᄇᆡ얌도 ᄀᆞᄐᆞᆫ 것ᄃᆞᆯ은 異이氣긔 [illegible] ᄅᆞᆯ 바다 날 윈배오 或혹 ᄆᆡᄐᆡ이 鬼귀胎ᄐᆡ [illegible] 으로 되ᄂᆞᆫ 者쟈도 이시니 이 가히 ᄀᆞᆯ회디 아니티 못ᄒᆞᆯ

끼시니라

勒縊死

凡檢自縊之屍에先要見得在甚地分甚街巷甚人家ᄒᆞ며何人이見本人이自用甚物ᄒᆞ야於甚處搭過ᄒᆞᄃᆡ或作十字死積繫定이거이或於項下에作活積套ᄒᆞ고却驗所着衣新舊ᄒᆞ고打量身四至處甚物ᄒᆞ며面覷甚處ᄒᆞ며背向甚處ᄒᆞ며其死人이用甚物踏上ᄒᆞ고上量頭懸이與所吊處로相去若干尺寸ᄒᆞ며下量脚下로至地相去若干尺寸ᄒᆞᄃᆡ或所縊處ㅣ雖低나ㅣ亦看頭上懸掛索處로下至所離處허並量相去若干尺寸ᄒᆞ고

對衆解下ᄒᆞ야 仍扛屍於露明處ᄒᆞ고 方解脫自縊套繩
ᄒᆞ야 通量長若干尺寸ᄒᆞ며 量圍喉下套繩圍長若干ᄒᆞ고
自項下交圍로 量耳後髮際起處濶狹橫斜長短ᄒᆞ고
然後에 依法檢驗ᄒᆞ라 ○凡檢自縊人애 先問元申人
ᄒᆞ되 其身死人이 是何色目人이며 見時早晩이며 曾與不
曾解下救應ᄒᆞ야 如曾解下救應이어든 即問解下에 有
氣脉無氣脉ᄒᆞ며 解下에 約多少時死ᄒᆞ며 申官時早晩
ᄒᆞ고 如有人識認이어든 即問自縊人이 年若干이며 作何
經紀ㅣ며 家內에 有甚人이며 却因何在此間自縊ᄒᆞ고 若
是奴僕이어든 先問雇主ᄒᆞ야 討契書辨驗ᄒᆞ되 仍看契上

의有無親戚ᄒᆞ라○若經泥雨ᄃᆞᆫㅣ어須看死人이赤脚

或着鞋와其踏上處에有無印下脚跡ᄒᆞ라

勒륵縊의ᄒᆞ야주근거시라 勒륵은ᄆᆡ고ᄃᆞ지아닌거시오

縊의은ᄆᆡ야ᄃᆞᆫ거시라

믈읫自ᄌᆞ縊의ᄒᆞᆫ屍시를검험ᄒᆞᆷ애몬져모롬이

므슴地디分분地디面면이라이며므슴街가巷항이며

므슴사ᄅᆞᆷ의집에이심을보며엇더ᄒᆞᆫ사ᄅᆞᆷ이보

니本본人인ᄌᆞ의ᄒᆞᆫᄅᆞᆷ이라시이스스로므스거슬ᄆᆡ므

ᄌᆞ습고에걸려시되或혹十십字ᄌᆞ單단繫계十십字ᄌᆞㅣ라와

死ᄉᆞ襀계頭두ㅣ라死ᄉᆞ套토로ᄆᆡ얏거나或혹項항下하

에活활積궤套토活할套토頭두ㅣ라로作작ᄒᆞ얏던고ᄒᆞ
고단계와ᄉᆞ토외할토ᄂᆞᆫ아래뵈엿ᄂᆞ니라믄두남은바옷시새며ᄂᆞᆯ
음을驗험ᄒᆞ고시신四ᄉᆞ至지處쳐에모습物믈
ᄉᆞ면계標표되ᄂᆞᆫ거시라이를자ᄒᆞ며ᄂᆞᆺᄎᆞᆫ모습곳을향ᄒᆞ야
시며등은모습곳을向향ᄒᆞ야시며그衆즁人인
이모습物믈을ᄲᅦ드듸고올낫더고ᄒᆞ고우흐로
머리돌난거시미얏ᄂᆞᆫ듸工걸틴乃이라와相상去거ㅣ
언마尺쳑寸촌임을자히며아래발아래로ᄯᅥ히
니ᄅᆞ히相상去거ㅣ언마尺쳑寸촌임을자히되
或혹믁민바곳이비록ᄂᆞ조나ᄯᅩ호보아머리우

희노흘ᄃᆞ라건곳으로아래ᄲᅧᆫᄂᆞᆫ곳에니르ᄃᆞ히相
샹去거ㅣ언마尺쳑寸촌임을아오로자히고야ᄅᆡ
듼곳이낙ᄌᆞ면노ᄆᆡᆫᄃᆡ부터ᄡᅥ히니ᄅᆞ히샹계연가나ᄒᆞᆫ을모도자히미라여러사ᄅᆞᆷ
을對ᄃᆡᄒᆞ야프러ᄂᆞ리와仍잉ᄒᆞ야屍시ᄅᆞᆯ한ᄃᆡ
볽은곳에드러노코보야ᄒᆞ로自ᄌᆞ縊익ᄒᆞᆫ套토
繩승을푸러벗겨ᄡᅥ야기리언마尺쳑寸촌임을
通통ᄒᆞ야자히며목ᄆᆡ얏던노온기릐ᄅᆞᆯ모도자히기라喉후下하
에둘니인套토繩승이둘운기릐언마히믈자히
고목에감기엿던기릐만ᄯᅩ로자히미라項항下하에마조ᄃᆞᆫᄃᆡ로
부터耳이後후髮발際제에올나간ᄃᆡᄭᆞ지ᄌᆞ익ᄒᆞᆫ노

히향ᄒᆞ로셔마조도라좌우후발졔ᄉᆞ지올나갓ᄂᆞ니라 이闊활狹협이며橫
횡斜샤ㅣ며長댱短단을자히고그흔젹의활협과횡샤와댱단
을자히미라 然연後후에法법대로檢검驗험ᄒᆞ라○
믈읫自ᄌᆞ縊익人인을검험홈애몬져元원申신
人인처엄발장ᄒᆞᆫ사ᄅᆞᆷ이라의게무ᄅᆞᄃᆡ그身신死ᄉᆞ人인
이이므슴色ᄉᆡᆨ目목엣사ᄅᆞᆷ이며본ᄃᆡ어ᄂᆞ제며
일즉푸러ᄂᆞ리와救구應응올ᄒᆞ얏던다아닌다
ᄒᆞ야만일에일즉푸러ᄂᆞ리와救구應응ᄒᆞ야거
든곳무ᄅᆞᄃᆡ푸러ᄂᆞ리우매氣기脈ᄆᆡᆨ이잇던가
氣긔脈ᄆᆡᆨ이업던가ᄒᆞ며푸러ᄂᆞ리와헤오건대

몃時시나ᄒᆞ야죽어시며관ᄉᆞ에고ᄒᆞᆫ대어ᄂᆞᆫᄉᆡᆫ
고ᄒᆞ고만일사ᄅᆞᆷ이아ᄂᆞ니잇거든ᄭᅩᆺ무ᄅᆞᆫ듸自
ᄌᆞ縊의人인의나히언마며므슴經경紀긔所소業업
여라ᄅᆞᆯ作작ᄒᆞ여집안희므슴사ᄅᆞᆷ이시며믄득
무어ᄉᆞᆯ因인ᄒᆞ야여긔이셔自ᄌᆞ縊의ᄒᆞ얏ᄂᆞ뇨
ᄒᆞ고만일이奴노僕복이어든몬저雇고主쥬부리
던쥬인이라ᄅᆞᆯ무러契계書셔文문券권이라ᄅᆞᆯ차자내여辨
변驗험ᄒᆞ오ᄃᆡ노복인가아닌가샹고ᄒᆞᆷ기라仍잉ᄒᆞ야문권우희
親친戚쳑노복의친쳑이라이이시며업슴을보라○만
일즐며비ᄅᆞᆷ디내엇거든모ᄅᆞᆷ이死ᄉᆞ人인이발

버서시며或혹신을신어심과그드듸고오른곳
에박히인발자최이시며업슴을보라
【自縊死】有活套頭ㅣ이나 死套頭ㅣ어나 單繫十字ㅣ어나
纏繞縊ᄒᆞᄂᆞ니 須看死人이 脚踏甚物ᄒᆞ고 入頭在繩套
內ᄒᆞ라 須垂得繩套ㅣ 寬入頭ㅣ라사 方是ㅣ오 須有踏物
上縊處跡由ㅣ니 ○自縊은 須高八尺以上ㅣ라사 兩
脚이 懸虛ᄒᆞ고 所踏物애 須倍高如懸虛處ᄒᆞ고 項痕이
不匝ᄒᆞ고 勿論楣樑枋桁ᄒᆞ고 塵土ㅣ 多衮亂이면 方是오
如只有一路ㅣ오 無塵亂이면 不是自縊이니라
스스로縊의ᄒᆞ야죽은거시라活활套도頭두ㅣ

어나死ᄉ套토頭두ㅣ어나單단繫계十십字ᄌᆞㅣ어나纏젼繞요縊ᄋᆡ노ᄒᆞ로고ᄅᆞᆯ민ᄃᆞ라츄이ᄒᆞ야되오며ᄂᆞ초게ᄒᆞᆷ을活활套토頭두ㅣ라ᄒᆞ고옭ᄆᆡ야츄이티못ᄒᆞᆷ을死ᄉ套토頭두ㅣ라ᄒᆞ고ᄒᆞᆫ츄로눌너ᄒᆞᆫ번만민거시十십字ᄌᆞ형ᄌᆞᆺᄐᆞ니이單단繫계十십字ᄌᆞㅣ오ᄒᆞᆫ두빌포갑빈거시纏젼繞요縊익이라이잇ᄂᆞ니모ᄅᆞᆷ이死ᄉ人인이발노무어슬드듸고머리ᄅᆞᆯ너허繩승套토안희이셧ᄂᆞᆫ고보라모ᄅᆞᆷ이繩승套토드리웟기ᄅᆞᆯ넉넉이ᄒᆞ야머리ᄅᆞᆯ드려보낼만ᄒᆞ야사보야흐로올코死ᄉ套토로ᄆᆞ야시면드리운노히넉넉ᄒᆞ며아니믈의론디못ᄒᆞᆯ개시니라모ᄅᆞᆷ이物믈을드듸고을나모민터힌자최잇ᄂᆞ니라○自ᄌᆞ縊익ᄒᆞᆫᄃᆡ

는모롬이놉희八팔尺쳑以이上샹이나ᄒᆞ야사
두발이돌니여虛허ᄒᆞ고드된바物믈이모롬이
놉희懸현虛허處쳐돌니여셔희ᄯᅳᆫ동안이라에셔倍비나ᄒᆞ
고목에흔젹이도디아녓고노곳치니러셔우ᄒᆞ로향ᄒᆞ고로평평히
도라가디아녓ᄂᆞ니라楣미와樑량과枋방과桁항다집우희ᄆᆞᄅᆞ
디ᄅᆞᆫ남기라을勿믈論론ᄒᆞ고塵진土토ㅣ만히衮곤
亂란잡도히어즈럽단말이라ᄒᆞ야시면보야ᄒᆞ로올코만일
다만ᄒᆞᆫ길만잇고진로우희노걸텻던자최호줄노만길히잇단말이라몬
쥐곤란ᄒᆞᆷ이업스면이自ᄌᆞ縊의ᄒᆞ거시아니니
라

○活套救套縊者ᄂᆞᆫ脚到地ᄒᆞ고並跪地라도俱可救也ㅣ니라

活ᄒᆞᆯ套로ㅣ어나救ᄉ套로縊의ᄒᆞᆫ者쟈ㅣᄂᆞᆫ발
이ᄯᅡ해다ᄔᆞᆺ고아오로ᄯᅡ해ᄭᅮ러도ᄡᅥ무룹ᄋᆞᆯᄭᅮ러ᄒᆡ다히단
말이라다可가히주ᄂᆞ니라

○單繫十字ᄂᆞᆫ懸空이라사方可救ㅣ오脚尖이稍到地
ㅣ면亦不死ㅣ니라救人이先自用繩帶ᄒᆞ야自繫項上後
에自以手로繫高處ᄒᆞ니須是先看上頭繫處塵土
及救人이踏甚處物ᄒᆞ라自以手로攀繫得上向繩頭
着이라사方是ㅣ오若是上面繫繩頭處ㅣ或高或大ᄒᆞ야

手不能攀及不能上則是別人吊起니라 更看所繫處
物伸縮ᄒᆞ、라 須是頭ㅣ墜下ᄒᆞ、야 去上頭繫處ㅣ一尺以
上이사라 方是ㅣ오 若是頭ㅣ緊抵上頭ㅣ면 定是別人吊
起니라

單단繫계十십字ᄌᆞᄂᆞᆫ공듕에ᄃᆞᆯ녀시보야ᄒᆞ로
可가히쥭을거시오발ᄉᆞᆺ치잠간ᄯᅡ히니ᄅᆞ러시
면ᄯᅩᄒᆞᆫ쥭디아니ᄒᆞᄂᆞ니라殺ᄉᆞ人인이몬져스
스로노히나ᄉᆡᆨ로ᄡᅥ스스로목우희ᄆᆡᆫ後후에스
스로손으로ᄡᅥ놉ᄒᆞᆫᄃᆡᄆᆡᄂᆞ니모롬이이몬져上
샹頭두、上샹面면이란말이니늘보히에ᄆᆡ엿ᄂᆞᆫ 나므슴나모에노민곳이라

곳麗려土토진토로미던흔젹을보라홈이라와밋삿ᄉᆞ人인이
어ᄃᆡ와므슴거슬ᄃᆞ되엿던고보라스스로손으
로ᄲᅧ上상向향미리우희ᄑᆞ초올나간노히라ᄒᆞ고머리를더듬
어ᄆᆡ엿주ᄒᆞ야사보야ᄒᆞ로올고만일이上상面
면에繩승頭두린곳이或혹靑거나或혹크거나
ᄒᆞ야손이能능히만디디못ᄒᆞ며能능히오ᄅᆞ디
못ᄒᆞ얌즉ᄒᆞ면이ᄂᆞᆫ다ᄅᆞᆫ사ᄅᆞᆷ의미야ᄃᆞᆫ거시니
라다시민거시편이며주리혀심을보라모롬이
이ᄀᆞ리드리워ᄂᆞ려ᄃᆡ옷편민곳에셔ᄯᅳ기ᄒᆞᆫ자
以이上상이라사보야ᄒᆞ로올고민일이머라上

상頭두에緊긴히다하시면定뎡ᄒᆞ고이ᄃᆡ론시름
이미아ᄃᆞᆫ거시니라

○纏繞繫ᄂᆞᆫ是死人이先將繩帶ᄒᆞ야纏繞項上兩遭
ᄒᆞ고自踏高ᄒᆞ야繫在上面ᄒᆞ고垂身致死내어或是先繫
繩帶在樑棟或樹枝上ᄒᆞ야雙積垂下ᄒᆞ고踏高入頭在
積內ᄒᆞ고更纏過一兩遭ㅣ면其痕이成兩路ᄒᆞ되上一路
ᄂᆞᆫ纏過耳後ᄒᆞ야斜入髮際ᄒᆞ고下一路ᄂᆞᆫ平遶項ᄒᆞᄂᆞ니
檢其相疊與分開處ᄒᆞ되作兩截ᄒᆞ야量盡頭了애畫
取樣子ᄒᆞ고更將繞繫處繩帶ᄒᆞ야比並濶狹ᄒᆞ다
纏전繞요繫계ᄂᆞᆫ이死ᄉᆞ人인이몬져노히나ᄯᅴ

ᄅᆞᆯ 가져 목우희 두 돌림을 감아 두루고 스ᄉᆞ로 놉ᄒᆞᆫ 듸ᄅᆞᆯ 드듸여 上샹面면에 ᄆᆡ야 두고 몸을 드리워 致티死ᄉᆞᄒᆞ얏거나 或혹 이 노히나 ᄯᅴᄅᆞᆯ 보히나 或혹 나모가지 우희 몬져 ᄆᆡ야 雙상髻계 노 두 웃ᄎᆞ로 뼈우희 ᄆᆡ면 젼로 雙상髻계 되야 그 ᄂᆡ모 양ᄌᆞᆺ ᄃᆞ니라 ○ 髻계ᄂᆞᆫ 고히니 ᄒᆞᆫ 고히 노히 두ᄌᆞᆫ 이ᄆᆡ 雙상髻계라 ᄒᆞᆷ이라 ᄅᆞᆯ 드리워 ᄂᆞ리티고 놉ᄒᆞᆫ 듸ᄅᆞᆯ 드듸고 머리ᄅᆞᆯ 녀허 髻계 안희 두고 다시 ᄒᆞᆫ 두 별 돌림을 감아시면 그 ᄒᆞᆫ 젹이 두 길히 되디 우ᄒᆞ로 ᄒᆞᆫ 길은 귀 뒤ᄒᆞ로 감거디나 빗기 髮발際제ᄅᆞᆯ 지ᄂᆞ러 ᄀᆞᆺ고 아래로 ᄒᆞᆫ 길은 平평히 목에 믈녓ᄂᆞ니 그 相

疊텹ᄒᆞ며 다 몯 分분開기ᄒᆞᆫ 곳을 그 노히 ᄀᆞᆫ 깁 쳑도라간 곳
파갈니여도 리간곳이라 檢검ᄒᆞ되 兩냥截절 들에 베단 말이라 을민
ᄃᆞ라 자히 기ᄅᆞᆯ 몯고 ᄆᆞᆺ출聚ᄎᆔᄒᆞᆷ애 樣양子ᄌᆞ 편 양
이라 ᄅᆞᆯ 그리고 노ᄒᆡ나 ᄲᅥᆨ로 목에 감앗던 흔젹이 ᄲᅢ 샹疊텹ᄒᆞ며 分분開기ᄒᆞᆫ 곳을 들에
내야 각각 자히고 그 쟈혀 본 견양 두 ᄆᆞᆺ출 가져 당활 분촌을 시당에 그리ᄂᆞ니라 다시 들
니미엿던 노ᄒᆡ나 ᄲᅥᆨᄅᆞᆯ 가져 넙으며 좁음을 견조
아다히라 흔젹의 넙으 며 좁음이라
○用繩帶索帛ᄒᆞ야 自縊者ᄂᆞᆫ 繫縛處ㅣ 交至左右耳
後ᄒᆞ되 深紫色이오 或黑瘀色이나 이 或作黑瘀跡ᄒᆞ고 眼合
ᄒᆞ고 唇口ㅣ 黑ᄒᆞ고 唇開手握齒露ㅣ라 ○自縊在喉上則

口閉ᄒᆞ고牙關이緊ᄒᆞ고舌이抵齒ᄒᆞ고喉下則口開ᄒᆞ고舌出二分或三分ᄒᆞ고口吻及胸前에有涎沫滴ᄒᆞ고大拇指와兩脚尖이直垂下ᄒᆞ고腿上에有血瘢호ᄃᆡ如火灸斑痕ᄒᆞ고肚下及小腹이皆墜下호ᄃᆡ靑黑色이오大小便이自出ᄒᆞ고面帶紫赤色이니라○大腸頭에或有一兩點血이니라○結縊在喉下ᄒᆞ고前面痕分數ㅣ較深ᄒᆞ니라○縊痕이直至左右耳後髮際호ᄃᆡ橫長이九寸以上으로至一尺以來리니○低處ㅣ如床檣船倉火爐는須高二三尺이면亦可縊死ㅣ니身卧其下ᄒᆞ야或側或覆호ᄃᆡ側卧면其痕이偏斜起ᄒᆞ야橫喉下ᄒᆞ고覆卧면其痕

이正在喉下호ᄃᆡ起於耳邊ᄒᆞ고多不至腦後髮際니라○脚이虛則喉下勒이深ᄒᆞ고實則淺ᄒᆞ고人이肥則勒深ᄒᆞ고瘦則淺ᄒᆞ고用細緊麻繩草索ᄒᆞ야在高處自縊ᄒᆞ야懸頭頓身致死則痕跡이深ᄒᆞ고若用全幅帛及白練項帕等物이오又在低處縊則痕深分寸이較淺어니라補若絞痕이不見더어須看項上ᄒᆞ야肉硬ᄒᆞᄂᆞ縊者ㅣ氣聚於上ᄒᆡ項肉이堅硬也ᄅᆡ니○凡檢驗自縊人애未辨仔細ᄒᆞ면不可定驗作自縊致命이니只可以喉上喉下繩索大小로比對形症ᄒᆞ야仔細開錄ᄒᆞ야以防死人의別有枉橫ᄒᆞ고以結項致死로懸實因ᄒᆞ야以備前頭查辨ᄒᆞ라且如生前勒ᄒᆞ야未死間애弔起

ᄒᆞ고 假作自縊이면 此稍難辨이오 或有人睡着에 被人將
繩索ᄒᆞ야 勒咽喉吊起身死ㅣ면 其檢驗官司ㅣ 如何見
得是自縊身死的實이리오 宜仔細也ㅣ니 〔增〕勒未死而卽吊起則有
吊勒兩痕ᄒᆞ야 淺深이 可辨ㅣ나 吊勒兩痕이 與自縊纏繞兩痕相似ㅣ나 然ㅣ나 彼則兩痕이 俱深ᄒᆞ고 勒吊則其
色이 或紫或白相半ᄒᆞ고 其血癊이 大約不同이니 ○ 〔增〕勒痕은 深ᄒᆞ고 吊痕은 淺而深者ᄂᆞᆫ 紫ᄒᆞ고 淺者ᄂᆞᆫ 白
ᄒᆞ고 紫則血癊多ᄒᆞ고 白則無ᄒᆞ며 自縊纏繞ᄂᆞᆫ 兩痕이 俱深而有血癊ㅣ라 自刎도 亦如之
니라 〔附〕自縊故縊之明白易辨者ᄂᆞᆫ 詳懸實因ᄒᆞ고 勿用此例ᄒᆞ라 ○ 〔增〕此例ᄂᆞᆫ 指上結項實因이니 自刎도 亦
勿用刃傷實因ᄒᆞ고 許懸自刺被刺ㅣ라 ○ 屍首ㅣ 日久壞爛ᄒᆞ야 頭吊在上
ᄒᆞ고 屍側在地ᄒᆞ야 肉潰見骨이어든 但驗所吊頭ᄒᆞ라 其繩
이 若入槽ㅣ니 及驗兩手腕骨頭腦骨ᄒᆞ며 皆赤色者ㅣ

是라니

노히나셔나솟치나깁으로ᄡᅥ自ᄌᆞ縊ᄋᆡᆨᄒᆞᆫ者쟈ᄂᆞᆫ민곳이交교交교ᄂᆞᆫ이솟치ᄃᆡ리가고ᄃᆡ곳치이리옴이라ᄒᆞ야左자右우耳이後후에나ᄃᆞ러시ᄃᆡ겁하검븕은빗치오或혹검게피ᄆᆡ틴빗치어나或혹겁게피ᄆᆡ틴자최되고줄근노눈다ᄒᆞᆫ곳은點뎜點뎜히자최되ᄂᆞ니라눈이ᄀᆞᆷ기고입시울과입이검고입시울이열니고손이주이고ᄂᆡ드러낫ᄂᆞ니라○自ᄌᆞ縊ᄋᆡᆨᄒᆞᆫ거시숨통우희이시면입이닷티엿고니다문거시돈돈ᄒᆞ고혀가니에다믈돗고혜주ᄅᆞ혀솟치니에다하심이러혹니ᄅᆞ되니져기혀를

물잇고혜나오지솜롱아래면엽이열니고혜나
아니타ᄒᆞ니다
오기롤二이分분이나或혹三삼分분이나ᄒᆞ고
입어귀와및胸흉前전에ᄎᆞᆷ거품드른거시잇고
엄지손가락과두발삿치고초드리웟고신다리
우희피ᄆᆡ팀이이시ᄃᆡ불노ᄃᆞᆫ斑반痕흔ᄀᆞᆺ고肚
두下하와밋小쇼腹복이다처뎌ᄂᆞ려시ᄃᆡ빗속이ᄆᆡ
ᄃᆡ리되고로쇼복이ᄃᆡ리웟ᄂᆞ니라프르고검은빗치오大대小
쇼便변이스스로나왓고ᄂᆞᆺ치검븕으며븕은빗
츨ᄯᅴ엿ᄂᆞ니라○大대腸쟝頭두항문이라에或혹호
두點뎜피잇ᄂᆞ니라○믿거시솜롱아래잇고前

젼面면ᄒᆞᆫ젹 목앏髮ᄒᆞᆫ 젼이라 分분數수ㅣ 디 가ᄒᆞ니라
○목ᄆᆡᆫᄒᆞᆫ젹이 바로 左자右우耳이後후髮발際
졔ᄭᆞ지니ᄅᆞ러시ᄃᆡ ᄆᆞᄅᆞᆫ기릐 九구寸촌以이上
샹으로 一일尺쳑ᄭᆞ지나ᄒᆞ니라 혹니ᄅᆞ되丈댱夫부ᄂᆞᆫ一일尺
쳑一일寸촌이오婦부人인은一일尺쳑이라ᄒᆞ니라 ○ᄂᆞᄌᆞᆫ곳床상檔당
상우희ᄆᆞᄅᆞ디료남기라 이나 船션倉상 ᄇᆡ에곡식ᄀᆞᆷᄎᆞᄂᆞᆫ곳이라 이나 火
화爐로ᄆᆞᄅᆞᆫ거슨 中듕原원ㅅ사ᄅᆞᆷ이만히큰화로ᄅᆞᆯᄡᅳᄂᆞᆫ고론가히ᄡᅥ縊의ᄒᆞᄂᆞ
니라 모롬이 놉희 二이三삼尺쳑이면 ᄯᅩ효미 가히
목ᄆᆡ야 죽을꺼시니 몸이 그 아래 누어 或혹 기우
리디거나 或혹 업드여시ᄃᆡ 기울게 누어시면 그

흔젹이 츠며 빗기니러나 숨통아래로 ᄀᆞ르갓고
입더져누어시면 그흔젹이 발나숨통아래이시
되耳이邊변에서 니러낫고 만히 腦노後후髮발
際제에ᄂᆞᆫ 니ᄅᆞ디아니ᄒᆞ얏ᄂᆞ니라 ○ 발이虛허
ᄒᆞ면 숨통아래勒륵이 깁고 實실ᄒᆞ면 엿고 虛허ᄂᆞᆫ발
이공듕에되니인기시오實실은빌이서히다ᄒᆞᆫ거시라 사ᄅᆞᆷ이 숨디면 勒륵
이 깁고 여외면 엿고 ᄀᆞᄂᆞᆯ고 된삼노히 나소츠로
버늡흔곳에서 自ᄌᆞ縊의ᄒᆞ야 머리ᄅᆞᆯ 돌고 몸을
굴러 致티死ᄉᆞᄒᆞ면 痕흔跡젹이 깁고 만일은 幅
북갑이나 白ᄇᆡᆨ練련흰깁이리 項항帕파머리슈건뒤리 等등

物물을 ᄡᅧ고 ᄯᅩ ᄂᆞᄌᆞᆫ 곳에셔 縊익ᄒᆞ야시면 痕흔
深심分분寸촌이 비교ᄒᆞᆷ애 엿트니라 【增】 만일 목ᄆᆡᆫ 흔젹
이 뫼디 아니ᄒᆞ거든 모롬ᄌᆞ 頂뎡上샹을 보라 ᄉᆞᆯ히 ᄃᆞᆫᄃᆞᆫᄒᆞᄂᆞ니 목ᄆᆡᆫ 者쟈ㅣ 긔운이 우희 모ᄃᆞ인
다라 頂뎡肉육이 굿고 ᄃᆞᆫᄃᆞᆫᄒᆞᄂᆞ니라 ○믈읫 自ᄌᆞ縊익人인을 檢
검驗험ᄒᆞᆷ애 仔ᄌᆞ細셰히 ᄀᆞᆯ희디 못ᄒᆞ면 可가히
定뎡驗험ᄒᆞ야 自ᄌᆞ縊익 致티命명을 삼디 못ᄒᆞ
리니 다만 可가히 喉후上샹이나 喉후下하엣 繩
승索삭이 크며 적기로 ᄡᅥ 形형症증을 ᄀᆞᆫ조이디
혀 仔ᄌᆞ細셰히 열어 긔록ᄒᆞ야 ᄡᅥ 死ᄉᆞ人인의 달
리 枉왕橫횡 원통호 의외일이라 ᄒᆞᆷ이 이심을 방비ᄒᆞ고 서건

대死ᄉᆞ人인이별로다ᄅᆞᆫ연고ᄅᆞᆯ인ᄒᆞ야왕횡히죽은가홈이라結결項항결항은ᄀᆞ
ᄋᆡᆨ피괴ᄋᆡᆨ을모도의튼ᄒᆞᆫ말이다致티死ᄉᆞ로ᄡᅥ實실因인을ᄃᆡ
라ᄡᅥ前젼頭두에사획ᄒᆞ야곰희기ᄅᆞᆯ쥰비ᄒᆞ라
ᄯᅩ만、을生싱前젼에勒륵ᄒᆞ야죽디못ᄒᆞᆫ동안에
ᄃᆞᆯ고거ᄌᆞᆺ自ᄌᆞ縊ᄋᆡᆨ을삼으면이ᄂᆞᆫᄌᆞ못분변ᄒᆞ
기어렵고죽은후이ᄃᆞᆯ고거ᄌᆞᆺ말노ᄌᆞ익이라ᄒᆞ면분변키쉬우되사라신제ᄃᆞᆯ아여죽
이고ᄌᆞ익이라ᄒᆞ면분변키어려우니라或혹사ᄅᆞᆷ이ᄌᆞᆷ자ᄂᆞᆫ듸ᄂᆞᆷ이
ᄂᆞᆫ히나ᄉᆞᆺ츨가져咽인喉후ᄅᆞᆯ졸나미야ᄃᆞ라죽
엄을닙으니이시면그檢검驗험ᄒᆞᄂᆞᆫ官관司ᄉᆞ
ㅣ엇디ᄒᆞ야이自ᄌᆞ縊ᄋᆡᆨ의身신死ᄉᆞㅣ的뎍實실

흠을보아내리오맛당히仔ᄌᆞ細셰히ᄒᆞᆯᄯᅵ니목ᄆᆡ야죽ᄃᆡ못ᄒᆞ야셔죽시ᄆᆡ야ᄃᆞᆯ면ᄃᆞᆫᄃᆡ와ᄆᆡᆫᄃᆡ두ᄒᆞᆫ적이이시ᄃᆡ엿트거깁ᄒᆞᆫ거시可가거즌혀여벌거시니ᄃᆞᆫᄃᆡ면ᄃᆡ두흔적이自ᄌᆞ縊ᄋᆡ과纏젼繞요ᄃᆞ혼져으로더브러서ᄅᆞᄌᆞᄃᆞ나그러나뎌ᄂᆞᆫ두흔젹이다깁고뎍얏다가도거ᄉᆞᆫ그빗치或혹검븕으며或혹흰거시相상半반ᄒᆞ야그피ᄃᆞᆫ기시ᄃᆡ개ᄀᆞᆺᄃᆡ아니ᄒᆞ니라

○【증】勒륵痕흔은깁고弔뎍痕흔은엿고깁흔거ᄉᆞᆫ검븕고엿튼거ᄉᆞᆫ희고검븕으면피ᄆᆡᄃᆞᆷ이만그희면업스ᄃᆡ自ᄌᆞ縊ᄋᆡ과纏젼繞요두흔적은다깁고피ᄆᆡᄐᆞᆷ이잇ᄂᆞ니라스스로목디른것도ᄯᅩᄒᆞᄀᆞᆺ티ᄒᆞᆯᄯᅵ니라스【부】스로목ᄆᆡᆫ것과ᄂᆞᆷ의게ᄆᆡ인기시明명白ᄇᆡᆨᄒᆞ야ᄌᆞᆷ회여네기쉬운者쟈ᄂᆞᆫ實실因인을ᄌᆞ셰히ᄃᆞᆯ고이例례ᄅᆞᆯ쓰디말라

○【증】이例례ᄂᆞᆫ우희結결項항實실因인을ᄀᆞᄅᆞ침이니刺ᄌᆞ刎문도ᄯᅩᄒᆞ刃인傷상實실因인을쓰디말고自ᄌᆞ刺ᄌᆞㅣ니被피刺ᄌᆞᄅᆞᆯᄌᆞ셰히ᄃᆞᆯ디니라

○屍시

首슈ㅣ날이오라야문허뎌석어머리도니어우
희잇고屍시기우러뎌싸히이셔숨히허여디며
뼤뵈거든다간도니바머리ᄅᆞᆯ보라그노히糟조
에듬ᄌᆞ드니 糟조는洗세寃원錄록에作작糟조ᄒᆞ니고히투아게기히뼤밋ᄎᆞ로드
러박히임이호롱에든듯ᄒᆞ단말이ㅣ 깃두손목뼤와頭두腦노ㅣ
뼤ᄅᆞᆯ보라다븕은빗친者쟈ㅣ이니라 혹니ᄅᆞ되니에븕은
빗과밋十십指지숫치뼤다븕은재이라ᄒᆞ니라이는自ᄌᆞ縊의과被피縊의을의론ᄒᆞᆷ이아니
오生ᄉᆡᆼ前젼에비아ᄃᆞ거슬ᄀᆞᄅᆞ친이니라

自縊 其屍ㅣ兩眼이合ᄒᆞ고唇皮開露齒ᄒᆞ고咬舌出
一分至二分ᄒᆞ고肉色이黃ᄒᆞ고形이瘦劣ᄒᆞ고兩手ㅣ拳

握ᄒᆞ고臀後에有糞出ᄒᆞ고左右手內에多是把自繫物
色ᄒᆞ며至繫緊이라然後에도亦只在手內니須量兩手拳
相去幾尺寸ᄒᆞ라○曾被救解而然者ᄂᆞᆫ其屍ㅣ肚脹
ᄒᆞ고多口不咬舌ᄒᆞ고臀後에無糞이니라
스스로ᄌᆞᆯ라죽은거시라병듦을인ᄒᆞ야스스로목ᄌᆞ른것도ᄒᆞᆫ가디니
라그屍시ㅣ두눈이ᄀᆞᆷ기고입시울이열니여니
드러나고혀ㅣ를무러나옴이一일分푼ᄋ근一이
分분에니르고ᄉᆞᆯ빗치누르고얼굴이여외여파
려ᄒᆞ고두손이줌쥐엿고臀둔後후에糞분나옴
이잇고左자右우手슈안희만히이스스로민거

슬민노히라잡아시티미미緊긴ᄒᆞ기에니르다라죽
은後후에도ᄯᅩᄒᆞᆫ으직손안히잇ᄂᆞ니모롬이두
손주먹쥔相상去거기민서잡은두손잇상게라ㅣ언마尺척寸
촌을자ᄂᆞ이라○일즉救구ᄒᆞ야풀기롤넘고죽은
者자ᄂᆞᆫ그屍시ㅣ肚두ㅣ脹턍ᄒᆞ고입에허롤무
디아니거시만코臂든後후에糞분이업ᄂᆞ니라

被人勒死

項下索子ㅣ交過ᄒᆞ고弁手指甲이抓損니이
라○本屍ㅣ口開眼瞪ᄒᆞ고頂上勒痕이黑色이오食氣
緊이弱ᄒᆞ고項痕이交面이면委是被人勒死ㅣ라니○被
人打損勒死者ᄂᆞᆫ被勒處喉下黑跡이只可六七寸

以來오ㅣ 即不至項後ᄒᆞ고 臂後에 糞出多ᄒᆞ고 被人勒死者ᄂᆞᆫ 口眼이 開ᄒᆞ고 兩拳이 散ᄒᆞ고 頭髻寬ᄒᆞ고 喉下黑痕이 週圍一尺以來니라 ○檢項索纏繞過度數ᄒᆞ라 多是於項後當正이어나 或偏左右繫定ᄒᆞ되 須有繫不盡垂頭處ㅣ니라 ○其屍ㅣ 合面地臥ᄒᆞ면 爲被勒時爭命ᄒᆞ야 是搌撲得이라 頭髮或髻ㅣ 散慢ᄒᆞ고 或沿身上애 有磕擦痕이니라 ○被人隔物이 或窗櫺或林木之類예 勒死를 僞作自縊則繩不交ᄒᆞ고 喉下痕이 多平過ᄒᆞ되 却極深ᄒᆞ고 黑淤色이 亦不起於耳後髮際니라 [益]勒死에 未有痕不交者ㅣ오 唯隔物則不交니라 ○絞勒喉下死者ᄂᆞᆫ 結締ㅣ 交在死

人項後ᄒᆞ고兩手ㅣ不垂下ᄒᆞ고縱垂下ㅣ나亦不直ᄒᆞ고或把衫襟搦着이면卽喉下에有衣衫領痕跡黑色ᄒᆞᄂᆞ니是要害處ㅣ라氣悶身死ㅣ니라

놈의게졸니여죽은거시라목아래索삭子ᄌᆞㅣ서르디나갓고아오로손톱이ᄒᆞ위여상손ᄒᆞ얏ᄂᆞ니라○本본屍시ㅣ입을버리고눈을지시ᄒᆞ고목우희민ᄒᆞᆫ젹이검은빗치오食식氣긔嗓상이ᄭᅵ디고목에ᄒᆞᆫ젹이마조도라시면실노이놈의게勒륵ᄒᆞᆷ을닙어죽은거시니라결안식에ᄌᆞ외ᄒᆞᆫ자ᄂᆞᆫ혜나오고목에ᄒᆞᆫ젹이도라가디아니ᄒᆞ니라○놈의게마자상ᄒᆞ고졸

니여죽은者쟈ᄂᆞᆫ被피勒륵處쳐喉후下하에검
은자최다만可가히六륙七칠寸촌즈음이오곧
項항後후에니르디아니ᄒᆞ고밋고졀니어죽은쟈ᄂᆞᆫ즉시디명ᄒᆞᆫ
고로ᄆᆡ은흔젹이목뒤희ᄂᆞᆫ밋디몯ᄒᆞᄂᆞ니라臀둔後후에糞분나옴
이만ᄒᆞ고사ᄅᆞᆷ의게勒륵ᄒᆞ옴을닙어죽은者쟈ᄂᆞᆫ디밋
ᄂᆞᆫ이닌거시라무眼안이열니고두주먹이펴디고상
되누어디고숨통아래검은흔젹이週쥬圍위一
일尺쳑즈음이니라○목에노감아둘너긴度도
數수번수란ᄆᆞᆯ이라ᄅᆞᆯ檢검ᄒᆞ라만히이項항後후에당
듕ᄒᆞ얏거나或혹ᄎᆡ위左좌右우에ᄆᆡ야ᄉᆞ되모

롬이미고盡진티아녀ᄌ츨드리운거시이실디

니라 디고나믄 웃치라 ○그屍시ㅣ合합面면으로ᄯᅥᄒᆞ

누어시면목미일새에목숨을ᄃᆞ토아이揉유撲

박 부븨고브ᄃᆡ 잇단말이라 ᄒᆞ디라머리터럭과或혹상퇴흔

터디며누어디고或혹身신上상애ᄯᆞ라가며다

딜니고믄타인흔적이이ᄉᆞ리니라○사ᄅᆞᆷ의게

物믈을隔격 목을아모ᄃᆡ나 히ᄑᆞ민거시라 다ᄒᆞᆫ인거시或혹意

창櫜 명 창鋹 쥐라이나或혹林림木목類류에즐라즉

인거슬거즛自ᄌᆞ縊익을삼으면工ᄒᆞ마조자나

가디아녀고 物믈을隔격ᄒᆞ야繫계히ᄃᆞᆯ히엿ᄂᆞᆫ 고로압히ᄂᆞᆫ흔적이깁고뒤히ᄂᆞᆫ흔

젹이 도라가디 아녓ᄂᆞ니 ᄆᆡ개 등을 항렬이나 림곡에 의디ᄒᆞᆫ 인괴너라 死ᄉᆞ人ᅀᅵᆫ의 숨통
아래ᄒᆞᆫ젹이 만히 平평히 디나시되 左자右우耳 ᄀ後후鬢빈
際제에 니르디 아니ᄒᆞ야 八팔字ᄌᆞ形형 ᄀᆞᆺ트니라 믄득 극히 깁고 검고 허
이 된빗치 ᄯᅩᄒᆞᆫ 耳이後후髮발際제에셔 나러나
디 아녓ᄂᆞ니라 [illegible]목미야족인거시ᄒᆞᆫ허이도라 가디아니ᄒᆞᆯ거시업스되오직物라
물을 隔격ᄒᆞ야시면도라 가다아녀ᄒᆞ얀ᄂᆞ니라 ○喉후下하ᄅᆞᆯ 술려주
은者자ᄂᆞᆫ 미존거시 死ᄉᆞ人인의 목뒤ᄒᆡ 잇고 두
손이 드리워디우디 아녓고 비록 드리원디어시
나 ᄯᅩᄒᆞᆫ 곳디 아니ᄒᆞ고 或혹 옷깃ᄉᆞᆯ 잡아다이저
시면 곳 喉후下하에 옷깃 痕흔跡젹 검은 빗치 잇

ᄂᆞ니이要요害해處쳐ㅣ라긔운이민식ᄒᆞ야ᄌᆞᆫ
은기시니라

被人殺假作自縊

被行打勒殺者ᄂᆞᆫ 口眼이 多開ᄒᆞ고
手散髮慢ᄒᆞ고 喉下血脉이 不行이라 痕跡이 淺淡ᄒᆞ야 無
血癊黑跡ᄒᆞ고 舌不出ᄒᆞ고 亦不抵齒ᄒᆞ고 項上肉애 有指
爪痕ᄒᆞ고 身上에 有要害致命傷損處ㅣ니라 ○被拳踢
毆打死後에 繫勒懸掛者ᄂᆞᆫ 口眼이 多開ᄒᆞ고 手散髮
慢ᄒᆞ고 身上에 有要害傷損及喉下에 有繫勒懸掛蹤
由ᄒᆞ고 喉下에 無血癊黑跡ᄒᆞ고 舌不出ᄒᆞ고 亦不抵齒ᄒᆞ고
縛痕이 雖深入皮나 卽無青紫赤色ᄒᆞ고 只是白痕ᄲᅮᆫ이

라

○有用火篦ᄒᆞ야烙成痕이면但紅色或焦赤ᄒᆞᄃᆡ帶濕不乾이니라

ᄂᆞᆷ의게 죽임닙은 거슬 거즛 自ᄌᆞ縊의ᄒᆞ다 作작ᄒᆞᆷ이라티고 勒륵ᄒᆞ야 죽임을 닙은 者쟈ᄂᆞᆫ 口구眼안이 만히 열니고 손이 흣더디고 샥되늣고 臍후下하에 血혈脉ᄆᆡᆨ이 行ᄒᆡᆼ티 못ᄒᆞ논디라 痕흔跡젹이 몃고 淡담ᄒᆞ야 피ᄆᆞ틴 검은 자최 업고 혜 나오디 아니ᄒᆞ고 ᄯᅩ 호니에 다티ᄃᆞᆺ 아니코 項항上샹肉육애 손톱흔젹이 잇고 身신上샹에 要요害해 致티命명엇 傷샹損손ᄒᆞᆫ 곳이 잇ᄂᆞ니라 ○

주먹맛고 太이고 毆구打타ᄒᆞ야주임을닙은後
후에목ᄆᆡ야ᄃᆞ라걸린者자ᄂᆞᆫ口구眼안이만히
열니고손이흗터디고상되늣고身신上샹애要
요害해엣傷샹損손이잇고밋喉후下하애ᄆᆡ야
ᄃᆞ랏ᄂᆞᆫ자최잇고숨통아래피미틴검은자최업
고혜나오거나ᄒᆞ고ᄯᅩᄒᆞᆫ니에다티도아니코
민흔젹이비록깁허갓치드러가시나青청紫ᄌᆞ
赤젹色식이업고다만이흰흔젹이니라○火화
箆비 프른대빈혀롤불 에다론거시라 ᄅᆞᆯᄡᅥ지져흔젹을일워시
면 주은후에숨통아래ᄅᆞᆯ지져 거즛ᄌᆞ익흔을민든거시라 다만紅홍色식이

어나 或혹ᄃᆞ고 븕으ᄃᆡ 저즘을 ᄯᅴ엿고 ᄆᆞ르디 아
니ᄒᆞ니라

移自縊屍 〔增〕或外人이於家中에自縊ᄒᆞᆫ其主人이 避臭穢及檢驗ᄒᆞ야移屍出外弔掛者ㅣ라
移屍弔掛ㅣ면 舊痕이 移動ᄒᆞ야 致有兩痕ᄒᆞᄃᆡ 舊痕은 紫
赤有血瘀ᄒᆞ고 移動은 只白色無血瘀이라니 ○先以杖
子로 於所繫繩索上에 輕輕敲ᄒᆞ야 如緊直이면 乃是ㅣ오
或寬慢이면 即是移屍니라
自ᄌᆞ縊의ᄒᆞᆫ 屍시를 옴기미라 〔중〕或혹外외人인이 집안히셔 스스
로 목ᄆᆡ야 ᄃᆞ라시면 그 主쥬人인이 臭취穢예와
밋 檢검驗험을 避피ᄒᆞ려ᄒᆞ야 屍시를 옴겨 밧게
ᄂᆡ야 ᄆᆡ야
ᄃᆞᆫ 거시라 屍시를 옴겨ᄃᆞ라 걸어시면 녯 흔젹이

옴기여두흔젹이잇기예녈위뒤뵛흔젹은검븕
고븕어피ᄆᆡ팀이잇고옴긴거슨다만흰빗치오
피ᄆᆡ팀이업ᄂᆞ니라○몬져마대로ᄲᅢ미얏ᄂᆞ뇨
우희輕경輕경히터보아만일도도ᄒᆞ고곳곳ᄒᆞ
면이어올코 屍시ᄅᆞᆯ옴기지아니ᄒᆞᆷ이다 或혹녀녁ᄒᆞ고ᄂᆞᆨ으
면곳이옴긴죽엄이니라 縊익ᄒᆞ야죽어시면그ᄯᅡ히평평ᄒᆞ고옴긴죽
엄이면ᄂᆞᆨ고주리헛ᄂᆞ니라

增修無冤錄諺解 卷之三

增修無冤錄諺解卷之三

溺水死

水深八尺以上이면 委是生前溺死ㅣ니라 ○初春雪寒은 經數日이라사 方浮ᄒᆞᄂ니 與春末夏初로 不同이니라

○若在江河陂潭池塘間ᄒᆞ야 難以打量四至어든 只看屍浮在何處ᄒᆞ고 如未浮ᄒᆞ야 打撈方出이어든 聲說在何處打撈見屍라ᄒᆞ라

○池塘或坎井有水處可以致命者ᄂᆞᆫ 須量見淺深丈尺ᄒᆞ고 如坎井則量四至ᄒᆞ라

○凡溺河池ᄂᆞᆫ 檢驗之時에 先問元申人ᄒᆞ되 何時에 見屍在水內ᄒᆞ며 見時에 便只在今處아 或自漂流而來ᄒᆞ야

야若是漂流而來어든卽問是東西南北ᄒᆞ며又如何流
到此便住오ᄒᆞ고如稱見其人落水ㅣ어든卽問當時曾
與不曾救應고ᄒᆞ야若曾救應이어든其人이未出水時
에已死ㅣ어나或救應上岸애才方死ᄒᆞ며或卽申官이어
나或經幾時申官ᄒᆞ라○井深이오屍在底則不必量이니
但約深若干丈尺ᄒᆞ고方漉屍出ᄒᆞ라○屍在井中滿脹
則浮出ᄒᆞ되水淺則不出이니라○若出이어든看頭或脚
이在上在下ᄒᆞ야先量見尺寸ᄒᆞ라○不出이어든亦以丈
竿으로量到屍近邊尺寸ᄒᆞ고亦看頭或脚이在上下ᄒᆞ라
○凡溺井之人을檢驗時에問元申人ᄒᆞ되如何知得

井內有人ᄒᆞ며 初見有人時에 其人이 死未ᄒᆞ며 既知未死
ㅣ인 因何不救應ᄒᆞ며 其屍未浮ㅣ면 如何知得井內有人
고ㅍ ᄒᆞ、若是屋下之井이어든 問身死人의 自從早晚이며
不見이면 却如何知在井內오라 ᄒᆞ、凡井內에 有人ᄒᆞ면 其井面에 自然先有水
沫ᄒᆞᄂᆞ 以此爲驗卅ㅣ ○若失脚이어든 須看失脚處土痕及量
水深淺ᄒᆞ라 ○復檢遲ᄒᆞ야 經風日이 吹曬遍身上이면 屍
必皮起이나 或生白靤ㅣ니라 ○檢溺死之屍에 水浸多
日ᄒᆞ야 屍首ㅣ 胖脹ᄒᆞ야 難以顯見致死之因이어든 宜申
諭頭髮이 脫落ᄒᆞ고 頭目이 胖脹ᄒᆞ고 脣口ㅣ 翻張ᄒᆞ고 頭
面連遍身上下皮肉이 並皆青黑ᄒᆞ고 褪皮ᄒᆞ나 驗是本

人이在井或河內ᄒᆞ야歿後에經隔日數ᄒᆞ야致有此ᄒᆞ니

今來에無憑檢驗이라ᄒᆞ고卽不用申說致歿因由[illegible]

池中溺死人이經久事發에皮肉이盡脫ᄒᆞ고其他에並無痕跡되어取髑髏骨洗淨ᄒᆞ야將熱湯細細斟灌ᄒᆞ고從腦門穴入ᄒᆞ야看有無細泥沙屑이自鼻孔竅中出ᄒᆞ야生前溺死則有沙土ᄒᆞ고死後則無ᄒᆞ리니

믈에ᄲᅡ뎌죽은거시라

믈깁희八팔尺쳑以이上샹이면실로이生ᄉᆡᆼ前젼에ᄲᅡ뎌죽은거시니라○初초春츈과雪셜寒한은數수日일이디나사보야ᄒᆞ로ᄯᅳᄂᆞ니春츈末말과夏하初초로다뭇ᄀᆞᆺ디아니ᄒᆞ니라○만일江강河하와陂피潭담陂피ᄂᆞᆫ웅뎌리오潭담은소히라과池

디塘당ᄌᆞ음에이셔ᄡᅥ四ᄉᆞ至지ᄅᆞᆯ자히기어렵
거든다만屍시어늬곳에셔이셔심을보고만일
ᄯᅳ다못ᄒᆞ야건뎌셔보야흐로나왓거든聲셩說
설ᄒᆞ되어늬곳에셔건뎌屍시ᄅᆞᆯ보앗다ᄒᆞ라○
池디塘당이나或혹坎감(坎감은陂피에 셔져근거시라)井정믈
잇ᄂᆞᆫ곳可가히ᄡᅥ致티命명ᄒᆞᆯ者쟈ᄂᆞᆫ모롬이淺
쳔深심의丈댱尺쳑을자혀보고만일坎감井졍
이어든四ᄉᆞ至지ᄅᆞᆯ자히라○믈읫河하와池디
에(흘니ᄂᆞᆫ거ᄉᆞᆫ河하ㅣ라ᄒᆞ고흘너 가지못ᄒᆞᄂᆞᆫ거ᄉᆞᆫ池디ㅣ라ᄒᆞᄂᆞ니라)ᄲᅡ딘거ᄉᆞᆫ
檢검驗험ᄒᆞᆯᄢᅢ에몬져元원申신人인ᄃᆞ려무ᄅᆞᆯ

ᄃᆡ어ᄂᆞᄯᅢ예屍시믈속의이심을보아시며볼ᄯᅢ
예처엄볼ᄯᅢ라믄득다만이터ᄒᆡ잇던가屍시주금잇ᄂᆞᆫ곳이라
或혹ᄉᆞᄉᆞ로ᄯᅥ흘너오던가ᄒᆞ야간일이ᄯᅥ흘너
왓거든곳이東동西셔南남北븍을무ᄅᆞ며이어ᄂᆡ밧
소로셔와심을무롬이라ᄯᅩ엇디ᄒᆞ야흘너이에다ᄃᆞ라믄득
머믈고ᄒᆞ고탄일그사ᄅᆞᆷ이믈에ᄯᅥ러디ᄂᆞᆫ줄을
보앗노라ᄒᆞ거든阮원申신人인의말이라곳當당時시에일
즉救구應응ᄒᆞᆫ다아니ᄒᆞᆫ다무러만일일즉救구
應응ᄒᆞ얏거든그사ᄅᆞᆷ이믈에나디못ᄒᆞᆫᄯᅢ이받
셔주엇던가或혹救구應응ᄒᆞ야언덕에올님엿

ᄀᆞᆺ죽더가ᄒᆞ여或혹즉시관ᄉᆞ에신뎡ᄒᆞ고가或혹
몃셰나디나게아관ᄉᆞ에신뎡ᄒᆞ고다ᄒᆞ라○우믈
이깁고屍시ㅣ밋ᄐᆡ이시면구틔야자히디아니
ᄒᆞᆯ띠니ᄉᆞ지ᄅᆞᆯ작ᄒᆞᆷ이라다만깁희언마丈댱尺쳑인고
짐작ᄒᆞ고보야흐로屍시ᄅᆞᆯ건뎌내라○屍시ㅣ
우믈가온대이셔ᄀᆞ득이脹량ᄒᆞ면셔나오되믈
이엿드면아니나오ᄂᆞ니라○만일나왓거든井경
이나坎감에잇ᄂᆞᆫ거시라머리나或혹발이우희이시며아래
이심을보아몬저尺쳑寸촌을가혀보라머리나발이믈
에셔나온쳑촌이라○나오디아녓거든션ᄒᆞᆫ丈댱竿간막대

增修無冤錄諺解 三 [illegible]

대라으로ᄡᅥ屍시ㅣ갓가온편尺척寸촌을자히고
ᄯᅩᄒᆞᆫ머리나或혹발이우히며아래이심을보라
○믈읫우믈에ᄡᅡ딘사ᄅᆞᆷ을檢검驗험ᄒᆞᆯ새애元
원申신人인의게무ᄅᆞ디잇디ᄒᆞ야우믈안ᄒᆡ사
ᄅᆞᆷ잇ᄂᆞᆫ줄을아라시며처엄사ᄅᆞᆷ이심을본새애
그사ᄅᆞᆷ이죽엇던가아녓던가ᄒᆞ며이믜죽디아
닌줄을아라시면엇디ᄒᆞ야救구應응티아녀시
며그屍시ᄯᅳ디아녀시면엇디ᄒᆞ야우믈안ᄒᆡ사
ᄅᆞᆷ이심을아란ᄂᆞ뇨ᄒᆞ고만일이집아래우믈이
어든무ᄅᆞ되身신外ᄉᆞ人인의와시미어ᄂᆞ새며

보디못ᄒᆞ야시면븐득엇디ᄒᆞ야우물안ᄒᆡ잇ᄂᆞᆫ
졸을아란ᄂᆞᆫ고ᄒᆞ랴 물윗우물안ᄒᆡ사ᄅᆞᆷ이이시면그우물우희自ᄌᆞ然연히
몬저물거품이잇ᄂᆞ니일노ᄡᅥ즁험을삼ᄂᆞ니라 ○만일失실脚각ᄒᆞ야
거든모ᄅᆞᆷ이失실脚각ᄒᆞᆫ곳에ᄒᆞᆰ흔적을보고밋
믈의깁ᄒᆞ며엿틈을자히라 ○復복檢검이더듸
여風풍日일이遍변身신우희블며ᄶᅬ기ᄅᆞᆯ디내
면屍시ㅣ반ᄃᆞ시갓치나러나거나或혹헌포진
이나ᄂᆞ니라 ○물에ᄲᅢ뎌주근屍시ᄅᆞᆯ檢검ᄒᆞᆷ애
믈에저젼디날이만하屍시首슈ㅣ膨방脹탕ᄒᆞ
야ᄡᅥ致티死ᄉᆞᄒᆞᆫ근인을험연히보기어렵거든

맛당히申신說셜상ᄉᆞ에보ᄒᆞᆫᄂᆞᆫ말이라호ᄃᆡ頭두髮발이
脫탈落락ᄒᆞ고頭두目목頭두面면이라이胖방脹댱ᄒᆞ
고唇슌口구ㅣ翻번張댱뒤혀ᄂᆞ고버려시미라ᄒᆞ고頭두
面면이며밋遍변身신上상下하엣皮피肉육이
아오로다靑청黑흑ᄒᆞ고갓치버서시니驗험홈
애이本본人인이우믈이나或혹河하안ᄒᆞ이셔
죽은後후에날數수ᄅᆞᆯ디내여이런형상이잇기
예날위여시니즉금의빙ᄒᆞ야檢검驗험ᄒᆞ올ᄭᅥ시
업다ᄒᆞ고곳致티死ᄉᆞᄒᆞᆫ因인由유ᄅᆞᆯ申신說셜
ᄒᆞ디말ᄋᆞᆯᄯᅵ니라 補 가ᄒᆞᆫ못가온데ᄲᅡ뎌죽은사ᄅᆞᆷ이오라ᄂᆞᆯ디나일이발각홈

에갓가솔히디입고그다ᄅᆞᆫ디다痕흔跡젹이업

거든髑촉髏루骨골을가져ᄡᅥ서가싀고더운물

올가지細셰細셰히부어흘니되腦노門문穴혈

로조차드러보내여ᄀᆞᄂᆞᆫ흙과모릐ᄅᆞᆯ니코구무

가온대로부터나오미이시며업ᄉᆞᆷ을보라生ᄉᆡᇰ

前젼에새텨죽어시면沙ᄉᆞ土토ㅣ잇고死ᄉᆞ後

후ㅣ면업ᄂᆞ니라○셩젼이면고히

흠과흠을인ᄒᆞ야드러가심이라

自溺死 若病患溺死則不計水之深淺ᄒᆞ고可以致死

ㅣ니라○凡溺死之人이若是人家奴婢ㅣ어나或妻女ㅣ

未落水에先已被打ᄒᆞ야在身有傷이오今次애又的然

見得是自落水ㅣ어나或投井身死ㅣ어든於格目內에

亦須分明具出傷痕ᄒᆞ고定作被打後溺水身死ㅣ니라

○多有鬪毆了에各自分散後에或去近江河池塘

增修無冤錄諺解三 六

邊ᄒᆞ야 洗頭面上血이어나 或取水喫이라가 才經相打ㅣ라
尙困乏이어나 或困醉라 頭旋ᄒᆞ야 落水渰死ᄒᆞᄃᆡ 落水時
尙活이라 其屍腹肚ㅣ 膨脹ᄒᆞ고 十指甲애 有沙泥ᄒᆞ고 兩
手ㅣ 向前ᄒᆞᄂᆞ니 驗得落水渰死ㅣ 分明이라 其屍上애
有毆打痕損이라도 更不可定作致命去處ㅣ니 但一一
劄上驗狀ᄒᆞ고 只定作落水致死ㅣ 最便이니 打傷이 雖
在要害處ㅣ오 辜限內ㅣ니 今既落水身死則是他故致
死ㅣ 分明이니라 相打散에 乘高撲下致死도 亦然ᄒᆞᄂᆞ니 但驗失脚處高下와 撲損痕瘢과
致命要害處ᄒᆞ고 仍須根究曾見相打分散證佐人ᄒᆞ야 ○ 水渰死ᄂᆞᆫ 身上에 無痕
ᄒᆞ고 面色이 赤이면 卽是倒提ㅣ라 ○ 自投河者ᄂᆞᆫ 水稍深

濶則無磕擦沙泥等事ᄒᆞ고 若水ㅣ 淺狹이면 與投井으론
無異ㅣ니라 ○自投井者ᄂᆞᆫ 眼合手握ᄒᆞ고 身間에 無錢物
者ㅣ 居多ᄒᆞ고 推入與自落井者ᄂᆞᆫ 手開眼微開ᄒᆞ고 身
間에 或有錢物之類ㅣ니라 ○自投井과 被人推入井
과 自失脚落井者ᄂᆞᆫ 大同小異ᄒᆞ니 皆頭目에 有被磚
石磕擦痕ᄒᆞ고 指甲毛髮에 有沙泥ᄒᆞ고 腹肚ㅣ 脹ᄒᆞ고 側
覆臥之則口內에 水出ᄒᆞ고 別無他故ᄒᆞᄂᆞ니 只作落井
이니라 ○投井死人이 如不曾與人交爭이오 驗面目頭
額에 有利刃痕ᄒᆞ며 又係舊帶血ᄒᆞ야 似生前痕이어든 此
ᄂᆞᆫ 須看井內ᄒᆞ라 有破磁器之屬ᄒᆞ야 以致傷着이니 人이

初入井時에 氣尙未絕이라 其痕이 依舊帶血ᄒᆞᄂᆞ니 若
驗作生前刃傷ᄒᆞ면 豈不利害리오 ○落渠死는 其屍口
眼이 開ᄒᆞ고 兩手ㅣ 微握ᄒᆞ고 衣裳과 并口鼻耳髮際예
並有靑泥汚ㅣ니 須脫下衣裳ᄒᆞ고 用水淋洗ᄒᆞ고 酒噴ᄒᆞ라
其屍ㅣ 即肉色이 微白ᄒᆞ고 肚皮微脹ᄒᆞ고 十指甲에 有
泥니라
스스로 ᄲᅡ뎌 주근 거시라 만일 病병 드럿고 癎간疾질
과 狂광病병뤼라 ᄲᅡ뎌 주어시면 믈의 深심淺천은 不블
計계ᄒᆞ고 可가히 ᄡᅥ 致티死ᄉᆞᄒᆞ리니라 ○믈읫
溺닉死ᄉᆞᄒᆞᆫ 사ᄅᆞᆷ이 만일 人인家가 奴노婢비

어나或혹妻쳐女녀ㅣ물에드디아뎌신졔믄져
이믜티기ᄅᆞᆯ닙어몸에샹쳬이셧고수금次ᄎᆞ애
또的뎍然연히이스스로물에ᄯᅥ러디거나或혹
우물에더뎌身신死ᄉᆞᄒᆞ졸을보앗거든格격目
목안ᄒᆡ시댱격목이라또ᄒᆞ모롬이分분明명히傷샹痕
흔을ᄀᆞᆺ초아내고定뎡ᄒᆞ야被피打라後후溺릭
水슈身신死ᄉᆞᄅᆞᆯ삼을ᄯᅢ니라○만히잇ᄂᆞ니ᄡᅡ
화티기ᄅᆞᆯᄆᆞᆺᄎᆞᆷ애각각스스로ᄂᆞᆫ화ᄒᆞᆺ터딘後후
에或혹가江강河하ㅣ나池디塘당ᄀᆞ에갓가이
ᄒᆞ야頭두面면上샹피ᄅᆞᆯ싯거나或혹물을取취

ᄒᆞ야 먹다가 ᄌᆞ서ᄅᆞ리기ᄅᆞᆯ 격것ᄂᆞᆫ디라 오히려
困곤乏핍ᄒᆞ기나 或혹困곤醉취ᄒᆞᆫ디라 머리 둘
니여 머리이 졸홈이라 물에 ᄂᆞ려뎌 ᄌᆞᆷ기여 죽어시ᄂᆞ 물
에 ᄂᆞ려 딜ᄯᅢ 오히려 사란ᄂᆞᆫ디라 그 屍시ㅣ 腹복
肚두ㅣ 膨ᄑᆡᆼ脹댱ᄒᆞ고 十십指지甲갑애 모래와
ᄌᆞᆫ흙이 깃고 두 손이 압흐로 向향ᄒᆞ얏ᄂᆞ니 驗험
홈애 落락水슈渰엄死ᄉᆞᆫ시 分분明명ᄒᆞᆫ디라
그 屍시上상에 틴痕흔損손이 이실ᄯᅵ라도 다시
致티命명ᄒᆞᆫ 곳을 定뎡ᄒᆞ야 삼음이 不불可가ᄒᆞ
니 다만 낫낫치 검험문장에 벗겨 올니고 定뎡ᄒᆞ

야落락水슈致티死ᄉᆞ만삼음이마장便편ᄒᆞ니
打타傷샹이비록要요害해處쳐에잇고辜고限
ᄒᆞᆫ안히나이졔이믜落락水슈ᄒᆞ야身신死ᄉᆞᄒᆞ
야시면이다ᄅᆞᆫ연고로致티死ᄉᆞᄒᆞᆯ시分분明명
ᄒᆞ니라 서ᄅᆞ티고홋터디매놉흔ᄃᆡ올ᄂᆞᆺ다가부드이저ᄂᆞ려더죽은것도또ᄒᆞᆫ그러ᄒᆞᄂᆞ
니다만失실脚각ᄒᆞᆫ곳놉ᄒᆞ며ᄂᆞᆺ즘과부듸이저샹ᄒᆞᆫ痕흔瘢반과致티命명ᄒᆞᆫ要요害해處쳐ᄅᆞᆯ
驗험ᄒᆞ고仍잉ᄒᆞ야모롬이일즉서ᄅᆞ티고허여ᄃᆞᆯ제본證증佐자人인을根근究구ᄒᆞ라○
물에揾온 손으로눌너ᄲᅢ지운거시라 ᄒᆞ야죽은거ᄉᆞᆫ身신上
샹에샹ᄒᆞᆫ이업고ᄂᆞᆺ빗치븕으면곳이갓고로잇
근거시니라 잇그러것구르팀이라○洗셰寃원錄록에날오ᄃᆡᄂᆞᆷ의게갓고로잇그러물에搵온ᄒᆞᆷ을넙어주다ᄒᆞ니라○스스로물에더딘者쟈ᄂᆞᆫ물이퍽깁고ᄂᆡ르면디딀나고문딀니며모래와즌ᄒᆞᆰ들엣일이업고만일믈이엿거나좁으면우믈에더딘것과다ᄅᆞᆷ이업ᄂᆞ니라○스스로우믈에더딘者쟈ᄂᆞᆫ눈이ᄌᆞᆷ기고손이쥐이고몸ᄉᆞ이에錢젼物믈업ᄉᆞᆫ者쟈ㅣ만코밀려드려보낸것과다못절로우믈에ᄲᅥ러딘者쟈더딘거ᄉᆞᆫ有유意의ᄒᆞᆷ이오ᄲᅥ러딘거ᄉᆞᆫ失실足족ᄒᆞᆷ이라ᄂᆞᆫ손이버렷고눈이微미히ᄠᅳ엿고몸ᄉᆞ이에或혹錢젼物믈의類류ㅣ잇ᄂᆞ니라○스스로우믈에더딘것과ᄂᆞᆷ이게밀티여우믈에

드러간것과스스로실죡ᄒᆞ야우물에뎌러딘者쟈ᄂᆞᆫ大대同동小쇼異이ᄒᆞ니형증이대뎨ᄀᆞᆺ고략간다ᄅᆞᆫ단말이라다頭두目목에버돌이나돌에다딜니며문딜니인흔젹이잇고指지甲갑과毛모髮발에모래와즌흙이잇고腹복肚두ㅣ脹턍ᄒᆞ고녑ᄒᆞ로나업듸너누히면입안희몰이나오고別별로다ᄅᆞᆫ연괴업ᄂᆞ니다만우물에뎌러디다作작ᄒᆞᆯᄯᅢ니라실인을落락井졍티ᄉᆞ로ᄃᆞ믄自ᄌᆞ投투와推퇴入입을지뎡티못ᄒᆞᆯ이라○우물에더뎌주은사ᄅᆞᆷ이만일일즉ᄂᆞᆷ과서ᄅᆞ드토디아녓고驗험홈애面면目목과頭두額익에드ᄂᆞᆫ

ᄂᆞᆫ흔젹이이시ᄃᆡ또依의舊구히피를ᄯᅴ여生ᄉᆡᆼ
前젼痕흔ᄀᆞᆺ거든이ᄂᆞᆫ모롬이우물안흘보라ᄭᅡ
여딘사긔부리이셔베傷샹着댝을닙위미니사
ᄀᆞᆷ이처엄우물에들ᄯᅢ예긔운이오히려솟디아
니ᄒᆞ얀ᄂᆞᆫ디라그흔젹이依의舊구히피를ᄯᅴ엿
ᄂᆞ니만일驗험ᄒᆞ야生ᄉᆡᆼ前젼刃인傷샹을삼으
면엇디利리害해롭디아니리오해잇단말이라○미쳔
에ᄯᅥ러뎌죽은거ᄉᆞᆫ병ᄋᆞᆯ인ᄒᆞ야끼구러ᄯᅥ러뎌죽은것도ᄀᆞᄐᆞ니라그
屍시ㅣ口구眼안이열니고두손이微미히쥐이
엿고衣의裳샹과아오로口구鼻비耳이와髮발

際제에다프른즌흙더러임이잇ᄂᆞ니모롬이衣의裳샹을벗기고물로연저빗고술을뿜으라그屍시ㅣ곳술빗치微미히희고肚두皮피微미히脹창ᄒᆞ고十십指지甲갑에즌흙이잇ᄂᆞ니라

被人溺死 被人推入河ᄂᆞᆫ水稍深濶則無磕擦沙泥等事ᄒᆞ고若水淺狹이면與投井으로無異라大抵水深三四尺이면皆能渰殺人ᄒᆞᄂᆞ니驗之ᄒᆞ야果無他故ㅣ면只作落水身死ㅣ라ᄒᆞ고若身有纏索及微有痕損可疑則宜檢作被人謀害置水身死ㅣ라ᄒᆞᄃᆡ切宜詳審이니라 ○有故入井이면須脚이在下ᄒᆞᄂᆞ니若頭ㅣ在下ㅣ면恐被人

趕逼이어나 或推入井이니라
놈의게 ᄡᅡ지워 죽은 거시라 놈의게 밀텨 굼에 드
린 거ᄉᆞᆫ 믈이 퍽 깁고 너ᄅᆞ면 다 딜니고 문 딜니며
모래와 ᄌᆞᆫ 흙 들엣 일이 업고 만일 믈이 엿거나 좁
으면 投투井졍과 다ᄅᆞᆷ이 업ᄂᆞᆫ디라 大대抵뎌 믈
깁희 三삼四ᄉᆞ尺쳑이면 다 能능히 사ᄅᆞᆷ을 渰엄
물에 빠전디 오란 거시라 殺살ᄒᆞᄂᆞ니 驗험ᄒᆞ야 과연 다ᄅᆞᆫ 연
괴 업ᄉᆞ면 다만 落낙水슈身신死ᄉᆞㅣ라 作작ᄒᆞ
고 실인을 落락水수身신死ᄉᆞ로 돌믄 自ᄌᆞ投투와 推퇴入입을 지뎡티 못ᄒᆞᆷ이라 만일
몸에 민 노히 잇거나 밋젹기 痕흔 損손 可가疑의

홈이 이시면 맛당히 檢검ᄒᆞ야 사ᄅᆞᆷ의게 謀모害해 홈을 넘어 물에 두어 身신死ᄉᆞᄒᆞ다 作작호ᄃᆡ 부ᄃᆡ 맛당히 詳상審심홀 ᄯᅵ니라 ○ 부러 우물에 드러가시면 모롬이 발이 아래 잇ᄂᆞ니 만일 머리곳 아래 이시면 저컨대 ᄂᆞᆷ의게 좃치이거나 或혹 밀티여 우물에 드러 간거시니라

被人殺假作自溺

被人毆打殺死를 推在水內면 入水深則脹ᄒᆞ고 淺則不甚脹ᄒᆞ고 肉色이 帶黃不白ᄒᆞ고 口眼이 開ᄒᆞ고 兩手ㅣ 散ᄒᆞ고 頭髮慢ᄒᆞ고 口眼耳鼻에 無水瀝流出ᄒᆞ고 指爪罅縫에 並無沙泥ᄒᆞ고 兩手ㅣ 不拳縮

ᄒᆞ고手指微屈ᄒᆞ고兩脚底ㅣ不皺白却虛脹ᄒᆞ고身上에有要害致命打着傷損處ᄒᆞ며其痕黑色이니라

놈의게죽임닙은거슬거즛自ᄌᆞ溺릭을삼은거시라사ᄅᆞᆷ의게텨죽임닙은거슬밀려물속에두어시면드러난물이깁ᄒᆞ면脹턍ᄒᆞ고엳트면ᄆᆞ이脹턍티아니ᄒᆞ고혹니ᄅᆞ되肚두皮피脹턍티아니타ᄒᆞ니라ᄉᆞᆯ빗치누른거슬ᄯᅴ여희디아니ᄒᆞ고口구眼안이열니이고두손이펴디고샹되낙엇고口구眼안과耳이鼻비에水슈瀝력틈틈히뼈리디는기시라이흘너나옴이업고손톱듬에아ᄋᆞ로모래와즌흙이업고두

손이두손은두ᄑᆞᆯ을니ᄅᆞᆫ말이라이곱어주리혀디아녓고손가락은저기곱엇고두발바닥이주룩주룩ᄒᆞ여ᄒᆞ디아니코도로혀虛허히脹댱속이븨고댱ᄒᆞᆷ이라ᄒᆞ고身신上샹에要요害해致티命명에셔더傷샹損손ᄒᆞᆫ곳이이시ᄃᆡ그ᄒᆞᆫ적이검은빗치니라

辨生前死後溺

生前溺水屍首는男은仆臥ᄒᆞ고女는仰臥ᄒᆞᄃᆡ男子ᄂᆞᆫ陽氣聚面故로面重ᄒᆞ야必伏ᄒᆞ고女子ᄂᆞᆫ陰氣聚背故로背重ᄒᆞ야必仰ᄒᆞᄂᆞ니走獸도亦然ᄒᆞᄂᆞ니頭面이仰ᄒᆞ고肉色이潰白ᄒᆞ고脚拳ᄒᆞ고兩手兩脚이俱向前ᄒᆞ고口合ᄒᆞ고眼開閉不定ᄒᆞ고兩手ㅣ拳握ᄒᆞ고肚ㅣ脹ᄒᆞ야拍着響ᄒᆞ고兩脚底ㅣ皺白不脹ᄒᆞ고頭髻緊

ᄒᆞ고頭與髮際와手脚爪縫과或脚鞋內에各有沙泥
ᄒᆞ고口鼻內에有水沫及些少淡色血汙ᄒᆞ고或有磕擦
損處ㅣ면是生前溺水之驗也ㅣ니【註】其人이未死예必爭命ᄒᆡ氣脈이
往來ᄒᆞ며掐水入腸故로兩手ㅣ自然拳曲ᄒᆡ니○因疾病身死로若被人抛
掉在水內ㅣ면卽口鼻에無水沫ᄒᆞ고肚內에無水ㅣ라不
脹ᄒᆞ고面色이微黃ᄒᆞ고肌肉이微瘦ㅣ니라
生ᄉᆡᆼ前젼과死ᄉᆞ後후에ᄲᅡ딘거슬분변홈이라
生ᄉᆡᆼ前젼믈에ᄲᅡ딘屍시首슈ᄂᆞᆫ男남은업더뎌
누엇고女녀ᄂᆞᆫ우러러누어시ᄃᆡ男남子ᄌᆞᄂᆞᆫ陽양氣긔ᄂᆞᆺ치모
도의故고로ᄂᆞᆺ치무거워반ᄃᆞ시업듸엿고女녀
子ᄌᆞᄂᆞᆫ陰음氣긔등이모도인故고로등이무거

위반ᄃᆞ시젓버디ᄂᆞ니길즘ᄉᆡᆼ도그리ᄒᆞ니라頭두面면이젓버뎟고쥭을
ᄢᅴ에비록男남은업더디고女녀ᄂᆞᆫ우러러시나사라실쎄히여나오라ᄒᆞ야ᄂᆞᆫ고로두면이다뒤
ᄒᆞ로젓버뎟ᄂᆞ니라ᄉᆞᆯ빗치허여더희고흰빗치허여더심이라○흑니ᄅᆞ되
ᄂᆞᆺ빗치저기븕고복뒤저기향ᄒᆞ다ᄒᆞ니라발이굽엇고두손과두발
이다압흘向향ᄒᆞ고입이다믈니고눈은ᄯᅳ이며
ᄀᆞᆷ음이定뎡티아녓고혹ᄯᅳ이고혹ᄀᆞᆷ아심이라두손이줌쥐
엿고肚두ㅣ脹턍ᄒᆞ야두ᄃᆞ리면소리마초이고
두발바닥이주룩주룩허여ᄒᆞ고脹턍티ᄂᆞᆫ아니
코상뫼ᄃᆞᄃᆞᆫᄒᆞ고머리와다못髮발際제와손톱
발톱과或혹신안히각각모래와즌흙이잇고

口구鼻비안희물거품과잇些사少쇼淡담ᄒᆞᆫ빗칫피더러임이잇고或혹다딜니며문틸녀상손ᄒᆞ곳이이시면이ᄂᆞᆫ生ᄉᆡᆼ前젼에물에ᄲᅡ딘증험이니라[illegible]그사ᄅᆞᆷ이죽디아녀신제반ᄃᆞ시목숨을ᄃᆞ톤디라氣긔脉ᄆᆡᆨ이徃왕來ᄅᆡᄒᆞ야물을훌그어향ᄌᆞ에든故고로두손이自ᄌᆞ然연히쥐여굽엇ᄂᆞ니라 ○疾질病병을因인ᄒᆞ야身신死ᄉᆞᄒᆞ거ᄂᆞᆯ만일사ᄅᆞᆷ의더뎌물속에두기ᄅᆞᆯ넘어시면곳口구鼻비에물거품이업고肚두안희물이업ᄂᆞᆫ디라脹턍티아니ᄒᆞ고ᄂᆞᆺ빗치져기누르고ᄉᆞᆯ히져기여외니라

毆打死

見血爲傷이오 非手足者ᄂᆞᆫ 皆爲他物이니 卽兵이리도 不
用刃이면 亦是니라 ○他物致死痕은 或青或赤或紫或
黑腫黯ᄒᆞ며 或斜或横或直ᄒᆞᄂᆞ니 量見大小分寸ᄒᆞ고 共
計幾處ᄒᆞ라 ○諸他物은 是鐵鞭尺斧頭刃背木桿棒
馬鞭木柴石瓦麤布鞋衲底鞋皮鞋草鞋之類ㅣ니라
【增】一說에 骨茬이 平伏不齊ᄒᆞ며 淡紅赤色애 係木器傷와 骨茬이 斜竪齊截ᄒᆞ며 深紅或紫色애 係鐵器傷
ㅐ니 ○他物及頭額拳手脚足堅硬之物ᄅᆞᆫ 撞打痕
損이 至重者ᄂᆞᆫ 紫黯微腫ᄒᆞ고 次重者ᄂᆞᆫ 紫赤微腫ᄒᆞ고
又其次ᄂᆞᆫ 紫赤色이오 又其次ᄂᆞᆫ 青赤色이니라 ○凡他
物打着이면 其痕이 卽斜長이어나 或横長이오 如脚足踢

어면比拳手에分寸이較大니라 【補】足之用以踢人며在足前靴尖鞋頭ᄒᆞ[illegible]
能大於手拳외리當斟酌辨之래 ○諸以身就物을謂之磕ㅣ나雖着
어나無破處ᄒᆞ고其痕이方圓ᄒᆞ고雖破ㅣ나亦不至深ᄒᆞ고其
被他物及手足傷ᄒᆞ야皮雖傷而血不出者ᄂᆞᆫ其傷痕
에ᄂᆞᆫ有紫赤暈이니라 ○凡驗痕에細認斜長方圓이니皮
有微損이어든未洗屍前에用水灑濕ᄒᆞ고先將葱白ᄒᆞ야
搗爛塗後에罨以醋糟ᄒᆞ야候一時久除ᄒᆞ고以水洗ㅣ면
痕이卽出이니라 ○凡他物傷이若在頭腦者ᄂᆞᆫ其皮
不破ㅣ나卽骨肉이損也ㅣ니若屍首ㅣ左邊이損이면卽
是凶身의行右物致打ㅣ오若是右邊이損이면卽損處

ㅣ在近後ᄒᆞ고若在右前이면卽非也ㅣ오若在後ㅣ면卽凶
身이自後로行他物致打ㅣ니貴在審之無失이니라○
凡行凶人이若用棒杖等行打ㅣ면多先在實處ᄒᆞᄂᆞ니
其被傷人이或經一兩時辰이어나或一兩日至十餘
日身死ᄒᆞ고又有用堅硬他物行打ㅣ면便致死者ᄒᆞᄂᆞ니
更看痕跡輕重ᄒᆞ라若是先驅捽被傷人頭髻然後에
用散拳踢打則多在虛怯要害處ㅣ라或一拳一脚에
便致命이니切要仔細檢認行凶人脚上에有無鞋履
니라○打傷處ᄂᆞᆫ皮膜이相離ᄒᆞ야以手按之則響ᄒᆞ고以
熱醋罨之則有痕어니라○在辜限內어든須驗傷處ㅣ

是破傷風灌注ᄒᆞ야致命身死ᄒᆞ라【注】傷風者ᄂᆞᆫ口喎目
斜ᄒᆞ고肢體角弓反張
ᄒᆞ고面色이
必黃瘦ᄒᆡ
뎌죽은거시라
피뢰야샹체되고ᄂᆞᆫ곳에피미티여것트로뢰야사샹체라ᄒᆞᄂᆞ니라手슈
足죡이아닌者쟈ᄂᆞᆫ다他타物물手슈足죡과刃인物물와의ᄂᆞᆫ
다ᄅᆞᆫ물이라ᄒᆞᄂᆞ니라이되ᄂᆞ니곳병긔라도ᄂᆞᆯ곳ᄡᅳ디아
녀시면ᄯᅩᄒᆞᆫ이니라비록兵병器긔라도만일ᄂᆞᆯᄒᆞᆯᄡᅳ디아녀시면ᄯᅩᄒᆞᆫ이他
타物물이니라○他타物물로致티死ᄉᆞᄒᆞᆫ흔젹은或혹
프르고或혹븕고或혹검븕고或혹겸고부으며
겁히검으며或혹벗굴고或혹ᄆᆞ르디고或혹곳

ᄂᆞᆫ大대小쇼分분寸촌을자혀보고대되면곳
인줄을혜라○모ᄃᆞᆫ他타物믈은이쇠채와자와
쇠자히라도치머리ᄂᆞᆯ아닌뒤이라와갈등과木목桿한홍도ᄭᅢ라
과막대와몰채와나모장작과돌과기야와굴근
뵈신파納납底뎌鞋혜뵈로ᄂᆞᆸ여바닥ᄒᆞᆫ신이라와갓신과草
초신類류ㅣ니라【增】一일說셜에ᄲᅧ기식平평伏북ᄒᆞ고ᄀᆞᄌᆞᆨ지아니ᄒᆞ고淡담
히븕은빗치면나모거서상ᄒᆞᆫ대쇽ᄒᆞ고ᄲᅧ가식비스기셧고ᄀᆞᄌᆞ기실허젓고깁히븕거나或혹
깁븕으면쇠거서傷샹ᄒᆞᆫ뒤쇽ᄒᆞᆫ니라○他타物믈과밋頭두額ᄋᆡᆨ
이며拳권手슈ㅣ며脚각足죡ᄃᆞᆫᄃᆞᆫᄒᆞᆫ거ᄉᆞ로티
두ᄃᆞ린痕흔은損손이至지重듕ᄒᆞᆫ者쟈ᄂᆞᆫ紫ᄌᆞ黯

암 ᄌᆞ암ᄉᆡᆨ겸ᄒᆞᆫ거시라 ᄒᆞ야 져기 부엇고 버거 重듕ᄒᆞᆫ 者쟈
ᄂᆞᆫ 紫ᄌᆞ赤젹 ᄌᆞᄉᆡᆨ젹ᄉᆡᆨ이겸ᄒᆞᆫ거시라 ᄒᆞ야 져기 부엇고 ᄯᅩ 그
버거ᄂᆞᆫ 紫ᄌᆞ赤젹色ᄉᆡᆨ ᄌᆞᄉᆡᆨ젹ᄉᆡᆨ이겸ᄒᆞ고 븕든아닌거시라 이오
ᄯᅩ 그 버거ᄂᆞᆫ 靑쳥赤젹色ᄉᆡᆨ 쳥ᄉᆡᆨ젹ᄉᆡᆨ이겸ᄒᆞ고 븕디아닌거시라
이니라 혹ᄒᆞ고 限ᄒᆞᆫ 밧게 디난 샹쳐ᄂᆞᆫ 그 빗치 져기 프르니라 ○물읫 他타物
물 노려시면 그 ᄒᆞᆫ젹이 곳빗기 길거나 或혹 ᄆᆞ르
길고 만일 脚각足죡으로 太시면 拳권手슈에 比
비ᄒᆞᆷ애 分분寸촌이 크니라 註 발을 부려 사ᄅᆞᆷ 太ᄂᆞᆫ 거시오 직 발부리
와 靴화ᄉᆞᆺ과 신머리에 이시니 엇디 能능히 手슈拳권에셔 크리오 맛당히 斟짐酌쟉ᄒᆞ야 분변ᄒᆞᆯ
ᄯᅡ니라 ○몸으로 버 物물에 나아감을 닐온 磕합이

니비록다텨시나까여딘곳이업고그흔젹이모
나거나둥굴고비록까여뎌시나ᄯᅩᄒᆞᆫ깁기에니
ᄅᆞ디아니ᄒᆞ고그他타物믈과다못手슈足죡으
로傷샹ᄒᆞᆫ임을닙어갓치비록傷샹ᄒᆞ나피나디
아니ᄒᆞᆫ者쟈ᄂᆞᆫ그傷샹痕흔에검븕으며븕은暈
윤이잇ᄂᆞ니라○믈읫傷샹ᄒᆞᆫ을驗험홈애빗굴며
길며모디며둥굼을ᄌᆞ세히알올디니갓치져기
ᄉᆞᆫ샹홈이잇거든屍시ᄅᆞᆯ싯기디아닌前젼에믈
노ᄲᅮ려적시고몬져蔥총白ᄇᆡᆨ을ᄯᅵ허즛니여ᄇᆞ
ᄃᆞᆫ後후에醋조와糟조로덥허부텨ᄒᆞᆫ時시ㅅ동

안을 기ᄃᆞ려 앗고 물로 ᄲᅵ스면 흔적이 곳 나ᄂᆞ니
라 ○ 믈읫 他타 物믈 傷샹이 만일 頭두 腦노에 잇
ᄂᆞᆫ 者쟈ᄂᆞᆫ 그 갓치 ᄭᅡ여디디 아녀시나 곳 ᄲᅧ와 ᄉᆞᆯ
히 손샹ᄒᆞ얏ᄂᆞ니 만일 屍시 首슈ㅣ 左자 邊변이
손샹ᄒᆞ야시면 이ᄂᆞᆫ 凶흉 身신이 우편엣 거슬 行
힝ᄒᆞ야 려심이오 올ᄒᆞᆫ 손으로 物믈을 잡아려심이라 만일 이 右우
邊변이 손샹ᄒᆞ야시면 곳 손샹ᄒᆞᆫ 곳이 뒤 갓갑게
잇고 他타 物믈 ᄊᆞᆺ치셰 절로 뒤히 념티인 고로 뒤 갓가오니라 만일 우편 앏히
이시면 곳 아니오 텸을 넙은 거시 아니라 만일 뒤ᄒᆡ 이시면
곳 凶흉 身신이 뒤흐로 ᄯᅥ 他타 物믈을 行힝ᄒᆞ야

터심이니솔피기로그릇티디아닐시貴귀ᄒᆞ니
라○믈읫行힝凶흉人인이만일棒방杖댱等등
을버行힝打타ᄒᆞ면만히몬져實실ᄒᆞᆫ곳에잇ᄂᆞ
니虛허怯겁쳬아니면곳실ᄒᆞᆫ곳이니라○처엄
은분긔셩킈아니코ᄯᅩ오히려顧고忌긔ᄒᆞᄂᆞᆫ
失이잇ᄂᆞᆫ고로실ᄒᆞᆫ
곳에이심이니라 그傷샹ᄒᆞᆫ인사ᄅᆞᆷ이或혹一
일兩냥時시辰신을디내거나或혹一일兩냥日
일노十십餘여日일에니ᄅᆞ러身신故고ᄒᆞ고ᄯᅩ
堅견硬경ᄒᆞᆫ他타物물로行힝打타ᄒᆞ면믄득죽
기예닐위ᄂᆞᆫ者자ㅣ잇ᄂᆞ니다시痕흔跡젹의輕
경重듕을보라만일이몬져被피傷샹人인의상

토를쥐잡은然연後후에허튼주먹을부려ᄎᆞ고
더시면만히虛허㤼겁ᄒᆞ고要요害해ᄒᆞᆫ곳에이
실ᄆᆡ라或혹ᄒᆞᆫ주먹ᄒᆞᆫ발에믄득致티命명ᄒᆞ리
니行힝凶흉人인의발에신이이시며업슴을부
뒤仔ᄌᆞ細셰히ᄉᆞᆯ펴알올띠니라○뎌傷샹ᄒᆞᆫ곳
은皮피膜막이서ᄅᆞ셔손으로답ᄒᆞ면소ᄅᆡ나고
더운ᄎᆞ로덥ᄒᆞ면흔젹이잇ᄂᆞ니라 샹체뵈단말이라 ○
辜고限ᄒᆞᆫ안히잇거든모롬이傷샹處쳐ㅣ이破
파傷샹ᄒᆞᆫᄃᆡ로ᄇᆞ람이灌관注쥬 세야며샹ᄒᆞᆫ곳으로ᄇᆞ람이흘
너ᄡᅩ이단말이라 ᄒᆞ야致티命명身신死ᄉᆞᄂᆞᆫ가驗험ᄒᆞ

라 부 ᄇᆞ람에傷샹ᄒᆞᆫ者쟈ᄂᆞᆫ입이트리지고눈이
빗굴고肢지體톄角각弓궁反번張댱ᄒᆞ고ᄂᆞᆺ
빗치반ᄃᆞ시누르고시드니라
被打死 屍ㅣ口眼이開ᄒᆞ고髮髻亂ᄒᆞ고衣服이不齊整
ᄒᆞ고兩手ㅣ不拳ᄒᆞ고肚皮不脹ᄒᆞ고或有溺汚內衣니라○
手足折傷이亦可死ㅣ니其痕이周匝ᄒᆞ고有血癊이니라
○打折脚手ᄒᆞ야辜限內어나或限外에身死ㅣ어든要詳
打傷處分寸闊狹後에定是將養不效ᄒᆞ야致命身死
ᄒᆞ라○拳手足踢死ᄂᆞᆫ屍ㅣ口眼이不閉ᄒᆞ고兩手ㅣ散
ᄒᆞ고髻鬆亂ᄒᆞ고衣服이毁破ㅣ니라○踢痕은方圓ᄒᆞ고或
着靴鞋ㅣ면間有微損ᄒᆞ고其痕이周匝有癮ᄒᆞᄂᆞ니他物

도亦同이니
被피打타ᄒᆞ야죽은거시라屍시ㅣ口구眼안이
열니이고머리털과상퇴어즈럽고衣의服복이
齊제整졍티아니ᄒᆞ고두손이줌쥐디아니ᄒᆞ고肚
두皮피脹턍티아니ᄒᆞ고或혹오좀이內내衣의
물더러임이잇ᄂᆞ니라○手슈足죡折졀傷샹이
ᄯᅩᄒᆞᆫ可가히죽을거시니그ᄒᆞᆫ젹이周쥬匝잡ᄒᆞ
고피ᄆᆡ틈이잇ᄂᆞ니라○발이나손을더부러뎌
辜고限ᄒᆞᆫ안히어나或혹限ᄒᆞᆫ外외에身신死ᄉᆞ
ᄒᆞ얏거든모롬이打타傷샹處쳐分분寸촌과濶

활狹협을ᄌᆞ세히ᄒᆞᆫ後후에이將쟝養양구병ᄒᆞᄂᆞᆫ말이라ᄒᆞ되낫디못ᄒᆞ야致티命명身신歿ᄉᆞᄒᆞ다定뎡ᄒᆞ라○주먹으로티거나발로ᄎᆞ죽은거ᄉᆞᆫ屍시ㅣ口구眼안이닷티이디아니ᄒᆞ고두손이흣더디고상퇴녹어어ᄌᆞ럽고衣의服복이毀훼破파ᄒᆞ엿ᄂᆞ니라○ᄎᆞᆫ흔적은모나거나둥굴고或혹靴화ㅣ나鞋혜롤신어시면간간이微미ᄒᆞᆫ손상이잇고ㄱ흔적이에도라피딤이잇ᄂᆞ니他타物물도ᄯᅩᄒᆞᆫᄀᆞᄐᆞ니라

[illegible] 屍ㅣ兩臀上에各有破傷ᄒᆞ되斜長闊이幾分

寸이오 深至骨ᄒᆞ고 上有血痂ㅣ면 委是杖決ᄒᆞ야 因風透串
致死ㅣ니라 ○驗受杖處瘡痕闊狹ᄒᆞ고 是與不是限內
身死ᄒᆞ라 如日淺則杖瘡周廻에 有毒氣攻注靑赤色
ᄒᆞ고 皮皺堅硬ᄒᆞ고 如日數多則瘡周廻에 有膿水淹浸
ᄒᆞ고 皮肉이 潰爛ᄒᆞᄂᆞ니 更看陰囊及婦人產門과 幷兩
脇肋腰小腹等處에 有無血癊痕ᄒᆞ라 ○〔增〕杖後에 有
因他故死者ㅣ 若兩腿面及小腹이 有微紅色이어든
勿以曾經受杖으로 便作血癊ᄒᆞ라 蓋受杖時에 挨擦在
地ᄒᆞ고 或被硬物矼傷ᄒᆞ면 死後에 自然發現이니 臨時ᄒᆞ야
務須分明이니라 ○罪囚被拷死ᄂᆞᆫ 屍ㅣ 兩外腿에 驗

破傷長濶深淺圓圓赤腫多少ㅣ면認是生前에因被
拷勘ᄒᆞ야痛氣攻心ᄒᆞ야致命身死ㅣ니라○有訊腿杖ᄒᆞ다
가荊杖이侵及外腎而死者ᄂᆞᆫ宜細驗이니라
杖댱瘡창으로주근거시라屍시ㅣ兩냥臀둔上
샹에각가까여더傷샹흔이이시ᄃᆡ빗ᄀᆞᆫ길의와
넙의몃分분寸촌이오깁히뼈에니ᄅᆞ럿고우희
피더데이시면실노이杖댱決결ᄒᆞ야ᄇᆞ람이ᄉᆞ
뭇슯기롤因인ᄒᆞ야致티死ᄉᆞ호거시니라○杖
댱마조곳瘡창痕흔의濶활狹협을驗험호ᄃᆡ限
ᄒᆞᆫ內ᄂᆡ에身신死ᄉᆞᄒᆞᆫ시을혼가아닌가ᄒᆞ라만

일날이엿트면 受슈杖댱ᄒᆞᆫ날이오 라다이니란갈이라 杖댱瘡창에

음에毒독氣긔몰리여靑쳥赤젹色석이잇고갓

치버서디고堅견硬경ᄒᆞ고만일날數수ㅣ 만ᄒᆞ

면瘡창에음에膿롱水슈 고롬물이라 파던ㅣ이셔저셔

즘겻고皮피肉육이허여더석엇ᄂᆞ니다시陰음

囊낭이며밋婦부人인産산門문과아오로兩냥

脇협肋록파腰요와小쇼腹복等등處쳐에피미

틘흔젹이잇ᄂᆞ가업ᄂᆞᆫ가보라○【增】杖댱ᄒᆞᆫ後후

에다ᄅᆞᆫ연고로因인ᄒᆞ야죽은者쟈ㅣ만일두신

다리압파밋小쇼腹복에微미ᄒᆞᆫ紅홍色석이잇

거든일즉受슈杖댱ᄒᆞ기롤디내여실으로ᄡᅵ믄
두血혈瘀음을삼디말라대개受슈杖댱홀ᄯᅢ에
놀텨ᄯᅡᄒᆡ이섯고或혹ᄃᆞᆫᄃᆞᆫ호거싀다딜녀傷샹
ᄒᆞ이어시면죽은後후에自ᄌᆞ然연드러나뵈ᄂᆞ
니臨림時시ᄒᆞ야힘ᄡᅥ分분明명히홀꺼시니라
○罪죄囚슈ㅣ감문을넘어죽은거ᄉᆞᆫ屍시의兩
냥外외腿퇴臂문下하ㅣ라로驗험ᄒᆞ야破파傷샹ᄒᆞᆫ長
당濶활深심淺쳔圍위圓원이며븕고부은거시
언마나ᄒᆞ면이生ᄉᆡᆼ前젼에拷고勘감려못ᄒᆞᆫ말이라넘
음을因인ᄒᆞ야알픈긔운이심경을범ᄒᆞ야致티

命명身신死ᄉᆞᆫ줄을알올ᄯᆡ니라○신문ᄒᆞ야

腿퇴를杖댱ᄒᆞ다가荊형杖쟝이外외腎신에侵

침及급ᄒᆞ야죽은者쟈ᄂᆞᆫ맛당히ᄌᆞ셰히驗험ᄒᆞᆯ

ᄯᆡ니라

死後假作打死

死後에將青竹箆ᄒᆞ야火燒烙之면只

有焦黑痕ᄒᆞᄃᆡ淺ᄒᆞ고光平ᄒᆞ며不紫硬이니라○若將欅木

皮ᄒᆞ야罨成痕ᄒᆞ고假作他物痕이면其痕內爛損ᄒᆞ고無散

遠青赤色ᄒᆞ고只微黑色이오四圍青色이聚成一片而

無浮腫ᄒᆞ고不堅硬이니라

죽은後후에거즛텨죽음을삼은거시라죽은後

후에靑쳥竹듁篦비ᄅᆞᆯ가져볼에ᄃᆞᆯ와지디면다
만ᄐᆞ검은흔젹이이시ᄃᆡ엿고빗나고平평ᄒᆞ며
그흔젹이빗츤잇고붓디아니ᄒᆞᆫ갈이라검븕고ᄃᆞᄃᆞᆫ티ᄂᆞᆫ아니니라
○만일櫸거木목깃버들이라皮피ᄅᆞᆯ가져덥허부텨
흔젹을민ᄃᆞᆯ고거ᄌᆞᆺ他타物물痕흔을삼으면그
흔젹안히ᄌᆞᆺ물러상ᄒᆞ고ᄒᆞᆺ터져멀게프르며븕
은빗치엽고다만微미ᄒᆞᆫ검은빗치오네녁에음
에프른빗치모혀호조각이되여시되부은것도
업고堅견硬경티아니ᄒᆞ니라

口齒咬傷死

齒內有風이라着於瘡口ᄒᆞ야多致身死ᄒᆞᄂᆞ니其咬破處
瘡口ㅣ周回ᄒᆞ고骨折이면必有濃水淹浸ᄒᆞ고皮肉이損
爛호ᄃᆡ其痕에有口齒疏及皮肉不齊處ㅣ니라

口구齒치로무러傷샹ᄒᆞ야죽은거시라
니안ᄒᆡ風풍이잇ᄂᆞᆫ디라 독이잇ᄂᆞᆫ말이라 瘡창口구에
부ᄃᆡ텨만히身신死ᄉᆞᄒᆞ기예닐위ᄂᆞ니그무러
까어딘곳ᄃᆡ瘡창口구ㅣ에워도랏고ᄲᅧ부러디
시면반ᄃᆞ시膿롱水슈ㅣ淹엄浸침홈이잇고皮
피肉육이상ᄒᆞ야ᄌᆞᆺ물으ᄃᆡ그흔젹에口구齒치
ᄉᆞ자곡과밋갓과ᄉᆞᆯ히ᄀᆞᄌᆞᆨ디아니ᄒᆞᆫ곳이잇ᄂᆞ

니라

刃傷次

凡檢驗被殺傷人에 未到驗所ᄒᆞ야 先問元申人ᄒᆞᄃᆡ 曾與不曾收捉得行凶人이며 是何色目人이며 使何刃物이며 曾與不曾收得刃物ᄒᆞ야 如收得이어든 取索看大小ᄒᆞ야 着紙畫樣ᄒᆞ고 如不曾收得이어든 則問刃物이 在甚處ᄒᆞ고 亦令元申人으로 畫刃物樣ᄒᆞ야 畫訖에 令元申人으로 於樣下에 書押字ᄒᆞ고 更問元申人ᄒᆞᄃᆡ 其行凶人이 與被殺人으로 是與不是親戚이며 有無寃讐ᄒᆞ라 ○大刃斧痕은 上濶ᄒᆞ고 內必狹이니라 ○大刀痕은 淺必狹ᄒᆞ고

深則濶이니라 ○用硬蘆篾割이면 分數ㅣ不大ㅣ니라 ○搶刺痕은 淺則狹ᄒᆞ고 深必透幹ᄒᆞ야 其痕이 帶圓이니라 ○刀傷處ᄂᆞᆫ 其痕이 兩頭ㅣ尖小ᄒᆞ고 無起手收手輕重이니라 ○刃物所傷透過者ᄂᆞᆫ 須看內外瘡口ᄒᆞ라 大處ㅣ爲行刃處오 小處ㅣ爲透過處ㅣ니라 ○或只用竹搶尖竹擔ᄒᆞ야 幹着要害處ᄒᆞ면 瘡口ㅣ多不齊整ᄒᆞ고 其痕이 方圓不等이니라 ○凡檢에 須開說屍在甚處何當이며 着甚衣服이며 上에 有無血跡ᄒᆞ며 傷處長濶深分寸과 或斜或亂ᄒᆞ며 透肉이어나 或膓肚出ᄒᆞ며 骨膜出ᄒᆞ고 仍檢刃傷衣服穿孔ᄒᆞ고 如被竹搶尖物戳傷이어든

便說尖硬物戳傷致命ᄒᆞ라○凡檢被快利物傷死者ᄒᆞᆯ시須看元着衣衫에有無破傷處ᄒᆞ야隱對痕ᄒᆞ라血點可驗이니라○如刀戳傷ᄒᆞ야腸肚ㅣ出者ᄂᆞᆫ其被傷處에須有刀刃撩劃三兩痕ᄒᆞᄂᆞ니一刀所傷이如何却有三兩痕고蓋凡人腸臟이盤在左右脇下ㅣ라是以로撩劃着三兩痕이니라○驗自刑人에卽先問元申人及證佐人ᄒᆞ되身死人生前使左手使右手ᄒᆞ라○在辜限內死者ㅣ이드詳檢事情ᄒᆞ라

ᄂᆞᆷ희 傷상ᄒᆞ야 죽은거시라

ᄂᆞᆷ이 殺살傷상 刃인物믈노 상ᄒᆞᆫ 殺살기라ᄒᆞᄂᆞ니라 거ᄉᆞᆯ 닙은사ᄅᆞᆷ

을檢검驗험ᄒᆞᆷ애驗험所소에니르디몯ᄒᆞ야몬
져元원申신人인ᄃᆞ려무ᄅᆞᄃᆡ일즉行ᄒᆡᆼ凶흉人
인을잡은다몯ᄒᆞᆫ다ᄒᆞ며이엇던色ᄉᆡᆨ目목엣사
ᄅᆞᆷ이며므슴刃인物믈을ᄇᆞ려시며일즉刃인物
믈을거두엇ᄂᆞᆫ다몯ᄒᆞᆫ다ᄒᆞ야만일거두엇거든
ᄎᆞ자크며젹음을보아죠ᄒᆡ예다혀모양을그리
고만일일즉거두디몯ᄒᆞ얏거든刃인物믈이어
ᄃᆡ잇ᄂᆞᆫ줄을뭇고ᄯᅩᄒᆞᆫ元원申신人인으로ᄒᆞ여
곰刃인物믈모양을그려그리기ᄅᆞᆯᄆᆞ촘애元원
申신人인으로ᄒᆞ여곰그린것아래일홈두이고

다시元원申신人인ᄃᆞ려무ᄅᆞᄃᆡ그行힝凶흉人
인이彼피殺살ᄒᆞᆫ사ᄅᆞᆷ과이親친戚쳑이며아니
며冤의讐슈ㅣ잇던가업던가ᄒᆞ라○큰놈도치
ᄒᆞᆫ젹은ᄀᆞᆺ치너르고안히반ᄃᆞ시좁으니라○큰
칼ᄒᆞᆫ젹은엿트면반ᄃᆞ시좁고깁ᄒᆞ면너르니라
○센사긔로ᄡᅵ비혀시면分분數수ㅣ크디아니
ᄒᆞ니라○槍챵으로디른ᄒᆞᆫ젹은엿트면좁고깁
ᄒᆞ믄반ᄃᆞ시ᄌᆞᆯ레ᄉᆞ뭇차시ᄃᆡ그ᄒᆞᆫ젹이두움을
셕엿ᄂᆞ니라챵ᄌᆞᆯ너드리 가둥구니라○져근칼히傷상ᄒᆞ곳
은그ᄒᆞᆫ젹이두ᄭᅳᆺ치셕젹고起긔手슈와收슈手

슈팔을처엄다헌기슨起긔手슈ㅣ오그어새헌기시妝슈手슈ㅣ라의輕경重듕
이업ᄂᆞ니라○刃인物믈의傷샹ᄒᆞ거시ᄉᆞ뭇나
간者쟈ᄂᆞᆫ모롬이안팟瘡창口구ᄅᆞᆯ보라큰곳이
ᄂᆞᆯ을行ᄒᆡᆼᄒᆞᆫ곳이오쳐근곳이ᄉᆞ뭇나간곳이니
라○或혹다만竹듁槍창尖쳠ᄃᆡᄅᆞᆯᄊᆞᆺ가槍창만드거시나尖쳠은
ᄭᅩᆺ치라과竹듁擔담ᄃᆡ로ᄇᆡ멜ᄃᆡ민ᄃᆞᆫ거시라을벼要요害해處
쳐에돌녀ᄯᅮ러시던瘡창口구ㅣ만히齊제整졍
티아니ᄒᆞ고그흔젹이모나며둥근거시ᄒᆞ골ᄌᆞ
디아니니라○믈읫겁협홈에모롬이開기說셜
ᄒᆞ되屍시ㅣ므슴곳에이셔어ᄃᆡ로향ᄒᆞ야시며

므合衣의服복을닙어시며우희핏자최이시며
엽스며傷샹處쳐기릐와너븨며깁희分분寸촌
과或혹빗구며或혹어ᄌᆞ러우며ᄉᆞᆯ히ᄉᆞ뭇거나
或혹腸쟝肚두ㅣ나더시며膋료발기름이라膜막빗속
엣안기플이니발기름우희납히안거시라이낫다ᄒᆞ고仍잉ᄒᆞ야ᄂᆞᆯ
희傷샹ᄒᆞᆫ衣의服복ᄯᅮ러딘구무ᄅᆞᆯᄉᆞᆯ피고ᄆᆞᆫ일
竹듁槍장尖점物물에ᄃᆞᆯ녀傷샹ᄒᆞᆷ을닙엇거든
믄득ᄂᆞᆯ나고센거시ᄃᆞᆯ녀傷샹ᄒᆞ야致티命명ᄒᆞᆫ
줄을닐으라○믈읫快쾌히드ᄂᆞᆫ거시傷샹ᄒᆞ야
죽은者자ᄅᆞᆯ검험ᄒᆞᆯ시모롬이본ᄃᆡ닙엇던오시

破파傷상ᄒᆞᆫ곳이이시며업슴을보아ᄀᆞ만이ᄒᆞᆫ젹에다혀보라血혈點뎜의복우희피무든거시라을미가히驗험ᄒᆞᆯ꺼시니라○만일칼젹근칼이라노딜너傷샹ᄒᆞ야腸장肚두ㅣ出者쟈ᄂᆞᆫ그被피傷샹ᄒᆞᆫ곳에모ᄅᆞᆷ이칼ᄂᆞᆯ노ᄃᆞᆯ너그은三삼兩냥痕흔이잇ᄂᆞ너ᄒᆞᆫ칼노傷샹호배엿더ᄒᆞ야도로혀三삼兩냥痕흔이잇ᄂᆞᆫ고대개사ᄅᆞᆷ의腸장臟장이서리여左자右우脇협下하에잇ᄂᆞᆫ디라이러므로三삼兩냥痕흔을ᄃᆞᆯ너그엇ᄂᆞ니라腸장臟장이서리여잇고칼은져근고로반ᄃᆞ시두세곳을휘ᄃᆞᆯ너그은然연後후에야腸쟝臟장이나오ᄂᆞ니라○自ᄌᆞ刑

형人인ᄆᆞᄌᆞ 이과 처ᄒᆞ 사을검험홈애곳몬저元원申신
人인과밋證증佐자人인ᄃᆞ려무ᄅᆞ되身신死ᄉᆞ
ᄒᆞᆫ사ᄅᆞᆷ이生ᄉᆡᆼ前젼에左자手슈ᄅᆞᆯ부리던가右
우手슈ᄅᆞᆯ부리던가ᄒᆞ라○辜고限ᄒᆞᆫ안희이何
죽은者자ㅣ어든事ᄉᆞ情졍을ᄌᆞ셰히ᄉᆞᆯ피라○

自割死

口眼ㅣ이俱合ᄒᆞ고兩手ㅣ拳握ᄒᆞ고死人이用手把定지物ᄒᆞ
似作力勢ㅣ라 自然拳握ᄒᆞ며其手臂曲而縮ᄒᆞ고閃黃髮聚ᄒᆞ고項上애
有傷一處ᄒᆞᄃᆡ長若干寸이오深若干分이오食氣嗓이斷
이면驗是生前애以刃自割身死ㅣ라니○看死人所用
左右手ᄒᆞ라各有割痕不同이라니○用右手ㅣ면刃必起

增修無冤錄諺解 三　二九

自左耳後호ᄃᆡ 刃過喉一二寸이오 用左手면 刃必起自右耳後ㅣ니라 ○ 自割痕은 起手ㅣ 重ᄒᆞ고 收手ㅣ 輕ᄒᆞ니 假如用左手ᄒᆞ야 把刃而傷則喉右邊下手處ᄂᆞᆫ 深ᄒᆞ고 左邊收刃處ᄂᆞᆫ 淺ᄒᆞ고 其中間은 不如右邊ᄒᆞ니 蓋下刃大重ᄒᆞ야 漸漸負痛縮手ᄒᆞ야 因而輕淺ᄒᆞ고 左手ㅣ 須似握物이 是也이니 用右手把刃而傷도 亦如左手也ㅣ니라 補 喉下自傷刀痕은 只應一傷ᄲᅵ 受傷之後에 不能復割也ㅣ라 若刀痕이 參差ᄒᆞ야 無左右深淺之別ᄢᅵ 必爲人所殺ᄅᆡ니 ○ 補 自刎死者ㅣ 如用右手ᄒᆞ야 執刀自刎則右手ㅣ 軟ᄒᆞ야 死後一二日內ᄂᆞᆫ 右手ᄅᆞᆯ 可灣曲이오 左手ᄂᆞᆫ 直ᄒᆞ야 不能灣曲ᄒᆞ고 左手執刀自刎도 亦然

ᄒᆞᄃᆡ 若係別人執刀戳死者ᄂᆞᆫ 左右手ㅣ 皆直ᄒᆞ야 不能
彎曲이니라 ○ 自割喉下면 只是一出刀痕이니 若當下
身死면 痕深이 一寸七分이오 氣系食系並斷ᄒᆞ고 如傷
一日以下身死면 深이 一寸五分이오 氣系斷ᄒᆞ고 食系
微破ᄒᆞ고 如傷三五日以後死者ᄂᆞᆫ 深이 一寸三分이오
氣系斷ᄒᆞ고 頭髻角子ㅣ 散慢이니라 人身에 有咽有喉ᄒᆞ니 喉應天氣ᄒᆞ야 爲
肺之系ᄒᆞ야 下接肺經ᄒᆞ야 爲喘息之道ᄒᆞ고 咽應地氣ᄒᆞ야 爲胃之系ᄒᆞ야 下接胃脘ᄒᆞ야 爲水穀之道ㅣ니라 ○
復在頦下喉骨上이면 難死ㅣ오 在喉骨下면 易死ㅣ니라
○更看其人ᄒᆞ라 面愁而眉皺ㅣ면 即是自割之狀ㅣ니라
○餘無他故ㅣ면 即是自割이니라 自用刀ᄒᆞ야 剔手幷

指節者ᄂᆞᆫ 其皮頭ㅣ 皆齊ᄒᆞ고 必有藥封ᄒᆞᄂᆞ니 雖是刃
物自傷이나 必有不能當下身死ㅣ오 必是將養不效致
死ㅣ 其痕肉皮頭ㅣ 捲向裏ᄒᆞ고 如死後傷者ᄂᆞᆫ 卽皮
不捲向裏니라 屍或覆卧호ᄃᆡ 其右手애 有短刃物及
竹頭之類ᄒᆞ고 自喉至臍下者恐是酒醉攛倒ᄒᆞ야 自
歷自傷이니라 如近有登高處ㅣ어나 或泥土ㅣ어든 須
看身上ᄢᅴ 有無錢物ᄒᆞ며 有無損動處ᄒᆞ라 恐因取物ᄒᆞ야
失脚自傷이니라

ᄉᆞᄉᆞ로 버혀 주근 거시라 口子眼안이 다 合합ᄒᆞ
고 두 손이 줌쥐엿고 死ᄉᆞ人인이 손을 ᄲᅥ져 인物물을 잡아 力력勢셰를 짓ᄂᆞᆫ

ᄃᆞᆺᄒᆞᆫ더라 그 ᄉᆞ이 自자然연히 주이엿ᄂᆞ니라 ᄭᅩᆯ이 곱아주리ᄒᆞ엿고 ᄉᆞᆯ
히 누르고 머리털이 모히고 혹 니ᄅᆞ되 상톄 돈돈타 ᄒᆞ니라 곤우
희 傷샹ᄒᆞ온ᄒᆞᆫ 곳이 이시되 기릐 ᄀᆞᆺ 寸촌이오 깁
희 몃 分분이오 食식氣긔 緊상이 ᄭᅳᆺ처더시면 驗
험ᄒᆞᆷ애 이 生ᄉᆡᆼ前젼에 칼노 버 스스로 버혀 身신
死ᄉᆞᄒᆞᆫ거시니라 ○ 殺ᄉᆞ人인의 쓰ᄂᆞᆫ 바 左자右
우手슈를 보라 각각 버흔 흔젹이 ᄀᆞᆺ디 아니미 의
ᄂᆞ니라 ○ 右우手슈를 쓰량이면 놀히 반ᄃᆞ시 左
자耳이 後후로부터 시작ᄒᆞ야 시되 놀히 ᄉᆞᆷ등ᄃᆡ
나가미 一일 二이 寸촌이오 左자手슈를 쓰량이

면ᄂᆞᆯ히반ᄃᆞ시右우耳이後후로부터시작ᄒᆞ얀ᄂᆞ니라○自ᄌᆞ割할ᄒᆞᆫ흔적은起긔手슈ㅣ重듕ᄒᆞ고收슈手슈ㅣ輕경ᄒᆞ니가ᄉᆞ만일左자手슈를베ᄂᆞᆯ흘잡아傷샹ᄒᆡ와시면숨통右우邊변에손ᄃᆡᆫ곳은깁고左자邊변ᄂᆞᆯ거둔곳은엿고그中듕間간은右우邊변만못ᄒᆞᄂᆞ니대개ᄂᆞᆯᄃᆡ음을너무重듕히ᄒᆞ야漸졈漸셤알품을셕여손을주리혀因인ᄒᆞ야輕경ᄒᆞ며엿더디고左자手슈ㅣ모름이物물을쥔ᄃᆞᆺ홈이이니(ᄌᆞ할길시올 ᄐᆞᆫ달이라)右우手슈를베ᄂᆞᆯ흘잡아傷샹ᄒᆡ와도ᄯᅩᄒᆞᆫ左자手

슈ᄀᆞᄐᆞ니라 【보】 숨통아래로스스로傷샹ᄒᆞ온칼흔적은가만응당ᄒᆞᆫ번만傷샹ᄒᆞ얏ᄂᆞ니傷샹흔을바든後후에能능히다시베히디못ᄒᆞᆷ이라만일칼자최參참差치ᄒᆞ야左자右으深심淺쳔의분별이잇ᄉᆞ면반ᄃᆞ시ᄂᆞᆷ의죽인게되미니라 ○ 【보】 스스로목딜너죽은者자ㅣ만일右우手슈로ᄡᅥ칼흘잡아스스로딜너시면右우手슈ㅣ軟인ᄒᆞ야죽은後후一일二이日일안흔右우手슈ᄅᆞᆯ可가히휘워구필거시오左자手슈ᄂᆞᆫᄲᅥᆺᄲᅥᆺᄒᆞ야能능히휘워구피디못ᄒᆞ고左자手슈로칼흘잡아自ᄌᆞ刎문ᄒᆞᆷ도ᄯᅩᄒᆞᆫ그러ᄒᆞ되만일다ᄅᆞᆫ사ᄅᆞᆷ이칼흘잡아딜너죽음에미인者자ᄂᆞᆫ左자右우手슈ㅣ다ᄲᅥᆺᄲᅥᆺ

ᄒᆞ야能능히휘워구피디몯ᄒᆞᄂᆞ니라○스스로
숨통아래ᄅᆞᆯ버혀시면다만이ᄒᆞᆫ번만刀도痕흔
이날띠니만일곳에身신死ᄉᆞᄒᆞ니면흔젹깁희
一일寸촌七칠分분이오氣긔系계와食식系계
系계는줄기란말이라ㅣ다ᄭᅳᆺ처뎟고만일傷상ᄒᆞ연디一
일日일以이下하에身신死ᄉᆞᄒᆞ니면깁희一일
寸촌五오分분이오氣긔系계ᄭᅳᆺ처디고食식系
계微미히상ᄒᆞ엿고만일傷상ᄒᆞ연디三삼五오
日일以이後후에죽은者자ᄂᆞᆫ깁희一일寸촌三
삼分분이오氣긔系계ᄭᅳᆺ처디고頭두髻계와角

긔子ᄌᆞ부상되라ㅣᄒᆞ터ᄃᆡ며ᄂᆞᆫᄂᆞ니라사ᄅᆞᆷ의몸에咽인이잇고
喉후ㅣ이시니喉후ᄂᆞᆫ天텬氣긔ᄅᆞᆯ應응ᄒᆞ야肺폐의系계되야아래로肺폐經경을接졉ᄒᆞ야合
쉬ᄂᆞᆫ길히되고咽인은地ᄯᅵ氣긔ᄅᆞᆯ應응ᄒᆞ야胃위의係계되야아래로胃위脘완을接졉ᄒᆞ야水
슈穀곡의길히되엿ᄂᆞ니라 ○傷상ᄒᆞᆫ거시토아래숨통ᄲᅧ우
희이시면죽기어렵고猴후骨골이구듬이라숨통ᄲᅧ이래
이시면죽기쉬우니라虛허ᄒᆞ야읏처디기쉬음이라○다시그
사ᄅᆞᆷ을보라ᄂᆞᆺ치근심ᄒᆞ고눈셥이씽긔여시면
꿋이스스로버힌형상이니라○나모다ᄅᆞᆫ연피
업ᄉᆞ면꿋이스스로버히미니라○스스로갈를
베손파아오로指지節졀을닥은者자ᄂᆞᆫ그갑

머리다ᄀᆞ쟉ᄒᆞ고 뼈잇ᄂᆞᆫᄃᆡᄅᆞᆯ덕어ᄭᅳᆺ츤고로대ᄀᆞ쟉히옥아속으로향ᄒᆞ얏ᄂᆞ
니라 반ᄃᆞ시藥약으로封봉ᄒᆞᆫ거시잇ᄂᆞ니 약으로버힌곳
에ᄡᅡ감단말이라 비록이刃인物물노自不傷상ᄒᆞ야시
나반ᄃᆞ시能능히즉시죽디못ᄒᆞᆷ이잇고반ᄃᆞ시
이됴양ᄒᆞ되낫디못ᄒᆞ야致티死ᄉᆞᄒᆞᆫ거시니그
상흔에숨과갓머리오아속으로向향ᄒᆞ얏고 숙기
옷치주리히안ᄒᆞ로옥앗단말이라 만일죽은後후에傷상ᄒᆞᆫ者
쟈ᄂᆞᆫ곳갓치옥아속으로向향티아녀ᄂᆞ니라○
시톄或혹업더누어시되그올흔손에더른놈것
치나믓竹듁頭두類류ㅣ잇고 中듕原원사ᄅᆞᆷ이대ᄅᆞᆯ안가ᄀᆞᆯ드믄

돈고쳠ᄌᆞ도민ᄃᆞ롸상희ᄡᅳ니다두무락ᄒᆞᄂᆞ니라猥褻로부ᄃᆡ臍제下하술롱으로부티臍제下하ᄉᆞ디아모곳에十상혼이잇단말이라

에니ᄅᆞᆫ者자ᄂᆞᆫ

저컨대이술醉취ᄒᆞ야더디여것구러뎌스ᄉᆞ로

지즐녀스ᄉᆞ로傷상흠이니라○만일갓가이놉

흔ᄃᆡ오ᄅᆞᆫ곳이어나或혹즌흙이잇거든모롬이

身신上상에錢전物믈이이시며업스거損손動

동ᄒᆞᆫ곳이ᄒᆞᆫ그릇ᄃᆞᆫ곳에흙ᄭᅢ려ᄃᆞᆫ흔적이라이시며업슴을보라

저컨대物믈을取취ᄒᆞ랴기ᄅᆞᆯ因인ᄒᆞ야빌믈그

릇려스ᄉᆞ로傷상흠이니라뎌ᄅᆞᆫ도것거두메상ᄒᆞᆫ인가시라

【[illegible]】被傷人이見行凶人이用刃物來傷之時

예必須爭競ᄒᆞ야用手來遮截이라手上에必有傷損ᄒᆞ고若行凶人이於虛怯要害處에一刃直致命者ᄂᆞᆫ死人手上에無傷ᄒᆞ고若行凶人이用刃物ᄒᆞ야斫着腦上頂門腦角後髮際ᄒᆞ면必須斫斷頭髮이如用刀剪者ㅣ오若頭頂骨이折이면即是尖物刺著이니須用手捏着其骨이損與不損ᄒᆞ라○屍ㅣ口眼이多開ᄒᆞ고頭髻寬이어나或亂ᄒᆞ고兩手ㅣ微握ᄒᆞ고皮肉이多捲凸ᄒᆞ고若透膜이면腸臟이必出이니라○被刃殺死者ᄂᆞᆫ其被刃處皮肉이緊縮ᄒᆞ고血癮四畔ᄒᆞ고若被支解者ᄂᆞᆫ筋骨皮肉이稠粘ᄒᆞ고受刃處ᄂᆞᆫ皮縮骨露ㅣ니라○[補]彼此相

傷이 多屬對面ᄒᆞ고 常人執刀ㅣ 多係右手ᄒᆞ니 對面相刺ㅣ면 傷多在左ㅣ오 非橫以刺之면 刀頭ㅣ 不能先及于右ㅣ디로 惟素用左手者則先傷自右矣리라 如於臥所에 被刺ㅣ는 이 宜先辨其臥室이 如何開門과 臥榻이 如何安置ᄒᆞ고 審問本人平日臥法이 首是何向然後에 按驗傷之左右ᄒᆞ고 而設法ᄒᆞ야 以試犯人의 常時用手所慣則凶人이 宜無遁詞矣라 然이나 臥所被殺애 其辨左右刀傷이 又有捷法ᄒᆞ니 凡人用力이 非常時習用之手則或上或下ᄒᆞ야 斷不平正ᄒᆞᄂᆞ니 如平日에 習用右手ㅣ면 臥着ㅣ 不順則刀尖이 必向下ᄒᆞ고 傷

及右肩窩ᄒᆞ고 倘平日에 習用左手ㅣ면 卧者ㅣ不順則
刀尖이 亦必向下而傷及左肩窩ㅣ니라

有一人이 并隣人同壟山田에러 經再宿不歸ᄒᆡ 家人이 往觀ᄒᆞ야 俱死在山래 途間官ᄒᆞᆫ대 檢官이 到停屍處ᄒᆞ야 見一屍ᄂᆞᆫ 在小茅舍外ᄒᆞ고 後項骨이 斷ᄒᆞ고 頭面에 各有刃傷痕ᄒᆞ고 一屍ᄂᆞᆫ 在茅舍內ᄒᆞ야 左項下右腦後에 各有刃傷痕ᄒᆞ야 衆曰 在外者ᄂᆞᆫ 先被傷而死ᄒᆞ고 在內者ᄂᆞᆫ 後自刃而死래 ᄒᆞ야 官司ㅣ 但以各有傷痕이오 別無財物ᄒᆡ ᄒᆞ야 定兩相併殺ᄒᆞ예어 一官이 獨曰 不然ᄒᆞ야 若以情度情ᄒᆞ면 作兩相併殺이 可矣와니 其舍內者右腦後刃傷이 可疑러 豈有自用刃於腦後者오리 手不便也래씨ᄒᆞᆫ 不數日에 方緝得一人ᄒᆞ야 因讐ᄒᆞ야 併殺兩人씨라

사ᄅᆞᆷ의게 殺살死ᄉᆞᄒᆞᆫ 인거시라 被피傷샹ᄒᆞᆫ 사ᄅᆞᆷ이 行ᄒᆡᆼ凶흉人인이 刃인物믈로와 傷샹ᄒᆡ오 렴흠을 보ᄂᆞᆫ 새예 반ᄃᆞ시 모ᄅᆞᆷ이 ᄃᆞ토아 손으로

막줄리실ᄯᅢ라 ᄆᆞ리와맘게홈이라 손우회반ᄃᆞ시傷샹損
손이잇고만일行힝凶흉人인이虛허㥘겁要요
害해ᄒᆞᆫ곳에ᄒᆞᆫ놈노바로致티命명ᄒᆞᆫ者쟈ᄂᆞᆫ殺
살人인手슈上샹에상쳐업고만일行힝凶흉人
인이刃인物믈을ᄡᅥ腦노上샹이나頂뎡門문이
나腦노角각後후와髮발際제ᄅᆞᆯ딕어시면반ᄃᆞ
시모롬이머리털을딕어ᄊᆞᆺ츤거시칼을ᄡᅥ라인
ᄃᆞᆺᄒᆞ고 베ᄒᆞᆫ글나ᄆᆞ족ᄒᆞ단말이라 만일頭두頂뎡骨골이부
러더시면곳이쳡니ᄒᆞ거ᄉᆞᆯ디른거시니모롬
이손으로그ᄲᅦ손상ᄒᆞᆫ가손상티아닌가ᄆᆞᆫ져브

라○屍시ㅣ口구眼안이만히열니고상퇴ᄂᆞᆫ거
나或혹어즈럽고두손이저기주엿고갓과ᄉᆞᆯ히
만히거두려비밀고상쳐에갓치옥고ᄉᆞᆯ히내밀니단말이라만일膜
막을ᄉᆞ뭇차시면腸장臟장아반ᄃᆞ시나왓ᄂᆞ니
라○ᄂᆞᆯ노상ᄒᆞ욤을닙어죽은者자ᄂᆞᆫ그被피刃
인ᄒᆞᆫ곳이갓과ᄉᆞᆯ히죄여주리키고네ᄀᆞ에피어
릐엿고만일支지解ᄒᆡᄉᆞ지를가ᄅᆞ단말이라ᄒᆞᆷ을닙은者
쟈ᄂᆞᆫ筋근骨골과皮피肉육이稠됴粘뎜ᄯᅳ즈면筋근骨
골皮피肉육이纏젼綿면ᄒᆞ야ᄒᆞᆫᄃᆡ부ᄐᆞᆺ단말이라ᄒᆞ고칼바든곳은갓치
줄고ᄲᅧ드러낫ᄂᆞ니라○彼피此ᄎᆞ서ᄅᆞ傷상

ᄒᆞ온거시만히對ᄃᆡ面면서ᄅᆞ마존편이라에屬쇽ᄒᆞ고
常샹人인의ᄎᆞᆯ갑음이만히右우手슈에ᄆᆡ여시
니對ᄃᆡ面면ᄒᆞ야서ᄅᆞ딜니시면傷샹홈이만히
左자에잇고ᄆᆞ트딜으디아녀시ᄆᆡᄎᆞᆯ옷치能능
히우편에몬져밋디못호되오직본ᄃᆡ左자手슈
ᄅᆞᆯ쓰ᄂᆞᆫ者쟈ㅣ면몬져右우부터傷샹ᄒᆞ야시리
라만일누운곳에셔딜니엿거든맛당히몬져그
ᄠᅢ와室실이엇디門문을내여심과ᄠᅢ와攝셥이
엇디노ᄒᆞ여심을분변ᄒᆞ고本본人인의平평日
일읍ᄂᆞᆫ法법이머리와발을어드로向향ᄒᆞ던고

ᄌᆞ셰히무른然연後후에상처의左자右우를接
간驗험ᄒᆞ고法법을베퍼犯범人인의常샹時
시손ᄡᅳ기닉은바ᄅᆞᆯ시험ᄒᆞ면凶흉人인이맛당
히遁둔詞ᄉᆞ 거즛발명ᄒᆞᆷ이라 ㅣ업슬ᄯᅵ라그러나누은
곳에셔죽임을닙으매그左자右우刀도傷상을
분변ᄒᆞ기ᄯᅩ쉬운法법이이시니믈읫사ᄅᆞᆷ의힘
ᄡᅳᆷ이常샹時시니이ᄡᅳᄂᆞᆫ손이아니면或혹놉ᄒᆞ
며或혹ᄂᆞᆺ자더단연히平평正졍티몯ᄒᆞᄂᆞ니만
일平평日일에右우手슈를닉어ᄡᅳ면누은者쟈
ㅣ順슌티아니ᄒᆞ면則즉 누ᄂᆞᆫ사ᄅᆞᆷ의외편으로머 리두혀시면ᄒᆡᆼ흉인이은

슈ᄡᅳ기슌티몯ᄒᆞᆫ단말이라 갈옷치반ᄃᆞ시아래로向향ᄒᆞ고
傷샹홈이右우肩견窩와잇ᄭᅦ와목ᄉᆞ이에오목ᄒᆞᆫ곳이라에ᄆᆡᆺ
쳣고만일平평日일에左자手슈ᄅᆞᆯ닉이ᄡᅳ면누
운者쟈ㅣ順슌티아니ᄒᆞᆫ則즉갈옷치ᄉᆞᆯᄒᆞᆫ반ᄃᆞ
시아래로向향ᄒᆞ얏고傷샹홈이左자肩견窩와
에ᄆᆡᆺ쳣ᄂᆞ니라ᄒᆞᆫ사ᄅᆞᆷ이隣린人인과ᄒᆞᆫ가디로山산面면ᄋᆞᆯ갈더니두밤이디나
되도라오디아니ᄒᆞ거ᄂᆞᆯ집사ᄅᆞᆷ이가보니다죽이山산에잇ᄂᆞᆫ디라드듸여官관에들너대檢검
官관이停뎡屍시處쳐에니ᄅᆞ리보니ᄒᆞᆫ시신은ᄡᅥ근茅모舍사밧게이시ᄃᆡ後후項항骨골이엇
처뎟고頭두와面면에가각刃인傷상ᄒᆞᆫ흔젹이잇고ᄒᆞᆫ시신은茅모舍사안ᄒᆡ이시ᄃᆡ左자項항
下하와右우臑노後후에각각刃인傷상ᄒᆞᆫ흔젹이이시나즁인이너ᄅᆞᄃᆡ밧게잇ᄂᆞᆫ者자ᄂᆞᆫ모져

傷샹흠을 닙어 죽고 안히 잇ᄂᆞᆫ 者쟈ᄂᆞᆫ 後후에 ᄉᆞᄉᆞ로 刃인ᄒᆞ야 죽엇다 ᄒᆞ니 官관司ᄉᆞㅣ 다만 ᄡᅥ 각각 傷샹痕흔이 잇고 別별노 野야物물이 업다 ᄒᆞ야 ᄃᆞᆯ히 서ᄅᆞ 倂병殺살ᄒᆞ다 定뎡ᄒᆞ라 ᄒᆞ거ᄂᆞᆫ ᄒᆞᆫ 판원이 ᄒᆞᆯ로 닐오ᄃᆡ 그러티 아니ᄒᆞ다 만일 情졍으로 ᄡᅥ 情졍을 헤아리건댄 ᄃᆞᆯ히 서ᄅᆞ 倂병殺살ᄒᆞ다 ᄒᆞᆷ이 可가ᄒᆞ거니와 그 舍샤內ᄂᆡ 者쟈의 有유腦노後후ㅅ 刃인傷샹이 可가히 의심된 디라 엇디 ᄉᆞᄉᆞ로 刃인을 腦노後후에 ᄡᅳᆯ 者자ㅣ 이시리오 손이 便편티 아니ᄒᆞᆷ이라 ᄒᆞ더니 數수日일이 못ᄒᆞ야셔 이에 一일人인을 縛박得득ᄒᆞ니 원슈ᄅᆞᆯ 因인ᄒᆞ야 두 사ᄅᆞᆷ을 아오로 죽엿더라

辨生前死後傷痕

生前利刃所傷은 瘡口皮肉에 有血ᄒᆞ고 透膜ᄒᆞ고 肉潤ᄒᆞ고 花文이 斂出ᄒᆞ고 捻有鮮紅血ᄒᆞ고 死後刀刃割損이면 乾白無血ᄒᆞ고 捻有淸水ㅣ니라 ○ 死人이 被割截이면 屍首ㅣ 皮肉이 如舊ᄒᆞ고 血不灌蔭ᄒᆞ고

被割處ㅣ皮不緊縮ᄒᆞ고刃盡處에無血流ᄒᆞ고其色이
白ᄒᆞ고縱痕下에有血이나洗檢擠捺이면肉內에無淸血
出이니라 ○生前에被刃傷이면其痕이肉凋ᄒᆞ고花文이
交出ᄒᆞᄂᆞ니若肉痕이齊截이면是死後假作刃傷痕이니
라 ○如生前刃傷은卽有血汁ᄒᆞ고瘡口에血多花鮮
色ᄒᆞ고所損이透膜이면卽死ᄒᆞ고若死後에用刀刃割傷
處ᄂᆞᆫ肉色이乾白ᄒᆞ고更無血花ㅣ니라
生ᄉᆡᆼ前젼과死ᄉᆞ後후傷ᄉᆞᆼ痕흔을분변ᄒᆞᆷ이라
生ᄉᆡᆼ前젼에드ᄂᆞᆫᄂᆞᆯᄒᆡ傷ᄉᆞᆼᄒᆞᆫ바ᄂᆞᆫ흔젹어귀갓
괴ᄉᆞᆯᄒᆡ피잇고膜막을ᄉᆞ뭇ᄯᅮ렷고ᄉᆞᆯ히너르고

ᄉᆞᆯᄒᆞᆫ젹이너花화文문속ᄉᆞᆯ희뎔앗 르단말이라 ᄂᆞᆫ거시라 이버서낫고
집음애鮮션紅홍 곱베븕은빗치라 ᄒᆞ고피잇고죽은後후
에刀도刃인으로버혀샹손ᄒᆞ거시면모르며희
고피업고집음애물근물이잇ᄂᆞ니라○죽은사
ᄅᆞᆷ이割할截탹ᄒᆞᆷ을닙어시면屍시首슈ㅣ皮피
肉육이녜ᄀᆞᆺ고죽은後후에刃인傷상ᄒᆞᆫ거슨皮피肉유이捲권ᄃᆞᆷ털티아니코버
ᄒᆞᆫ되로잇단말이라피홀니디아니ᄒᆞ고버히인곳이
ᄀᆞᆺ치죄이여주리히디아니코ᄂᆞᆯ盡진ᄒᆞᆫ곳에피
ᄒᆞ르미업고그빗치희고비록ᄒᆞᆫ젹아래피이시
나벗기고檢검ᄒᆞ야밀며눌으면ᄉᆞᆯ속에ᄆᆞᆰ은피

나미업ᄂᆞ니라○生ᄉᆡᆼ前젼에刃인傷샹을닙어
시면그흔젹이ᄉᆞᆯ히셔러디고참치ᄒᆞ야ᄀᆞᄌᆞᆨ디아니ᄒᆞᆫ말이라
花화文문이서귀여나오ᄂᆞ니만일ᄉᆞᆯ흔젹이ᄀᆞ
ᄌᆞᆨᄒᆞ버히시면이死ᄉᆞ後후에거즛刃인傷샹痕
흔을ᄆᆡᆫᄃᆞ거시니라○만일生ᄉᆡᆼ前젼에刃인傷
샹은곳血혈汁즙이잇고瘡창口구에피ㅣ빗나
고은빗치만코ᄉᆡᆼᄉᆡᆼ이븕은빗치라샹ᄒᆞᆫ배膜막을ᄉᆞ뭇ᄯᅮ
러시면卽즉死ᄉᆞᄒᆞ고만일死ᄉᆞ後후에刀도刃
인으로써버혀傷샹ᄒᆞᆫ곳은ᄉᆞᆯ빗치乾간白ᄇᆡᆨᄒᆞ
고다시血혈花화ㅣ업ᄉᆞ니라사ᄅᆞᆷ이죽은후ᄂᆞᆫ혈ᄆᆡᆨ이ᄒᆡᆼ티못ᄒᆞ

ᄂᆞᆫ디라 이러므로

ᄉᆞᆯ빗치 희니라

屍首異處 凡驗屍首異處에 同檢式ᄒᆞ되 量首級이 離屍遠近과 或左或右와 或去肩脚若干尺寸ᄒᆞ고 各量手臂脚腿相去屍遠近ᄒᆞ고 却隨其所解肢體ᄒᆞ야 與屍相湊ᄒᆞ고 提揍首級ᄒᆞ야 與項相湊ᄒᆞ야 圍量分寸ᄒᆞ라 生前刃物斫落은 項下皮肉이 捲凸ᄒᆞ고 兩肩井이 聳皺ᄒᆞ고 死後斫落은 皮肉이 不捲凸ᄒᆞ고 肩井이 不聳皺이니라

○活時截下頭者ᄂᆞᆫ 筋이 縮入ᄒᆞ고 死後截下ᄒᆞ면 項長이 並不伸縮이니라 ○支解死屍幾段을 對勘比同於分斷處ᄒᆞ라 肉色이 不紅ᄒᆞ고 雖有痕跡이나 別無血䕃ᄒᆞ면

驗是死後氣血不行에 支解痕跡이니라

屍시首슈異이處쳐ᄒᆞᆫ거시라믈읫屍시首슈異이處쳐시톄ᄅᆞᆯ갈나각각노ᄒᆞᆫ거시라ᄒᆞᆫ거ᄉᆞᆯ검험ᄒᆞ매檢검式식과ᄀᆞᆺ티ᄒᆞ되首슈級급버힌머리라이시신과ᄯᅳ기멀며갓가옴과或혹左자며或혹右우와或혹엇게와발에서ᄯᅳ기언마尺쳑寸촌인고자히고이ᄂᆞᆫ머리異이處쳐ᄒᆞᆫ거ᄉᆞᆯ驗험ᄒᆞᆷ이라手슈臂비와脚각腿퇴ㅣ시신과相상去거ㅣ멀며갓가옴을각자히고이ᄂᆞᆫ四ᄉᆞ肢지異이處쳐ᄒᆞᆫ거ᄉᆞᆯ驗험ᄒᆞᆷ이라도로혀그解ᄒᆡᄒᆞᆫ바肢지體톄ᄅᆞᆯᄯᅳᆮ와시신과서르모ᄒᆞ고머리ᄅᆞᆯ잇그러목과서ᄅᆞ모화分분寸촌을에워자히라(다ᄅᆞᆫ거ᄉᆞ로에워다가목과ᄀᆞᆺᄐᆞᆫ가자혀봄이라)生성前젼에刃인物믈노딕어셔르티거ᄉᆞᆫ목아래갓과ᄉᆞᆯ히거두텨내밀고두肩견井졍(엇게우희ᄀᆞ장놉ᄒᆞᆫ곳이니ᄑᆞᆯ을펴면오목개ᄃᆞᆫᄃᆡ라)이소사버서뎟고死ᄉᆞ後후에딕어셔르티거ᄉᆞᆫ皮피肉육이捲권凸텰티아니코肩견井졍이聳용斂렴티아녓ᄂᆞ니라○사라신ᄯᅢ에머리ᄅᆞᆯ버힌거ᄉᆞᆫ힘줄이주리켜드러갓고죽은後후에버힌거ᄉᆞᆫ목기리아오로늘며주디아녓ᄂᆞ니라○支지解ᄒᆡᄒᆞᆫ死ᄉᆞ屍시ᄆᆡᆺ조각을ᄂᆞᆫ호여ᄉᆞᆺᄎᆞᆫ곳에ᄀᆞᆺᄐᆞᆫ가맛초

라ᄉᆞᆯ빗치븕디아니코비록痕흔跡젹이이시나
別별노血혈과髓슈ㅣ뼛속엣기름이라ㅣ업스면驗험홈
에이死ᄉᆞ後후氣긔血혈이行ᄒᆡᆼ티몯ᄒᆞᆫ디支지
解ᄒᆡᄒᆞᆫ痕흔跡젹이니라

火燒死

凡檢被火燒死人에先問元申人ᄒᆞ야火從何處起며
火起時에其人이在甚處ㅣ며因甚在彼ᄒᆞ며被火燒時
에曾與不曾救應ᄒᆞ고仍根究曾與不曾與人作鬧ᄒᆞ야
見得端的이라사方可檢驗이라니○屍在火中이어든先
掃除周圍灰燼然後에將屍翻動ᄒᆞ고覷着地處에有

無灰爐燒損ᄒᆞ라 ○見屍骨이어든 令行人으로 次第拾起
白骨ᄒᆞ야 扇去灰塵ᄒᆞ라 ○眉毛髮等이 有卷毛ᄒᆞ고 指甲
이 焦黃이니라

불에ᄐᆞ주근거시라

믈읫불에ᄐᆞ이여주근사ᄅᆞᆷ을검험홈에몬져元
원申신人인ᄃᆞ려무ᄅᆞᄃᆡ불이어ᄂᆡ곳으로조차
니러나시며불날새예그사ᄅᆞᆷ이어ᄃᆡ이셔시며
엇디ᄒᆞ야뎌긔이셔시며불ᄃᆞᆷ을닙을새예일즉
救구應응ᄒᆞᆫ가아닌가ᄒᆞ고仍잉ᄒᆞ야일즉사ᄅᆞᆷ
과作작鬧뇨ᄅᆞᆯᄒᆞ엿던가아닌가根근究구ᄒᆞ야

보기ᄅᆞᆯ端ᄃᆞᆫ的뎍히ᄒᆞ고사보야ᄒᆞ로미가히檢
검驗험ᄒᆞᆯᄯᅵ니라○屍시ㅣ블가온대이셧거든
몬저周쥬圍위옛灰회燼신을ᄡᅳ러업시ᄒᆞ고然연
後후에屍시를가져飜번動동ᄒᆞ고ᄡᅡ부티엿던
곳에灰회燼신과블ᄐᆞ손샹ᄒᆞᆫ거시이시며업슴
을보라시톄셔혀부터엿던편에ᄐᆞ샹ᄒᆞᆫ젹과회신이여시면올코ᄉᆞᆯ이ᄐᆞ며아니코그
아래저도업스면죽은후에블ᄉᆞᆯ온거시니라○屍시ㅅ뼈뵈거든行항
人인으로ᄒᆞ여곰次ᄎᆞ第뎨로白ᄇᆡᆨ骨골을주어
나야ᄌᆡ와ᄃᆞᆺ글을부처업시ᄒᆞ라○눈섭이며毛
모髮발等등이오고랏ᄂᆞᆫ털이잇고털어블에ᄐᆞ이면오고라

니라 指지甲갑이 트、누르니라

因老病在床失火燒死

屍ㅣ 肉色이 焦黃ᄒᆞ고 或兩手ㅣ 拳曲在胸前ᄒᆞ고 兩膝이 亦曲ᄒᆞ고 口眼이 開ᄒᆞ고 或咬齒及唇ᄒᆞ고 或有脂膏黃色이니라 ○皮肉에 只有火燒跡ᄒᆞ고 別無他故ㅣ면 是火燒死ㅣ니 須先問生前宿臥ㅣ在甚處ᄒᆞ라 ○ 補 土炕傷은 西北人이 多臥土炕ᄒᆞ야 每以煤炭煨炕ᄒᆞ니 火氣臭穢라 人受燻蒸ᄒᆞ야 不覺自斃ᄒᆞ니 其屍ㅣ 軟而無傷ᄒᆞ야 與夜臥夢魘不能復覺者로 相似ᄒᆞ니라

老로病병을因인ᄒᆞ야床상에이셔失실火화ᄒᆞᆫ

야ᄃᆞ주은거시라屍시ᄅᆞᆯ솝빗치ᄃᆞ구르고或혹
두손이쥐이고곱아(ᄯᅩᆯ이곱단말이라)가ᄉᆞᆷ압희두엇고
두무릅히ᄯᅩᄒᆞᆫ곱앗고ᄆᆞᄀᆞ眼안이열니이고或
혹니ᄅᆞᆷ믈어입시울에밋칫고或혹脂지膏고黃
황色ᄉᆡᆨ이잇ᄂᆞ니라○皮피肉육에다만블ᄐᆞᆫ자
최잇고別별로다ᄅᆞᆫ연괴업ᄉᆞ면이블ᄐᆞ죽음이
니모롬이몬져生ᄉᆡᆼ前젼에좀자누음이어닉곳
에잇던고무ᄅᆞᆯ라○土토炕캉에傷샹ᄒᆞᆫ거ᄉᆞᆫ
西서北븍사ᄅᆞᆷ이만히土토炕캉([illegible])에
미양煤ᄆᆡ炭탄(石셕炭탄이니中듕國국西[illegible] [illegible]부에서터오ᄂᆞᆫ거시라)으로

버炕방을덥이 火화氣긔ㅣ 내압시 잇고 더러
은ᄃᆡ라 사ᄅᆞᆷ이 熏훈蒸증ᄒᆞᆷ을 바다 절로 주굼을
ᄭᆡᄃᆞᆺ디 몯ᄒᆞᄂᆞ니 그 屍시ㅣ 부드럽고 샹쳬 업서
밤에 누어 夢몽魘압ᄒᆞ야 能능히 다시 ᄭᆡ디 몯ᄒᆞ
ᄂᆞᆫ 者자와 ᄀᆞᄐᆞ니라

被人燒死 人屋을 盖以茅茨ᄒᆞ니ᄂᆡ 被火燒ㅣ면 其屍首
ㅣ 則在茅茨之下ᄒᆞ고 或與人有讐ᄒᆞ야 被人乘勢ᄒᆞ야 推
入燒死者則屍在茅茨之上ᄒᆞᄃᆡ 兼驗頭足이 亦有向
至니라 ○如屍被火燒化盡ᄒᆞ야 無條段骨殖者ㅣ어든 勘
行人與鄰證供狀ᄒᆞ되 失火燒毁ㅣ나 이 或被人燒毁ᄃᆡ로

卽無骸骨存在ᄒᆞ니委是無憑檢驗ᄒᆞ이야라方憑備申ᄒᆞ라
놈의게불ᄉᆞᆯ음을넘어주은거시라사ᄅᆞᆷ의잡을
기야나쒸로뻐덥ᄂᆞ니불ᄐᆡ올넘어시면그屍시
首슈ㅣ곳기야나쎠아래잇고或혹놈과원쉬이
셔놈이乘승勢셰ᄒᆞ야밀텨드려불ᄐᆡ쥭은者자
ㅣ면屍시ㅣ尾와茅모ᄉ우희이시되불ᄐᆞ집이모허딘후
에말며너허실이라兼겸ᄒᆞ야머리와발이ᄯᅩ호向향至지
指지向향과ᄀᆞᄐᆞᆫ말이라이심을驗험ᄒᆞᆯ거시니라○만일屍
시ㅣ불의ᄐᆞ여ᄉᆞ허기를다ᄒᆞ야오리와조각骨
골殖식도업슨者자ㅣ어든行힝人인과다ᄆᆞᆺ鄰

련證증을시겨문장에공ᄉᆞᄒᆞᄃᆡ失실火화ᄒᆞ야
듯거나或혹ᄂᆞᆷ이베ᄐᆡ옴을닙은거시로ᄃᆡ곳骸
히骨골이나ᄆᆞ이심이업스니실로이빙고ᄒᆞ야
檢검驗험홀꺼시업다ᄒᆞ야보야호로빙거ᄒᆞ야
又조신보ᄒᆞ라 향인과련증의봉됴를의거ᄒᆞ야 무빙거험연유를샹ᄉᆞ에보ᄒᆞ란 말이 라

被人殺假作火燒 被人勒併身死를抛揹在火內ᄒᆞ야
頭髮이焦黃ᄒᆞ고頭面連遍身上下ㅣ一槩焦黑ᄒᆞ고皮
肉이搐皺ᄒᆞ고並無揹撥皺皮去處ᄒᆞ고項下에有被勒
痕及繩索帶帛物繫入듸이 이便說無憑檢驗이라本人

沿身上下痕損他故及定年顏形貌不得이오只驗得本人項下에有被勒處痕跡이오幾匝圍轉去處分數ᄒᆞ니委實被勒身死後에抛擲在火內다라ᄒᆞ ○先被刃殺死를卻作火燒死者ㅣ되어勘作拾起白骨ᄒᆞ야扇去灰塵盡了에於元屍首下에掃潔地上ᄒᆞ고用醶米醋潑灑ᄒᆞ라若是殺死ㅣ면卽有血入地而鮮紅色ᄒᆞᄂᆞ니刃傷之血ㅣ曾入于地라以醶醋灑之則血色이鮮紅케니殺死後에被移屍他處則不可驗屍下血色이니라增若打傷處ᄂᆞᆫ踏被火燒ᄒᆞ니其皮不起리니

놈의게죽임닙은거슬거즛블ᄐᆞᆷ을삼은거시라

사ᄅᆞᆷ의게勒ᄒᆞ야倂병목ᄌᆞᆯ라급히죽인거시라ᄒᆞᆷ을닙어身신

死ᄉᆞᄒᆞᆫ거ᄉᆞᆯ더뎌믈속에두어머리털이ᄃᆞ두르
고頭두面면과遍변身신上샹下하ㅣ 길 [illegible]개
로ᄃᆞ검고皮피肉육이주리혀주룩주룩ᄒᆞ고 아
오로ᄅᆞᆷ초인진믈과갓버서딘곳이업고 시신이 다ᄃᆞ서
겁고더여진믈든곳과가족 버서딘곳이다업단말이라 項항下하에被피勒
륵ᄒᆞᆫ흔젹과밋繩승索삭이나帶ᄃᆡ帛빅物믈노
ᄆᆡ야드럿ᄂᆞᆫ거시잇거든믄득칭셜ᄒᆞᄃᆡ의빙ᄒᆞ
야檢검驗험ᄒᆞᆯᄭᅥ시업ᄂᆞ니라本본人인의沿연
身신上샹下하에痕흔損손ᄒᆞᆫ다ᄅᆞᆫ연고와밋년
셰인ᄉᆡᆨ과形형貌모ᄅᆞᆯ定뎡ᄒᆞᄃᆡ못ᄒᆞ고 온몸에 ᄃᆞ칩기

뎡험홀꺼시업단말가다만本본人인의項항下하에被피
勒륵ᄒᆞᆫ곳痕흔跡젹이몃돌림이나에워도랏ᄂᆞᆫ
去거處쳐分분數수ᄅᆞᆯ驗험得득ᄒᆞ야시니實실
로被피勒륵身신死ᄉᆞᄒᆞᆫ後후에더뎌블속에두
엇다ᄒᆞ라○몬져ᄂᆞᆯ히ᄃᆞᆯ니여죽은거슬믄득블
에ᄃᆞ죽음을삼ᄂᆞᆫ者쟈ㅣ어든仵오作작을시겨
白ᄇᆡᆨ骨골을주어나야灰회塵진을부처업시ᄒᆞ
야다ᄒᆞᆷ애元원屍시首슈의아래ᄯᅥ우홀ᄡᅳ러ᄅᆞᆯ
ᄒᆞ고신초로ᄇᆡ셕려시티라만일이ᄃᆞᆯ니죽인거
시면곳피셔ᄒᆞ드리곱게븕은빗차잇ᄂᆞ니논희샹ᄒᆞ

인피열주ᄯᅥ히드럿ᄂᆞᆫ디라쇤초로 ᄲᅢ색리면핏빗치싱싱히븕ᄂᆞ니라 죽인後후에 屍시ᄅᆞᆯ다ᄅᆞᆫᄃᆡ옴겨시면屍시下하에핏빗ᄎᆞᆯ可가히驗험티못ᄒᆞ리니라 [보] 만일려傷상ᄒᆞᆫ곳은 비록불ᄉᆞᆯ옴을닙어시 나그갓처니디 이니ᄒᆞᄂᆞ니라

辨生前死後火燒

生前에被火燒死者ᄂᆞᆫ其屍ㅣ口鼻內에有煙灰ᄒᆞ고兩手脚이皆拳縮ᄒᆞᄂᆞ니緣其人이未死前에被火逼奔爭ᄒᆞ야口開ᄒᆞ고氣脉이往來故로呼吸에煙灰入口鼻內ᄒᆞ고若死後燒者ᄂᆞᆫ其人이雖手足拳縮이나口內에卽無煙灰ᄒᆞ고若不燒着兩肘骨及膝骨이면手脚이亦不拳縮이니라 [增] 凡爐中撥出者ᄂᆞᆫ口鼻에焉能無

所와須驗其喉與腦中에有無灰煙ᄒᆞ야可辨生前死後燒也ㅣ니○燒燗之色이焦而黑ᄒᆞ야爲死後傷와膏而黃ᄒᆞ야爲生前傷ㅣ니

生성前젼파死ᄉᆞ後후에불ᄅᆞᆷ을분변ᄒᆞᆷ이라生성前젼에불ᄅᆞᆷ을닙어죽은者쟈ᄂᆞᆫ그屍시ㅣ口구鼻비안희煙연灰회잇고두손과발이이발은다리롤니로말이라다오고라주리혓ᄂᆞ니그사ᄅᆞᆷ이죽다아닌前젼에블의핍박을닙어ᄃᆞ르며ᄃᆞ톰을말미암아입이열리고氣긔脈ᄆᆡᆨ이往왕來ᄅᆡᄒᆞᆫ故고로숨결의煙연灰회口구鼻비内내에드럿고만일죽은後후에ᄐᆞᆫ者쟈ᄂᆞᆫ그사ᄅᆞᆷ이비록손발이

拳권縮축ᄒᆞ야시나 입안히ᄂᆞᆫ 곳 煙연灰회 엽고 만일 두 ᄑᆞᆯ굼리ᄲᅧ와 무릅ᄲᅧ ᄐᆞ디 아니ᄒᆞ시면 손발이 ᄯᅩᄒᆞᆫ 拳권縮축디 아니ᄒᆞ얀ᄂᆞ니라 ○ 灰회燼신 가온대 서헷쳐 出者자ᄂᆞᆫ 口구鼻비에 엇디 能능히 지업ᄉᆞ리오 모롬이 그 목구무와 곡뒤 속에 지와 그ᄋᆞ름이 이시며 업슴을 驗험ᄒᆞ라 可가히 生ᄉᆡᆼ前젼파 死ᄉᆞ後후 ᄐᆞ거슬 분변ᄒᆞ리니라 ○ ᄐᆞ샹ᄒᆞᆫ 빗치 ᄐᆞ고 검으면 死ᄉᆞ後후傷샹이오 기름 나고 누르면 生ᄉᆡᆼ前젼傷샹이니라

湯潑死

凡被熱湯潑傷者ᄂᆞᆫ 其屍皮肉이 皆拆ᄒᆞ고 皮脫白色이오 着肉者도 赤白ᄒᆞ고 肉多爛赤이니라 ○ 如在湯火內면 多是倒臥ᄒᆞ되 傷在手足頭面胸前ᄒᆞ고 如因鬪打ᄒᆞ야

或頭撞脚踏手推在湯火內면 多在兩後脥與臂腿
上이오 或有打損處ㅣ면 其痕이 不甚起ᄒᆞᄂᆞ니 與他所盪
로ᄋᆞᆫ 不同이니라
쓸ᄂᆞᆫ물시텨주은거시라
믈읫쓸ᄂᆞᆫ물시텨傷상ᄒᆞ믈닙은者자ᄂᆞᆫ그屍시
ㅣ갓과ᄉᆞᆯ히다더디고갓치버서흰빗치오ᄉᆞᆯ히
붓튼것도ᄯᅩᄒᆞᆫ희고ᄉᆞᆯ이만히더여븕으니라○
만일쓸ᄂᆞᆫ물과블속에이시면만히이것구러누
어시되ᄯᅩᄅᆞ려것구허던거시라샹녜手슈足족과頭두面면
과胸흉前젼에잇고만일빠히림을因인ᄒᆞ야或

혹머리로밧거나발로ᄇᆞᆲ거나손으로밀텨湯탕火화內ᄂᆡ에두어시면만히이두오곰과膂려腿퇴우희잇고 상체뒤ᄒᆡᆨ이심은ᄂᆞᆷ의게길티여심이라 或혹터셔손상ᄒᆞᆫ곳이이시면그皰포ㅣ甚심케나디아닛ᄂᆞ니다ᄅᆞᆫᄃᆡ盪탕ᄒᆞᆫ바로다ᄆᆞᆺ디아니ᄒᆞ니라 盪탕은글ᄂᆞᆫ물에推츄盪탕ᄒᆞ미니러셔상ᄒᆞᆫ곳은ᄭᅳᆯᄂᆞᆫ물에데여도ㅣ깃치쉬히나디아니ᄒᆞ야손상티아닌곳盪탕ᄒᆞᆫ것과다ᄅᆞ단말이라

中毒死

服毒死를驗時예用銀釵ᄒᆞ되以皂角水로揩洗過ᄒᆞ야探入死人口中喉內ᄒᆞ고以紙密封이라良久取出ᄒᆞ야

作青黑色이어든 再用皂角水揩洗ᄒᆞ야 其色이 不去ㅣ라
사 卽是오 如無ㅣ면 其色이 鮮白이니라 ○將白飯一塊
ᄒᆞ야 入死人口中喉內ᄒᆞ고 用紙蓋一兩時辰이라가 取出
飯與雞喫ᄒᆞ야 雞亦死ㅣ라사 卽是니라 【增】英宗甲申에 命禁飯雞之法而
如有不可不用處되이 用後에 俾卽去其鷄者ᄂᆞᆫ 蓋 慮愚氓이 貪口ᄒᆞ야 誤喫傷命也ㅣ니 須體仁民之至意
ᄒᆞ야 毋敢 泛忽ᄒᆞ라 生前에 喫物壓下ᄒᆞ야 入腸臟內면 試驗無證
ᄒᆞᄂᆞ니 卽自穀道內試ᄒᆞ라 其色이 卽見이니라 ○凡檢驗
毒死屍에 間有服毒已久ᄒᆞ야 蘊積在內ᄒᆞ야 試驗不出
者ㅣ어든 須先以銀釵로 探入死人喉訖에 却用熱糟
醋ᄒᆞ야 自下盦洗ᄒᆞ야 漸漸向上ᄒᆞ야 須令氣透ㅣ면 其毒氣

熏蒸ᄒᆞ야 黑色이 始現ᄒᆞ고 如便將熱糟醋ᄒᆞ야 自上而下

則其熱氣逼毒氣向下ᄒᆞ야 不復可見ᄒᆞᄂᆞ니 ○增 自下腹次次罨

ᄒᆞ야 毒氣黑色이 始見後에 自上以熱醋酒로 復罨則不可復見이오 見於穀道리니

上試探則用糟醋ᄅᆞᆯ 當反是니라 ○ 一法은 用大米或

粘米三升炊飯ᄒᆞ고 用淨糯米一升淘洗了애 用布袱

盛ᄒᆞ야 就於所炊飯上에 炊饋ᄒᆞ고 取雞子一箇ᄒᆞ야 打破

取白ᄒᆞ야 拌糯米飯令勻ᄒᆞ야 依前袱起ᄒᆞ야 着在前大米

粘米飯上이라가 以手三指로 緊捏糯米飯ᄒᆞ야 如鴨子

大ᄒᆞ되 母令冷ᄒᆞ고 急開屍口ᄒᆞ야 齒外放着ᄒᆞ고 及用小紙

三五張ᄒᆞ야 搭遮屍口耳鼻臀陰門之處ᄒᆞ고 仍用新綿

絮三五條ᄒᆞᄃᆡ 釅醋二三五升을 用猛火煎數沸ᄒᆞ고 將綿
絮放醋鍋內ᄒᆞ야 煑半時取出ᄒᆞ고 仍用糟罨屍ᄒᆞ고 却將
綿絮盖覆ᄒᆞ라 若是死人이 生前被毒ᄒᆞᆫᄃᆡ 其屍即腫脹
ᄒᆞ며 口內黑ᄒᆞ고 臭惡汁이 噴來綿絮上ᄒᆞ야 不可近ᄒᆞᄂᆞ니
後에 除去綿絮ᄒᆞ면 糯米飯이 被臭惡之汁ᄒᆞ야 亦黑色
而臭ᄒᆞᄂᆞ니 此是受毒藥之狀이오 如無則非也ㅣ니라 試
驗糯米飯을 封市上司ᄒᆞ고 分明開說ᄒᆞ라 ○服毒藥은
或即時發作ᄒᆞ고 其藥이 慢이면 或一兩日發作ᄒᆞᄃᆡ 或是
飜吐ㅣ어나 或吐不絶ᄒᆞᄂᆞ니 仍須於衣服上에 尋餘藥
及身死坐處에 尋藥物器皿之類ᄒᆞ라 ○凡中毒의 卒

多曖昧ᄒᆞ니 至若屍首發變이 亦類中毒이라 檢覆之際에 不可不仔細辨이니 〔圈〕 銀釵飯雞之法이 俱未的確ᄒᆡ 惟粘飯條ㅣ 詳備可行ᄒᆡ 茲備錄ᄒᆡ 以資考擇ᄒᆞ노

中듕毒독ᄒᆞ야 주근 거시라 스스로 알고 먹은 거시 服복毒독이오 아다 못ᄒᆞ고 먹은 거시 中듕毒독이라

毒독 먹고 주근 이ᄅᆞᆯ 검험ᄒᆞᆯ ᄣᅢ애 銀은釵차ᄅᆞᆯ ᄡᅳ
ᄃᆡ 皀조角각水슈로 ᄡᅵ서 死ᄉᆞ人인의 입 속 목구
무 안히 探탐入입ᄒᆞ고 죠히로 ᄡᅥ 빅빅이 封봉ᄒᆞ
얏다가 死ᄉᆞ人인의 입을 듬업시 봉ᄒᆞᆷ이라 ᄀᆞ장 오라매 取취ᄒᆞ야
내여 靑청黑흑色석이 되엿거든 다시 皀조角각

水슈로ᄡᅥ서그빗치업디아녀사곳이오만일여
스면독긔업슴이라그빗치斂치色식이라곱게희니라○白ᄇᆡᆨ
飯반ᄒᆞᆫ뎡이롤가져炊ᄎᆔ人인의口구中듕喉후
內ᄂᆡ예너코죠희로덥히ᄒᆞᆫ두時시辰신이나ᄒᆞ
얏다가밥을取취ᄒᆞ야내여ᄃᆞᆰ울주어먹여ᄃᆞᆰ이
ᄯᅩᄒᆞᆫ주이사곳이니라英영宗종甲갑申신에命명ᄒᆞ사飯반雞계ᄒᆞᆸ
논法법을禁금ᄒᆞ시되만일可가히ᄡᅳ지아니티
못ᄒᆞᆯ곳이잇거든ᄡᅳᆫ후에ᄒᆞᆫ이곰주시그ᄃᆞᆰ을바
리게ᄒᆞ심은대개어린ᄇᆡᆨ셩이입에貪탐ᄒᆞ야그
믓먹어인명을傷샹ᄒᆡ올사념녀ᄒᆞ심이니모롬
이仁인民민ᄒᆞ시논시극ᄒᆞᆫ뜻을生ᄉᆡᆼ前젼에物
밧자아敢감히法법忽홀티말라
몰을먹어놀너ᄂᆞ려毒독物물먹은후에음시을먹어독긔놀나여ᄂᆞ리단갈

이라腸장臟장內ᄂᆡ에드러시면試시驗험홈애證
증홀꺼시업ᄂᆞ니곳穀곡道도內ᄂᆡ로부터시험
ᄒᆞ라銀은釵차로시험ᄒᆞᆫ말이라그빗치즉시뵈ᄂᆞ니라○믈
읫독약으로죽은屍시ᄅᆞᆯ檢검驗험홈에간ᄒᆞᆫ毒
독먹언디이믜오라야ᄲᅡ혀속에이셔試시驗험
ᄒᆞ야도나티아니ᄒᆞᄂᆞᆫ者자ㅣ잇거든모롬이모
져銀은釵차로벼죽은사ᄅᆞᆷ의목굼긔探탐入입
ᄒᆞ야ᄆᆞᄎᆞᆷ애믄득더운糟조와醋조ᄅᆞᆯ써아래ᄅᆞᆯ
시신下하半반이라부터덥고벼서漸점漸졈우흘向향ᄒᆞ
야모롬이그운이ᄉᆞᄆᆞᆺ게ᄒᆞ면그毒독氣긔熏훈

蒸증ᄒᆞ야검은ᄲᅵᆺ처비로소뵈고만일믄두더운
糟조와醋조ᄅᆞᆯ가져우흐로시신上샹半반이다부터ᄂᆞ리
우면그더운긔운이毒독氣긔ᄅᆞᆯ핍박ᄒᆞ야아ᄅᆡ
로向향ᄒᆞ야다시可가히보디몯ᄒᆞᄂᆞ니○腹복下하으
로부터次ᄎᆞ次太덥허毒독氣긔검은빗처비로소뵌後후에우부터더운조와술로ᄇᆡ디시덥ᄒᆞ
면可가히다시보디몯ᄒᆞ고穀곡道도에뵈ᄂᆞ니라或혹糞분門문에셔試
시探탐ᄒᆞ려ᄒᆞ면糟조醋조ᄡᅳ기ᄅᆞᆯ맛당히이와
상반ᄒᆞᆯᄯᅵ니라이법에상반히ᄒᆞ야우ᄒᆞ로부터ᄂᆞ리우란말이라○一일
法법은니ᄡᆞᆯ이나或혹ᄎᆞᆯᄡᆞᆯ三삼升승으로ᄡᅥ밥
을딧고淨정ᄒᆞᆫ糯나米미ᄎᆞᆯᄡᆞᆯ이라一일升승을ᄡᅥ일

위ᄡᅳ매 뵈보ᄒᆡ 담아 디은밥우희 ᄯᅵ고 ᄃᆞᆰ의알
ᄒᆞ나ᄒᆞᆯ가져 올히알이또ᄒᆞᆫ가ᄒᆞ나라 새여 흰거슬내야 糯나
米미飯반에 버무려 고로게ᄒᆞ야 前젼대로 보ᄒᆡ
ᄡᅡ 몬졋 大대米미나 粘뎜米미밥우희 노하두엇
다가 손세가락으로ᄡᅥ 糯나米미飯반을 ᄃᆞᆫᄃᆞᆫ이
쥐여 올히알만치ᄒᆞ되 차게말고 急급히 屍시의
입을 여러 니밧게 노코 믯 小쇼紙지 三삼五오張
댱을 써 屍시의 口구耳이鼻비와 臀둔과 陰음門
문 윗곳에 븟텨 막고 仍잉ᄒᆞ야 새 소음 三삼五오
條됴를 쓰되 됴흔 醋 三삼五오升승을 猛밍ᄒᆞᆫ불

로ᄡᅥ달혀두어소솜글히고소음을가져醋조鍋
과內ᄂᆡ 쵸ᄉᆞᆯ힌릇시라 그에너히달혀半반時시ᄉ만에
내고仍잉ᄒᆞ야糟조로ᄡᅥ屍시를덥고믄두소음
을가져덥ᄒᆞ라만일이死ᄉᆞ人인이生ᄉᆡᆼ前젼에
毒독을닙어실던ᄆᆞᆷ그屍시곳부어脹턍ᄒᆞ고口
구內ᄂᆡ黑흑ᄒᆞ고臭취惡악ᄒᆞᆫ汁즙이소음우희
ᄉᆡᆷ어와可가히갓가이못ᄒᆞᄂᆞ니後후에소음을
아사업시ᄒᆞ면糯나米미飯반이臭취惡악ᄒᆞᆫ汁
즙을닙어또ᄒᆞᆫ검은빗치오내나ᄂᆞ니이거시毒
독藥약바든형상이오만일업스면아니니라糯나

飯반에 검은 빗과 내엄스면 독약형상이 아니란 말이라 試시驗험ᄒᆞᆫ 糯나米
미 飯반을 封봉ᄒᆞ야 上샹司ᄉᆞ에 신보ᄒᆞ고 分분
明명히 열어 날으라 ○毒독藥약 먹은 거ᄉᆞᆫ 或혹
卽즉時시에 發발作작ᄒᆞ고 그 藥약이 ᄂᆞ리면 或
혹 一일 兩냥 日일에 發발作작ᄒᆞ되 或혹들나 吐
토ᄒᆞ거나 或혹 吐토키를 긋디 아니ᄒᆞᄂᆞ니 仍잉
ᄒᆞ야 모롬이 衣의服복우희 나믄 藥약 돌나토ᄒᆞᆫ 약이라
을 ᄎᆞᄌᆞ며 밋 죽은 의 머무던 곳에 藥약物물과 器
긔皿명의 類류ᄅᆞᆯ ᄎᆞᄌᆞ라 ○믈읫 中듕毒독이 대
ᄀᆡ지 曖ᄋᆡ昧미 희날ᄒᆞ야 분경티 아니ᄒᆞᆫ단 말이라 홈이 만ᄒᆞ니 屍

사首슈發발變변ᄀᆞᆺᄐᆞᆫ거시ᄯᅩᄒᆞᆫ毒독을미ᄌᆞᆷᄀᆞᆺᄒᆞᆫ디라檢검覆복ᄒᆞᆯᄌᆞ음애可가히仔ᄌᆞ細셰히ᄀᆞᆯ희여ᄇᆞᆰ히디아니티못ᄒᆞᆯ띠니라 【부】 銀은釵차와飯반鷄계잇法법이中的뎍確확디못ᄒᆞ고오직粘뎜飯반條됴ㅣ詳샹備비ᄒᆞ야可가히行ᄒᆡᆼᄒᆞ얌즉ᄒᆞᆫ디라이에ᄀᆞᆺ초긔록ᄒᆞ야ᄡᅥ상고ᄒᆞ야곰ᄡᅳ믈ᄌᆞ뢰케ᄒᆞ노라

【服毒死】 凡服毒死屍ᄂᆞᆫ口眼이多開ᄒᆞ고面이紫黯이어나或青色이오唇이紫黑ᄒᆞ고手足指甲이俱青黯ᄒᆞ고口眼耳鼻에間有血出ᄒᆞᄂᆞ니中毒도亦然이니라 ○ 生前中毒은遍身이作青黑色ᄒᆞ고多日이면皮肉이尚存이나亦作黑色ᄒᆞ고若經久ㅣ면皮肉이腐壞見骨ᄒᆞ되其

骨이 作黲黑色이니라 ○甚者ᄂᆞᆫ 遍身이 黑腫ᄒᆞ고 面作
靑黑色ᄒᆞ고 唇捲發皺ᄒᆞ고 舌縮이어나 或裂拆爛腫微出
ᄒᆞ고 唇亦爛腫이어나 或裂折ᄒᆞ고 指甲尖이 黑ᄒᆞ고 喉脹이
脹ᄒᆞ야 作黑色ᄒᆞ고 生皰ᄒᆞ고 身或靑斑ᄒᆞ고 眼突ᄒᆞ고 口鼻眼
內에 出紫黑血ᄒᆞ고 鬢髮이 浮ᄒᆞ야 不堪洗ᄒᆞ고 未死前에
須吐出惡物이어나 或瀉黑血ᄒᆞ고 糞門이 腫突出이어나
或大腸이 突出이니라 ○空腹服毒이면 惟腹肚ㅣ 靑脹
而唇口指甲은 不靑이니라 ○飽後服毒이면 惟唇指甲
은 靑而腹肚ᄂᆞᆫ 不靑이니라 ○虛怯老病人은 服毒便
死ᄒᆞᄂᆞᆫ 腹肚口唇指甲이 皆不靑者ㅣ어든 却須參以

他故ᄒᆞ라

生ᄉᆡᆼ前젼에毒독마자죽은거시라믈읫毒독을먹어죽은屍시ᄂᆞᆫ口구眼안이만히열니이고ᄂᆞᆺ치紫ᄌᆞ黯암ᄒᆞ거나或혹프른빗치오입시울이紫ᄌᆞ黑흑ᄒᆞ고手슈足죡指지甲갑이다青쳥黯암ᄒᆞ고口구眼안과耳이鼻비에간혹피나미잇ᄂᆞ니毒독을마즌것도ᄯᅩᄒᆞᆫ그러ᄒᆞ니라○生ᄉᆡᆼ前젼中듕毒독은遍변身신이青쳥黑흑色ᄉᆡᆨ이되고날이만ᄒᆞ면皮피肉육이오히려이시나ᄯᅩᄒᆞᆫ검은빗치되고만일오램을디내면皮피肉육

이셔어뻬빗티그뻬黲참엿튼검프른빗치라黑흑色석이
되ᄂᆞ니라○甚심ᄒᆞᆫ者자ᄂᆞᆫ遍변身신이검어부
엇고ᄂᆞᆺ치青청黑흑色석이되고입시울이거두
터부푸럿고혀졸어디거나或혹ᄶᅴ여디고터디
며허여디고부어져기나왓고입시울이ᄯᅩᄒᆞᆫ허
여디고븟거나或혹ᄶᅴ여디며터디고指지甲갑
ᄋᆞᆺ치검고목구무와ᄇᆡ脹턍ᄒᆞ야검은빗치되고
포진이나고몸이或혹프른어룩디고눈이나오
고口구鼻비眼안內ᄂᆡ예紫ᄌᆞ黑흑血혈이나고
鬚슈髮발이듧ᄯᅥ싀ᄀᆡ디못ᄒᆞ고죽디아니ᄒᆞᆫ前

졔에모롬이惡악物믈을吐토出츌ᄒᆞ거나或혹
검은피ᄅᆞᆯ瀉샤ᄒᆞ고糞분門문이부어突돌出츌
ᄒᆞ거나或혹大대腸쟝이突돌出츌ᄒᆞ얀ᄂᆞ니라
독먹기ᄅᆞᆯ만히ᄒᆞ야ᄉᆡᆨ니 쥭은재야이ᄀᆞᆺᄐᆞ니라 ○空공腹복에毒독을
먹어시면오직腹복肚두ㅣ靑쳥脹댱ᄒᆞ고입시
울과指지甲갑은프르디아니ᄒᆞ니라○비부른
後후에毒독을먹어시면오직입시울과指지甲
갑은프르고腹복肚두ᄂᆞᆫ프르디아니ᄒᆞ니라○
虛허脹댱ᄒᆞ며老로病병ᄒᆞᆫ사ᄅᆞᆷ은毒독을먹음
애즉시죽ᄂᆞ니腹복肚두와口구唇슌과指지甲

갑이다프르디아니ᄒᆞᆫ者쟈ㅣ어든도로혀다른
연고로벼참고ᄒᆞ라

死後假作中毒　死後에將毒藥ᄒᆞ야灌入口中이면皮肉
與骨이只作黃白色이니라
죽은後후에거즛中듕毒독을삼은거시라죽은
後후에毒독藥약을가져口구中듕에부어너흐
면皮피肉육과뼈다만黃황白ᄇᆡᆨ色ᄉᆡᆨ이되ᄂᆞ니
라

中蠱毒死　遍身上下頭面胸心이並深青黑色이오或
肚脹ᄒᆞ고或口內吐血ᄒᆞ고或糞門內瀉血이니라

버레의毒독마자죽은거시라遍변身신上상下하와頭두面면과胸흉心심이다검ᄒᆞᆫ青청黑흑色ᄉᆡᆨ이오或혹비脹량ᄒᆞ고或혹입안ᄒᆡ吐토血혈ᄒᆞ고或혹糞분門문안ᄒᆡ피롤瀉샤ᄒᆞ얀ᄂᆞ니라

果食果實金石藥毒死

其屍上下에或有一二處青腫ᄒᆞ며有類拳手傷痕ᄒᆞ고或成大片青黑色ᄒᆞ고幷爪甲이黑ᄒᆞ고身體肉縫에微有血ᄒᆞ고或腹脹ᄒᆞ고或瀉血ᄒᆞᄂᆞ니라

果과實실을먹엇거나金금石셕藥약毒독金금石셕

든약이라을마자죽은거시라그屍시ㅣ上상下하에或혹ᄒᆞᆫ두곳이나프르고부음이이시되拳권手슈의傷상痕흔ᄀᆞᆺ틈이잇고或혹큰조각靑청黑흑色식이되고아오로爪조甲갑이검고身신體례肉육縫봉뼈ᄆᆞ듸ᄉᆞ이와밋굴신ᄒᆞᄂᆞᆫ곳이서르닛다ᄒᆞᆫ술이라에微미히피잇고或혹비도脹량ᄒᆞ고或혹피ᄅᆞᆯ瀉샤ᄒᆞ얀ᄂᆞ니라

中鼠莽草毒死

口唇이裂ᄒᆞ고齒齦이靑黑色이니라〇此毒은經一宿一日이라사方可驗이니九竅에有血汁流出이니라

鼠서莽망草초毒독中듕國국江강南남에잇ᄂᆞᆫ거시라마자속은거시라口구唇슌이ᄶᅴ여디고ᄂᆞᆺ므음이靑청黑흑色식이니라○이毒독은ᄒᆞᆫ밤이나ᄒᆞᄅᆞ낫을디나사보야ᄒᆞ로可가히驗험ᄒᆞᆯ거시니九구竅교에血혈汁즙흘러나미잇ᄂᆞ니라

中蠱毒 春夏秋冬애得一伏時ㅣ면遍身에發小皰ᄒᆞ되作青黑色ᄒᆞ고眼睛이綻出ᄒᆞ고舌上애生小刺皰ᄒᆞ고舌亦綻出ᄒᆞ고口唇이破裂ᄒᆞ고兩耳脹大ᄒᆞ고腹肚ㅣ膨脹ᄒᆞ고糞門이脹綻ᄒᆞ고唇指甲에有青黑色ᄒᆞ되若飽服時ㅣ면上一半이青ᄒᆞ고飢服時ㅣ면下一半이青

ᄒᆞ고 外腎이 脹大ㅣ니라
砒비霜상과 野야葛갈나 一일名명은 鉤구吻문이 毒독이 上ᄒᆞᆫ 거시라
毒독을 마자 죽은 거시라 春츈夏하秋츄冬동애
一일伏복時시 오ᄂᆞᆯ 子ᄌᆞ時시로부터 ᄅᆡ일 子ᄌᆞ 時시ᄭᆞ디 각ᄒᆞᆷ 파ᄀᆞᄐᆞᆫ 말이라
를 어드면 遍변身신애 ᄌᆞᆫ포진이 發발ᄒᆞ되 靑청
黑흑色석이 되고 눈망울이 터뎌나오고 혀우희
ᄌᆞᆫ바ᄂᆞᆯ포진이 나고 혜ᄯᅩᄒᆞᆫ 터뎌나오고 口구脣
슌이 破파裂렬ᄒᆞ고 두귀 脹댱ᄒᆞ야 크고 腹복肚
두ㅣ 膨핑脹댱ᄒᆞ고 糞분門문이 脹댱ᄒᆞ야 터디
고 입시울과 指지甲갑에 靑쳥黑흑色석이 이시

ᄃᆡ만일ᄇᆡ부른ᄣᅢ먹어시면上샹一일半반이프
르고주린ᄣᅢ먹어시면下하一일半반이프르고
外외腎신이脹턍ᄒᆞ야크니라

中金蠶蠱毒死 屍ㅣ瘦劣ᄒᆞ고遍身。黃白色이오眼睛
이塌ᄒᆞ고口齒露出ᄒᆞ고上下口唇이縮ᄒᆞ고腹肚ㅣ塌ᄒᆞᄂᆞ
니將銀釵驗ᄒᆞ면作黃浪色이니라○一云屍身이脹ᄒᆞ고
皮肉이似湯火炮起ᄒᆞ야漸次爲膿ᄒᆞ고舌頭唇鼻皆破
裂이니라

金금蠶잠南남方방에잇ᄂᆞᆫ거시라糞분毒독마자죽은거지
라屍시ㅣ여외고遍변身신이黃황白ᄇᆡᆨ色ᄉᆡᆨ이

오ᄂᆞᆫ망울이ᄭᅥ디고口구齒치드러나고上샹下
하입시울이주리혀고腹복肚두ㅣᄭᅥ디ᄂᆞ니銀
은釵차로가져驗험ᄒᆞ면누른빗치되ᄂᆞ니라○
一일云운屍시身신이脹턍ᄒᆞ고갓과ᄉᆞᆯ히湯탕
火화에炮포더여닌포친이라닌것ᄀᆞᄐᆞ야漸졈次ᄎᆞ로
픔기고혓머리와입시울과코히다破파裂렬다
ᄒᆞ니라

中酒毒

腹脹ᄒᆞ고或吐瀉血이니라○飮酒相反ᄒᆞ면酒與物性
相反이如螃蟹與灰酒同食ᄒᆞ면令人吐血ᄒᆞ며飮酒多食胡桃ᄒᆞ면令人嘔血之類ㅣ라吐瀉瘦弱
ᄒᆞ고皮膚ㅣ微黑不破裂ᄒᆞ고口內無血ᄒᆞ고糞門이不出

이니리 ○ 【補】 燒酒醉死者ᄂᆞᆫ 牙齒動搖欲落ᄒᆞ고 屍ㅣ軟
弱不硬ᄒᆞ고 口鼻에 間有血水流出이니라 ○ 燒酒ᄅᆞᆯ 不
可以錫器盛이니 炖及過宿이이나 倘爲日稍久ㅣ면 飮之
則能殺人ᄒᆞᄃᆡ 其人이 面多有靑黯이니라
酒쥬毒독마존거시라 비脹턍ᄒᆞ고 或혹 피ᄅᆞᆯ 吐
토ᄒᆞ며 瀉샤ᄒᆞᄂᆞ니라 우흐로만 토ᄒᆞ고 아래로 瀉샤ᄒᆞ단 말이라 ○
술막음을 相샹反반케 ᄒᆞ면 술과 다ᄆᆞ 物물性셩 相샹反반ᄒᆞᆫ 거시만
일게와 사회든 술을 흠씩 먹으면 사ᄅᆞᆷ으로 ᄒᆞ어곰 피ᄅᆞᆯ 만토ᄒᆞ고 술먹고 胡호桃도ᄅᆞᆯ 만히 먹으
면 사ᄅᆞᆷ으로 ᄒᆞ여곰 피ᄅᆞᆯ 嘔구ᄒᆞᄂᆞᆫ 類류ㅣ라 吐토ᄒᆞ며 瀉샤ᄒᆞ야 여외
며 약ᄒᆞ고 皮피膚부ㅣ 져기 검으되 破파裂렬티

아니ᄒᆞ고 입안히 피엽고 糞분門문이 나오디 아
니ᄒᆞ얀ᄂᆞ니라 ○ 보 燒쇼酒쥬에 醉취ᄒᆞ야 죽은
者쟈ᄂᆞᆫ 牙아齒치ᄒᆞᆫ들녀 새디고져ᄒᆞ고 屍시
軟연弱약ᄒᆞ야 세디아니코 口구鼻비에 간혹 핏
믈흘너나옴이 잇ᄂᆞ니라 ○ 燒쇼酒쥬ᄅᆞᆯ 可가히
듀셕그ᄅᆞᆺ스로 ᄡᅥ 담지못ᄒᆞᆯ꺼시니 불쐬야 밥을
디내거나 만일 남되옴이 져기 오래면 불쐬디아니코여러
날된거시라 먹은則즉 能능히 사ᄅᆞᆷ을 죽이ᄃᆡ 그 사ᄅᆞᆷ
이ᄂᆞᆺ치 青청黯암ᄒᆞᆷ이 만ᄒᆞ니라

中蠱毒死 頭面胸前이 深青黑ᄒᆞ고 肚脹ᄒᆞ고 吐血瀉血

이니라

蠱고毒독이라 노올독 마자죽은거시라 頭두面면과 胸흉前전이 검히 青청黑흑ᄒᆞ고 肚두ㅣ 脹턍ᄒᆞ고 피ᄅᆞᆯ 吐토ᄒᆞ며 피ᄅᆞᆯ 瀉샤ᄒᆞ얀ᄂᆞ니라

中菌蕈死 皮肉이 多裂ᄒᆞ고 舌與糞門이 皆露出ᄒᆞ고 手足指甲及身上이 青黑色이오 口鼻에 多出血이니라

菌균蕈심毒독이라 비싯독 마자죽은거시라 갓과 ᄉᆞᆯ히 만히 ᄶᅴ여디고 혀와 糞분門문이 다나왓고 ᄉᆞᆫ톱 발톱과 밋 몸이 青청黑흑色ᄉᆡᆨ이오 口구鼻비에 만히 피 낫ᄂᆞ니라

【補】【中巴豆毒死】口乾ᄒᆞ고兩臉이赤ᄒᆞ고五心이煩熱ᄒᆞ고
痢不止ᄒᆞ니

【諺】巴파豆두毒독마자죽은거시라입이ᄆᆞᄅᆞ고
두ᄲᅣᆷ이븕고五오心심手슈足죡掌댱心심이煩
번熱열ᄒᆞ고리질이그치디아니ᄒᆞᄂᆞ니라

【補】【中水銀毒死】以黃金驗之ᄒᆞ야色白者ㅣ是니라

【諺】水슈銀은毒독마자죽은거시라黃황金금으
로ᄡᅥ驗험ᄒᆞ야빗치흰者쟈ㅣ이니라

【補】【服鹽滷死】髮亂ᄒᆞ고手指甲이禿ᄒᆞ고胸前에有爪傷
痕이라 因痛極ᄒᆞ야徧地滾跌自抓搯ᄒᆞᆫ디 ○身不發皰ᄒᆞ고口不破裂ᄒᆞ고

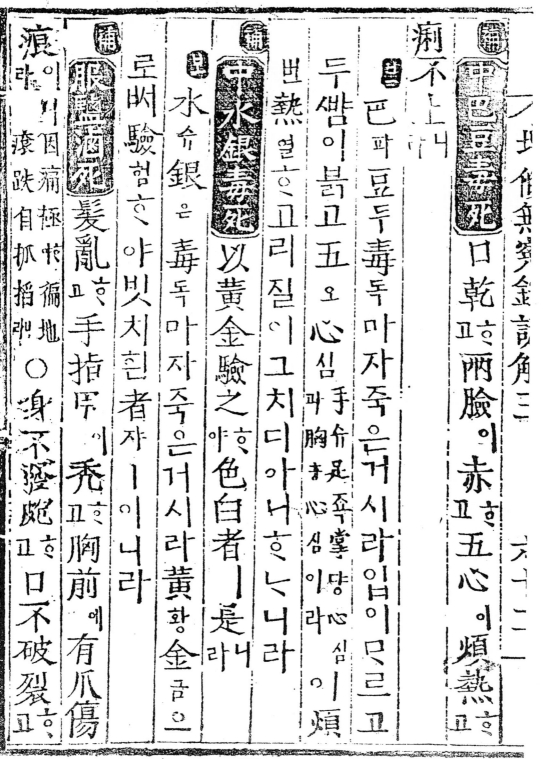

腹不胖脹ᄒᆞ고指甲이不青ᄒᆞ고釵探에有黯色이라도洗

之卽白ᄒᆞ고遍身이黃ᄒᆞ고兩眼이合ᄒᆞ고口中에或有涎

沫ᄒᆞ고但其屍雖發變이나心肺不爛ᄒᆞ고取汁煎之면猶

能成鹽이리니【增】凡人身所出血與水ㅣ皆鹹故로煑之則成鹽ᄒᆞᄂᆞ니獨以服滷死者之煑汁成鹽으로爲證者ㅣ未詳ᄒᆞ니

【鹽】鹽염滷로ᄀᆞᆫ쉬ᄅᆞᆯ먹고죽은거시라머리털이

어즈럽고손톱이무조러뎌고胸흉前젼에손톱

으로傷샹ᄒᆞᆫ흔젹이잇ᄂᆞ니라【因】알픔이極극ᄒᆞᆷ올[illegible]션ᄒᆞ야새히두루구을며구리디며스스로손톱으로허위여심이허○몸에皰포ㅣ發발

티아니코입이까여디며터디디아니코ᄇᆡ胖방

脹댱티아니코指지甲갑이프르디아니코斂챠
로람시홈애黯암色식이이실ᄯᅢ라도뻐스면조ᄒᆞ
角각水슈로 씨슴이라 즉지히고遍변身신이누르고두ᄂᆞᆫ
이ᄀᆞᆷ겻고입가온대或혹춤거품이잇고다만그
屍시ㅣ비록發발變변ᄒᆞ나心심肺폐ᄂᆞᆫ석디아
니ᄒᆞ고 心심肺폐석디아니면 기변동티아니ᄒᆞᄂᆞ니라 그밧屍시汁즙을
取취ᄒᆞ야달히면오히려能능히소금이되ᄂᆞ니
라 【증】 믈읫사ᄅᆞᆷ의몸에서나ᄂᆞᆫ피와다ᄆᆞᆺ믈이다 ᄧᆞᆫ故고로달히면소금이되ᄂᆞ니홀로그슈먹
고죽은者쟈의시즙달히소금되므로 뻐증험을삼음이ᄌᆞ셰티못ᄒᆞ니라

【補】 **服木虌死**

錢許를熱酒服則[illegible]ᄒᆞ되七竅에流血이

과

氷빙片편龍룡腦노ㅣ간 먹고 죽은 거시라 ᄒᆞᆫ 돈 ᄌᆞ음을 더인 술에 먹으면 곳 죽으되 七칠竅교에 피 흐르ᄂᆞ니라

病患死

凡檢病死에 問曾請何醫人喫甚藥교ᄒᆞ야 對衆證ᄒᆞ야 取醫藥人의 定驗疾狀ᄒᆞ라 ○ 驗病死人에 須面色이 痿黃ᄒᆞ고 體肉이 羸瘦ᄒᆞᄂᆞ니 或卒死人을 經隔數日後에 都有執稱打殺이라도 若身無痕損이면 委是卒死ㅣ니라

○ 病死ㅣ 値春夏秋初ᄒᆞ야 經隔兩三日이면 肚上兩

脇으로 連膺下肋骨縫에 有微靑色ᄒᆞᄂᆞ니 此是病人이
歿後에 經日變動ᄒᆞ야 腹內穢汚ㅣ 發作ᄒᆞ야 攻注皮膚
ᄒᆞ야 致有此色이오 不是生前에 有他故ㅣ니 切宜仔細니라

병드러죽은거시라

믈긋병드러죽은거슬검험홈에무ᄅᆞ되元원申신人인
의게무ᄅᆞᆷ이라일죽엇더ᄒᆞᆫ醫의人인을請쳥ᄒᆞ야ᄀᆞ숨
藥약을먹엿ᄂᆞᆫ고ᄒᆞ야여러증인을對ᄃᆡᄒᆞ야醫
의藥약ᄒᆞᆫ사ᄅᆞᆷ의定뎡驗험ᄒᆞᆫ병증상을취료ᄒᆞ
라○病병歿ᄉᆞᄒᆞᆫ사ᄅᆞᆷ을驗험홈애모ᄅᆞᆷ이ᄂᆞᆺ빗
치시드러누르고몸엣ᄉᆞᆯ히여외ᄂᆞ니或혹급히

죽은사ᄅᆞᆷ을數수日일이經경隔격ᄒᆞᆫ後후에ᄅᆞᆫ
두뎌죽엿다잡아말ᄒᆞ리이실디라도만일몸에
痕흔損손이업스면실노이졸연히죽은거시니
라○病병드러죽은거시春츈夏하와秋츄初초
를만나兩냥三삼日일을經경隔격ᄒᆞ면肚두上
샹과兩냥脇협으로臍졔下하와肋륵骨골縫봉
에連련ᄒᆞ야微미히프른빗치잇ᄂᆞ니이ᄂᆞᆫ이病
병人인이死ᄉᆞ後후에날이디나變변動동ᄒᆞ야
빗ᄉᆞᆨ에더러운거시發발作작ᄒᆞ야皮피膚부로
몰니여이빗치微미靑청色ᄉᆡᆨ이라이심을닐우미오이生

성前젼에다른연괴이심이아니니보되맛당히
仔ᄌᆞ細셰히홀띠니라

屍ㅣ肉色이痿黃ᄒᆞ고形體麤瘦ᄒᆞ고口眼이多合ᄒᆞ고腹肚ㅣ低陷ᄒᆞ고兩眼이黃ᄒᆞ고兩手ㅣ拳微握ᄒᆞ고頭髮髻解脫ᄒᆞ고身上애或有新舊鍼灸瘢痕ᄒᆞ고餘無他故ㅣ면卽是病死ㅣ라ㅣ니○凡有死屍肥壯ᄒᆞ고無痕損不黃瘦ㅣ면不得作病患死ㅣ오又有屍首ㅣ無痕損이오只是黃瘦ㅣ면亦不得據所見ᄒᆞ야只作病患死ㅣ니切須仔細驗定因何致死ᄒᆞ라唯此最誤ㅣ니

屍시ㅣ솔빗치시드러누르고形형體톄여외고

口구眼안이 만히 닷티이고 腹복肚두ㅣ ᄂᆞ자ᄭᅧ
디고 두 눈이 누르고 두 拳권이 져기 쥐엿고 머
리털과 샹퇴 푸러디고 身신上샹애 或혹 新신舊
구 鍼침灸구(鍼침灸구ᄅᆞᆯ 새로 ᄒᆞ얏거나 ᄒᆞᆫ 젼에 ᄒᆞ거시라) ᄒᆞᆫ 瘢반痕흔
이 잇고 그 밧긔 다ᄅᆞᆫ 연괴 업스면 곳이 病병드러
죽은 거시니라 ○ 믈읫 死ᄉᆞ屍시ㅣ 肥비壯장ᄒᆞ、
고 痕흔損손이 업고 누르며 여외디 아니면 病병
患한 死ᄉᆞ를 삼디 몯ᄒᆞᆯ ᄭᅥ시오 屍시首슈ㅣ 痕
흔損손이 업고 오직 이 누르고 여외면 ᄯᅩᄒᆞᆫ 所소
見견만 의거ᄒᆞ야 다만 病병患환 死ᄉᆞ를 삼디 몯

增修無冤錄諺卷二　六十六

ᄒᆞ리니부터모롬이무어슬因인ᄒᆞ야致티死ᄉᆞ
ᄒᆞᆫ줄을仔ᄌᆞ細셰히驗험ᄒᆞ야定뎡ᄒᆞ라오직이
ᄆᆞ장그르ᄂᆞ니라

病患飢凍求乞在路死 其屍ㅣ形體瘦弱ᄒᆞ고肉色이
痿黃ᄒᆞ고口眼이合ᄒᆞ고兩手ㅣ微握ᄒᆞ고頭髮이緊ᄒᆞ고牙
關이開ᄒᆞ고唇齒焦黃ᄒᆞ고唇不着齒니라 一本에云肉色이黃白ᄒᆞ고眼合
ᄒᆞ니라

病병들거나주리고얼어求구乞걸ᄒᆞ다가길ᄒᆡ
셔죽은거시라그屍시ㅣ形형體톄瘦수弱약ᄒᆞ
고ᄉᆞᆯ빗치시드러누르고口구眼안이닷티이고

두손이저기주이엿고머리터럭이緊긴ᄒᆞ고牙아關관이닷티엿고입시울과니ᄅᆞ셔누르고입시울이니에다티아니ᄒᆞ얀ᄂᆞ니라 一일本본에 니ᄅᆞ되솔빗체黃황白ᄇᆡᆨᄒᆞ고눈이닷티엿다ᄒᆞ니라

邪魔中風卒死

其屍ㅣ多肥ᄒᆞ고肉色이微黃ᄒᆞ고口眼이合ᄒᆞ고頭髻緊ᄒᆞ고口有涎沫ᄒᆞ고遍身에無他故ㅣ면卽是卒死ㅣ니라 ○卒死於邪祟者ᄂᆞᆫ其屍不在肥瘦ᄒᆞ고兩手ㅣ握ᄒᆞ고手足爪甲이多靑이니라 ○卒中死ᄂᆞᆫ眼開睛白ᄒᆞ고口齒開ᄒᆞ고牙關이緊ᄒᆞ고或口眼이喎斜ᄒᆞ고口角과鼻內에涎沫이流出ᄒᆞ고手脚이拳曲ᄒᆞ고肌肉

이不脣고ᄒᆞ面色이紫赤이니라

邪사魔마와中듕風풍으로卒졸死ᄉᆞᄒᆞᆫ거시라

그屍시ㅣ만히ᄉᆞᆯ지고ᄉᆞᆯ빗치져기누르고口구

眼안이닷티이고상퇴ᄃᆞᆫᄃᆞᆫᄒᆞ고입에춤거품이

잇고遍변身신애다ᄅᆞᆫ연괴업스면곳이졸연히

죽음이니라○졸연히邪샤祟슈에죽은者쟈ᄂᆞᆫ

그屍시ㅣ肥비瘦수에잇디아니코두손이주이

엿고手슈足죡爪조甲갑이만히프르니라○卒

졸中듕(中듕氣긔ᄒᆞ야죽은거시라)ᄒᆞ야죽은거ᄉᆞᆫ눈이열니

고안졍이희고口구齒치열니이고牙아關관이

緊긴ᄒᆞ고或혹口구眼안이喎와斜사ᄒᆞ고입이귀와코속에춤거품이흘너나고손발이오아곱고술히꺼지디아니ᄒᆞ고낫빗치紫ᄌᆞ赤젹ᄒᆞ니라

中暗風死 其屍ㅣ必肥ᄒᆞ고肉多混白色이오口眼이閉ᄒᆞ고髻髮이整齊ᄒᆞ고涎唾流溢이니 ○或暗風으로驚搐死者ᄂᆞᆫ口眼이多喎斜ᄒᆞ고手足이拳縮ᄒᆞ고臂腿手足이細小ᄒᆞ고涎沫이亦流ㅣ니라 以上五條大略이相似但要在驗時예仔細分別별라

暗암風풍氣긔色ᄉᆡᆨ이업슨ᄇᆞ람이라 을마자죽은거시라그

屍시ㅣ반ᄃᆞ시ᄉᆞᆯ지고ᄉᆞᆯ히만히믈근흰빗치오口구眼안이닷티엿고샹도와더럭이整졍齊졔ᄒᆞ고춤이흘너ᄆᆞᆷ며엿ᄂᆞ니라○或혹暗암風풍으로驚경搐츅ᄒᆞ야죽은者쟈ᄂᆞᆫ口구眼안이만히喎와斜샤ᄒᆞ고손발이옥아주리혓고ᄑᆞᆯ과신다리와손발이ᄀᆞ늘아젹엇고춤거품이ᄯᅩ호ᄒᆞ르ᄂᆞ니라以이上샹다ᄉᆞᆺ됴목大대略략이셔ᄃᆞ ᄀᆞᆺ트니죵피驗험ᄒᆞᆯ때애仔ᄌᆞ細셰히分분別별ᄒᆞᆯ애잇ᄂᆞ니라

傷寒死 遍身이紫赤色이오口眼이開ᄒᆞ고有紫汗流ᄒᆞ고唇亦微綻ᄒᆞ고手不拳握이니라

傷샹寒한에죽은거시라遍변身신이紫ᄌᆞ赤젹色셕이오口구眼안이열니엿고紫ᄌᆞ汗한이이서흐르고입시울이ᄯᅩᄒᆞᆫ저기더디고손이줌쥐이디아닛ᄂᆞ니라

時氣 眼開口閉ᄒᆞ고遍身이黃色이오薄皮起ᄒᆞ고手足이俱伸이라

時시氣긔시병이라로죽은거시라눈이줌겻고입이열니엿고遍변身신이누르빗치오열온갓치니러낫고손발이다펴이엿ᄂᆞ니라

中惡 眼合ᄒᆞ고舌與齒門이俱不出ᄒᆞ고面色이黃白

이니라

더위를마자주근거시라눈이곰기엿고혀와糞분門문이다나오디아녓고ᄂᆞᆺ빗치黃황白ᄇᆡᆨᄒᆞ니라

被人鍼灸冒丁致死

須付醫人ᄒᆞ야驗鍼灸處ㅣ是不是穴道ᄒᆞ야雖無意致殺이나亦須詳顯是鍼灸殺이오亦可科醫人罪니라

사ᄅᆞᆷ의게鍼침灸구ᄒᆞ이다가곳애致티死ᄉᆞᄒᆞᆫ거시리모롬이醫의人인다로의원이라을시겨鍼침灸구ᄒᆞᆫ곳이이穴혈道도ㅣ며아니를驗험ᄒᆞ야비

목致티殺살에ᄯᅳᆺ이업슴이나ᄯᅩᄒᆞᆫ모롬이이鍼
침灸구殺살인ᄌᆞᆯ을닐러ᄇᆞᆰ히고ᄯᅩᄒᆞᆫ醫의人인
의罪죄ᄅᆞᆯ科과ᄒᆞᆷ이可가ᄒᆞ니라
驗得元傷處ㅣ已是平復ᄒᆞ야別無行風入
瘡痕跡이오其屍形體瘦弱ᄒᆞ고肉色이痿黃ᄒᆞ고口眼이
俱合ᄒᆞ고兩手ㅣ舒展ᄒᆞ고其處에或有新鍼灸瘢痕이오
屍傍에或有何藥貼이어든問得屍親或奴ᄒᆞ야說稱曾
請某醫看治이든何問得ᄒᆞ야委係患某病症이오曾用上
件藥餌調治뎐驗是華內別增餘患身死ㅣ니라
고ᄒᆞᆫ안히病병드러죽은거시라驗험得득ᄒᆞᆷ애

처엄傷샹ᄒᆞ얏던곳이이믜平평復복ᄒᆞ야別별
로ᄇᆞ람이行ᄒᆡᆼᄒᆞ야창쳐에ᄃᆞᆫ痕흔跡젹이업고
그屍시ㅣ形ᄒᆡᆼ體톄瘦수弱약ᄒᆞ고ᄉᆞᆯ빗치시드
러누르고口구眼안이다닷텻고두손이펴이엿
고아모곳에或혹새로鍼침灸구ᄒᆞᆫ瘢반痕흔이
잇고屍시ㅅ것ᄒᆡ或혹브合藥약貼텹이잇거든
屍시親친이나或혹죵ᄃᆞ려무러일즉아모의원
을請쳥ᄒᆞ야보아치료ᄒᆞ엿노라고ᄒᆞ거든블너
무리그외원을블너뭇단말이라실로아모病병症증알흠에
믜이엿고일즉上샹作작건藥약餌이병다ᄉᆞ리ᄂᆞᆫ거시藥약이

오믹는거시 餌어ᄒᆞ니라 ᄅᆞᆯᄡᅥ調됴治치ᄒᆞ야시면驗험ᄒᆞᆷ에
이고ᄒᆞᆫ안ᄒᆡ別별로다ᄅᆞᆫ병을걱ᄒᆞ야죽은거시
니라

男子作過死

男子ㅣ作過太多ᄒᆞ야精氣耗盡ᄒᆞ야脫欲於婦人身上者ᄂᆞᆫ眞僞ᄅᆞᆯ不可不察이니眞則陽不衰ᄒᆞ고僞則痿니라 (補) 男女ㅣ因陰陽症死者ᄂᆞᆫ唇反指甲이多靑黯ᄒᆞ似毒死而色微淡ᄒᆞᆫ甚者ᄂᆞᆫ或遍身이皆紫ᄒᆞᆫ口眼이合ᄒᆞᆫ兩手ㅣ握ᄒᆞᆫ陽이縮小ᄒᆞᆫ餘精이流出ᄒᆞᄂᆞ니라

男남子ᄌᆞㅣ作작過과ᄒᆞ야죽은거시라男남子ᄌᆞㅣ作작過과ᄅᆞᆯ太태多다히ᄒᆞ야精졍氣긔耗모盡진ᄒᆞ야婦부人인의身신上상에서脫탈欲

ᄉᆞ 방ᄉᆞᄅᆞᆯ두다가졍긔탈진ᄒᆞ야죽 은거ᄉᆞᆯ驗험ᄒᆞᆯ死ᄉᆞㅣ라ᄒᆞᄂᆞ니라 ᄒᆞᆫ者쟈ᄂᆞᆫ真
진偽위ᄅᆞᆯ可가히ᄉᆞᆲ피디아니티못ᄒᆞᆯ거시니真
진이면陽양이衰쇠티아녓고偽위면痿위ᄒᆞ야
ᄂᆞ니라 【目】 男남女녀ㅣ陰음陽양症증을因인ᄒᆞ
야죽은者쟈ᄂᆞᆫ엽시울과밋指지甲갑이
만히青청黯암ᄒᆞ야毒독死ᄉᆞᄒᆞᆫ것ᄀᆞᆺᄐᆞ되빗치
저기淡담ᄒᆞ고甚심ᄒᆞᆫ者쟈ᄂᆞᆫ或혹遍변身신이
다검븕고두眼안이닷티엿고두손이주이엿
고陽양이주러뎌젹고나ᄆᆞᆫ졍싀흘너낫ᄂᆞ니라

凍死

本屍ㅣ項縮脚拳ᄒᆞ고兩手ㅣ抱胸ᄒᆞ고遍身이寒粟ᄒᆞ고
肉色이黃緊라ㅣ니○屍ㅣ眼合ᄒᆞ고舌與糞門이俱不
出ᄒᆞ고牙齒硬身直ᄒᆞ고口內有涎沫ᄒᆞ되不粘ᄒᆞ고用酒醋

洗ᄒᆞ야得少熱氣則兩腮紅ᄒᆞ야面如芙蓉色이니다

어려 죽은 거시라

本본屍시ㅣ목이주리혀고발이가드렷고두손이가ᄉᆞᆷ을안앗고遍변身신이소오름돗고숨빗치누르고죄이엿ᄂᆞ니라 혹니ᄅᆞ되黃황白ᄇᆡᆨ色ᄉᆡᆨ이라ᄒᆞ니라 ○ 屍시ㅣ눈이ᄀᆞᆷ겻고혀와糞분門문이다나오디아녓고牙아齒치세고몸이곳고입안히춤거품이이시되붓ᄂᆞ디아니ᄒᆞ고酒쥬醋조로써ᄡᅵ서져기더운긔운을어드면두ᄲᅡᆷ이븕어ᄂᆞᆺ치芙부蓉용빗ᄀᆞᆺᄂᆞ니라

餓死

本屍ㅣ 膪肚ㅣ 貼腔ᄒᆞ고 身體黃瘦ㅣ라 ᄒᆞ니 ○一云渾身이 黑瘦硬直ᄒᆞ고 眼閉口開ᄒᆞ고 牙關이 緊噤ᄒᆞ고 手脚이 俱伸이라 ᄒᆞ니

ᄌᆞ러죽은거시라

本본屍시ㅣ 膪제肚두ㅣ 빗구레에 부텃고 身신體톄 누르고 여외니라 ○一일云운은 온몸이 검고 여외고 세고 곳고 눈이 ᄀᆞᆷ기고 입이 열니고 牙아關관이 緊긴히 다믈녓고 손발이 다 펴이엿다 ᄒᆞ니라

攧死跌死

本屍ㅣ其處에 皮破骨損ᄒᆞ고 深淺長闊이 各各若干
이면 委是生前에 墜落崖下ㅣ어나 或墜坑中ᄒᆞ야 因傷身
死ㅣ니라 ○自高撲地ㅣ어든 看失脚處土痕蹤跡ᄒᆞ고 仍
量撲落處高低丈尺ᄒᆞ라 ○凡從樹及屋이어나 臨高跌
死者ㅣ어든 看枝柯掛拏와 幷屋高低와 失脚處蹤跡
과 或土痕高下及要害處에 須有抵隱이어나 或磕擦
痕瘢ᄒᆞ라 若內損致命痕者ᄂᆞᆫ 口眼耳鼻內에 定有血
出이니라 ○〔增〕自墮者ᄂᆞᆫ 其力이 在下ᄒᆞ니 所傷이 多在
腿足及臂ᄒᆞᄃᆡ 所傷이 宜半邊이오 若被推墮者ᄂᆞᆫ 其力

이在上ᄒᆞ니所傷이多在頭面及兩手腕ᄒᆞᄂᆞ니、蓋推之
力이大而人之一身이重莫如首ᄒᆞ니推而下之에勢
必自顧則手腕이先至地而傷ᄒᆞ고或出於不知則頭
面이先倒ᄒᆞ야重而下ᄒᆞᄂᆞ니、雖未盡然이나大略如此ㅣ라
總以詳察情由로爲要ㅣ니라

부ᄃᆞ이ᄠᅧ러죽은것과실족ᄒᆞ야죽은거시라
本본屍시ㅣ아모곳에나갓치사여디고뻬손상
ᄒᆞ야시ᄃᆡ深심淺쳔이며長쟝濶활이各각各각
언마나ᄒᆞ면실로이生싱前젼에언덕아래ᄯᅥ러
디거나或혹굴헝가온대ᄯᅥ러뎌傷샹흠을因인

ᄒᆞ야身신歿ᄉᆞᄒᆞ거시니라○놉흔ᄃᆡ로무터ᄯᅡ
히다ᄃᆞᆯ렷거든失실脚각ᄒᆞᆫ곳에土토痕ᄒᆞᆫ蹤종
跡적을보고仍잉ᄒᆞ야다ᄃᆞᆯ려ᄂᆞ려딘곳의高고
低뎌丈댱尺쳑을자ᄒᆞ라○믈읫나모와밋집우
ᄒᆞ로좃거나놉흔ᄃᆡ인ᄃᆡ이나므슴뉴ᄒᆞᆫ곳이라臨림ᄒᆞ야실
족ᄒᆞ야죽은者자ㅣ어든가지에걸니엿던ᄃᆡ와
아오로집의놉고ᄂᆞ즘과失실脚각ᄒᆞᆫ곳자최와
或혹土토痕ᄒᆞᆫ므슴ᄂᆞᆫᄒᆞᆫᄃᆡ흙셔리ᄆᆞᆫᄒᆞᆫ젹이라의놉흠ᄂᆞ즘과
밋要요害해處쳐에모롬이抵뎌隱은隱은墊뎜이라ᄒᆞ
거나或혹磕합擦찰ᄒᆞ고ᄒᆞᆫ젹과허물이잇ᄂᆞᆫ가보

라만일안ᄒᆞ로손샹ᄒᆞ야致티命명ᄒᆞᆫ흔적은口
구眼안과耳이鼻비안히定뎡코피나미잇ᄂᆞ니
라○[illegible]스스로셔러딘者쟈ᄂᆞᆫ그힘이아래이시
니(더리의힘을써ᄂᆞ려더심이라)傷샹호배만히쉽다리와발과
밋ᄑᆞᆯ헤이시ᄃᆡ傷샹ᄒᆞᆫ배맛당히半반邊변이오
(ᄒᆞᆫ편만잇단말이라)만일밀팀을닙어셔러딘者쟈ᄂᆞᆫ그힘
이우ᄒᆡ이시니(몸웃편을더말처심이라)傷샹ᄒᆞᆫ배만히頭두
面면과밋두손목에잇ᄂᆞ니대개밀디ᄂᆞᆫ힘이크
고사ᄅᆞᆷ의一일身신에무거옴이머리만ᄒᆞ니업
스니밀려ᄂᆞ리팀에勢셰바ᄃᆞ시스스로돌본則

죽ᄂᆞᆫ손목이몬져ᄯᅥ희니ᄃᆞ리傷샹ᄒᆞ고或혹아디못ᄒᆞᄂᆞᆫ뒤나시면頭두面면이몬져것구러뎌유듕히ᄂᆞ려디ᄂᆞ니비록다그러티못ᄒᆞ나大대略략이이ᄀᆞᄐᆞᆫ디라대총情정由유를ᄌᆞ세히ᄉᆞᆷ피기로ᄡᅥ종요롬삼을띠니라

壓死

本屍ㅣ舌出睛凸ᄒᆞ고耳鼻口內예皆有血出이면認是生前에墻倒屋塌ᄒᆞ야壓傷身死ㅣ니라○塌着要害處ㅣ면屍ㅣ兩眼이微出ᄒᆞ고舌頭ㅣ出ᄒᆞ고兩手ㅣ微握이니라○屍ㅣ遍身이血淤紫黑色이오或鼻有血이어나或

淸水出ᄒᆞ고、傷處ㅣ皆血瘡赤腫ᄒᆞ고皮破處四畔이赤
腫ᄒᆞ고、或骨과幷筋皮斷折ᄒᆞᄂᆞ니、樹木壓死ㅣ亦然ᄒᆞ니
要見所倒樹木斜傷着痕ᄒᆞ라、巖墻壓死ᄒᆞ야其屍ㅣ若
有痕損이어든驗痕分寸ᄒᆞ고、作堅硬物壓着要害致命
ᄒᆞ라若不壓着要害ㅣ면不致死ㅣ니○死後壓은卽無
此狀이니無痕跡이어든以銀釵로驗是不是中藥ᄒᆞ라○
凡檢舍屋及墻倒ㅣ어나石頭脫落ᄒᆞ야壓着身死人에
其屍ㅣ沿身虛怯要害處에若有痕損이어든須說長
濶分寸ᄒᆞ고、作堅硬物壓痕ᄒᆞ고、仍看骨損與不損ᄒᆞ라、
디즐려죽은거시라

本본屍시ㅣ헤나와시며안졍기도다나고耳이
鼻비口구內닉에다피나미이시면알건디이生
싱前젼에담이것구러디거나집이문허디더즐
녀傷샹ᄒᆞ야身신死ᄉᆞᄒᆞᆷ이니라○要요害해處
쳐몰더즐녀시면屍시ㅣ두눈이버서나오고혀
솟치나왓고두손이저기주엿ᄂᆞ니라○屍시ㅣ
遍변身신이피믜터紫ᄌᆞ黑흑色식이오或혹코
히피잇거나或혹믉은물이나고傷상處쳐ㅣ다
血혈癰옹ᄒᆞ야븕으며부엇고갓치새여디곳로
녀특ᄒᆞ븕으며부엇고或혹뼈와아오로힘즐과

갓치슷처디며부러덧ᄂᆞ니남게디즐녀주근거
시산ᄒᆞᆫ그러ᄒᆞ니부ᄃᆡ거스구러딘남게빗기傷샹
히온흔젹을보라巖암墻쟝너머뎌가ᄂᆞᆫ담이라에디즐녀
죽어그屍시ㅣ만일痕흔損손이잇거든흔젹分
분寸촌을驗험ᄒᆞ고堅견硬경ᄒᆞᆫ物믈에要요害
해ᄅᆞᆯ디즐녀致티命명ᄒᆞ다삼으라만일要요害
해ᄒᆞᆫᄃᆡᄅᆞᆯ壓압着탹ᄒᆞ디아녀시면죽기예닐위
디아니ᄒᆞᄂᆞ니라○死ᄉᆞ後후에디즐닌거슨곳
희련형상이업ᄂᆞ니痕흔跡젹이업거든銀은釵
채로肭中듕藥약이올흔가아닌가驗험ᄒᆞ라○

믈읫집과밋담이업더디며돌히ᄯᅥ러더디즐녀
身신死ᄉᆞᄒᆞᆫ사ᄅᆞᆷ을檢검ᄒᆞᆷ애그屍시ㅣ沿연身
신ᄒᆞ야虛허히怯겁ᄒᆞ고要요害해ᄒᆞᆫ곳에만일痕
흔損손이잇거든모롬이기리와너븨分분寸촌
을ᄂᆞᆯ으고堅견硬경ᄒᆞᆫ物믈의디즐닌흔젹을삼
고仍잉ᄒᆞ야뼈손상ᄒᆞ며다못손상티아님을보
라

壓塞口鼻死 凡被人以衣服或濕紙로搭着口鼻死
則腹이乾脹라ᄒᆞ니○被人以物로壓塞口鼻ᄒᆞ야出氣
不得ᄒᆞ야命絕死者ᄂᆞᆫ眼開睛突ᄒᆞ고口鼻內에流出淸

血水ᄒᆞ고 滿面血癊赤黑色이오 糞門이 突出ᄒᆞ고 及便溺
ㅣ汚壞衣服이니라 【補】被物壓而死者ᄂᆞᆫ其兩手와外膊이不拘上下ᄒᆞ고兩足後骨과並
心胸之前에必俱各有微傷ᄒᆞ야사方是니蓋悶至晴突면壓之必重ᄒᆡ身雖不能展動ᄒᆞ야未有併手足壓
定ᄒᆞ야不能稍動者ㅣ니如或併縛其手足則亦當驗有無束縛傷痕이니라 ○ 屍身이 無痕
損ᄒᆞ고 惟面色에 有青黯ᄒᆞ이어 或一邊이 似腫이면 多是
被人以物로 搭口鼻及罨塢殺이니 更看手足에 有無
繫縛痕ᄒᆞ라 舌上에 恐有嚼破痕이며 大小便二處에 恐
有踏腫痕이니 若無此類ㅣ어든 方看口內에 有無涎唾
ᄒᆞ며 喉間이 腫與不腫ᄒᆞ라 如有涎及腫이면 恐患纏喉風
死ㅣ니 宜詳이니라 【補】或有將人飲醉ᄒᆞ고擧其氈褥ᄒᆞ야挾令偕臥ᄒᆞ고候其睡熟然後에將氈褥

ᄒᆞ야 捲而束之 倒立ᄒᆞ야 片時卽死者ᄂᆞᆫ 皆無口眼血出ᄒᆞ며 雖或微有ㅣ涎沫면 卽無而酒氣倍爲薰蒸ᄒᆞ니

○ 補 八脹在兩脇及心胸之前ᄒᆞ야 按之堅實ᄒᆞ고 擊之無聲者ᄂᆞᆫ 卽此是也ㅣ니 若檢骨則傷在頂心及兩足心骨애니

口구鼻비ᄅᆞᆯ ᄀᆞᆷ으고 막아 주근 거시라 믈읫 사ᄅᆞᆷ의게 衣의服복이나 或혹 저즌 죠희로 ᄡᅥ 口구鼻비ᄅᆞᆯ 막히여 죽어시면 비 乾간脹댱 막은 것 업시 부름이라 ᄒᆞᄂᆞ니라 ○ 사ᄅᆞᆷ의게 物믈로 ᄡᅥ 口구鼻비ᄅᆞᆯ 눌너 막히여 긔운을 내디 못ᄒᆞ야 命명絕졀ᄒᆞ야 죽은 者자ᄂᆞᆫ 눈이 열니고 망울이 나오고 口구鼻비 안희 ᄆᆞᆷ은 핏믈이 흘나오고 ᄂᆞᆺ치 마득이 피

미려赤젹黑흑色식이오糞분門문이나오고밋똥오즘이衣의服복을더러엿ᄂᆞ니라 [illegible]타믈로ᅥ솔녀주입을내온者쟈ᄂᆞᆫ그두손과ᄡ외腑박이上샹下하믈헤디말고두발뒷ᄲᅧ와다못가슴갊히반ᄃᆞ시다각각져기傷샹ᄒᆞᆷ이이셔사보야ᄒᆞ로이니대개권석ᄒᆞᆷ이눈망울이나귀예니ᄅᆞ러시면더즐니비반ᄃᆞ시무거아ᄒᆞ엿고몸을비록能능히펴움즉이다못ᄒᆞ나손과발을아오로더즐너定뎡ᄒᆞ야能능히잠간도움즉이디못ᄒᆞᆯ者쟈ㅣ잇다아니ᄒᆞ니만일或혹그손과발을아오로믜여시면또ᄒᆞᆫ맛당히묵거믜야傷샹ᄒᆞᆫ흔젹이이시며업ᄉᆞᆷ을驗험ᄒᆞᆯ며니라

○屍시身신이痕흔損손이업고오직ᄂᆞᆺ빗쳐青쳥黯암ᄒᆞᆷ이잇거나或혹一일邊변이부은ᄃᆞᆺᄒᆞ면만히이ᄂᆞᆷ의게物믈로ᄡᅥ口구鼻비ᄅᆞᆯ막거나밋罨엄搗

오罨엄은덥고塢오ᄂᆞᆫ막단ᄯᅳᆺ이니너르고큰物믈로ᄡᅧ온믄울다덥히죽이ᄯᅡᆫ말이라ᄒᆞᆫ
야죽인거시니다시손과발에리엿던흔젹이
이시며업슴을보라혀우희저컨대ᄃᆡ흐러으처
딘흔젹이이시며大대小쇼便변두곳에저컨대
드듸여부은흔젹이이시리니만일이類류ㅣ업
거든보야ᄒᆞ로입안ᄒᆡ춤이이시며업슴과喉후
間간이부으며붓디아녀심을보라만일춤과부
음이이시면저컨대纏뎐喉후風풍목구무속이ᄇᆞ람으로부
은병이라을알하죽은거시니맛당히ᄌᆞ셰히ᄒᆞᆯᄃᆡ니
라○或혹사ᄅᆞᆷ을가져술먹여醉ᄎᆔ케ᄒᆞ고그믈이나요ᄅᆞᆯ롯거이ᄒᆞ야ᄡᅧ다가ᄒᆞ여곰ᄀᆞᄅᆞ누

이고그죰이닉기로기ᄃᆞ린然연後후에ᄂᆞᆷ과요
를가져ᄆᆞ라ᄆᆞᆺ거ᇧ구루셰위片편時시卽즉死
ᄉᆞᄒᆞᆫ者쟈ᄂᆞᆫ다ᄆᆞᆫ眼안에피니미업고비록或
혹져기이시나가싀야시스민ᄌᆞ시겁스되酒쥬
氣긔倍비히薰훈蒸증ᄒᆞᄂᆞ니라○를읫脹챵
ᄒᆞᆷ이兩냥肋륵과밋心심胸흉앏ᄒᆡ이셔눌음애
구더實실ᄒᆞ고텨셔소릐잇ᄂᆞᆫ者쟈ᄂᆞᆫ곳이올ᄒᆞᆫ
디라만일ᄢᅵ로撿검ᄒᆞ면샹쳐頂뎡心심과밋두
발장심ᄢᅵ에읫ᄂᆞᆫ이

老人被搗死

老年人은被手搗도ㅣ라氣絶ᄒᆞᄂᆞ니是無
痕而死也ㅣ니라○老年人은被手掩이도ㅣ라死ᄒᆞ니亦無
痕이니라
老로人인이被피搗도等ᄃᆞᆼ字ᄌᆞᄯᅳᆺ이니지티이ᄃᆞᆫ말이라ᄒᆞ야죽
은거시라老로年·년엣사ᄅᆞᆷ은손으로지티일만

ᄒᆞ야도괴운이ᄭᅳᆺ쳐디ᄂᆞ니늙은사ᄅᆞᆷ은긔운이약ᄒᆞᆫ고로손ᄋᆞ로그몸ᄋᆞᆯ잡아지티도죽단말이라이ᄂᆞᆫ흔적업시죽은거시니라○
老로年년人인은손으로ᄆᆞ리움을입파코로ᄆᆞ리우단말이라넘어도죽으ᄃᆡᄯᅩᄒᆞᆫ흔적이업ᄂᆞ니라

隱墊死 凡被外物隱墊死者ᄂᆞᆫ肋後에有隱墊着紫赤腫ᄒᆞ되方圓이三寸四寸以來오皮不破ᄒᆞ나ᄂᆞ用手揣捏得에筋骨이傷損이면此ㅣ最爲虛怯要害致命去處ㅣ니라

隱은墊뎜ᄒᆞ야죽은거시라
ᄆᆞᆯ읫外외物믈의隱은墊뎜아래잇ᄂᆞᆫ거시우ᄒᆞ로다ᄃᆞᆯ니ᄊᆡᄒᆞᆷ이라ᄒᆞᆷ을넘어죽은者자

…無寃錄諺解 三　八十

논肋륵後후에隱은墊뎜ᄒᆞ인紫ᄌᆞ赤젹ᄒᆞᆫ부음
이이시되方방圓원이세치네치조음이오갓치
까여디디아녓ᄂᆞ니손으로달화눌음애힘줄과
뻬傷상損손ᄒᆞ야시면이ᄆᆞ장虛허怯겁要요害
해엣致티命명處쳐ㅣ니라

驚諕死

本屍ㅣ目瞪口開ᄒᆞ고兩手ㅣ舒展ᄒᆞ야猶若怕怖之狀
이면委是生前에驚諕身死ㅣ니라

놀나죽은거시라

本본屍시ㅣ눈을딕시ᄒᆞ고입을버리고두손이

편이이오히려무셔워ᄒᆞᄂᆞᆫ형상ᄀᆞᆺᄐᆞ면실로이
生ᄉᆡᆼ前젼에놀나身신死ᄉᆞᄒᆞ거시니라

人馬踏死

【補】人踏傷은成片而長ᄒᆞ되一頭重一頭輕ᄒᆞ고叢踏者ᄂᆞᆫ則輕重長短이不一ᄒᆞ니라 ○有因爭鬪ᄒᆞ야殺子謀執ᄒᆞ야或將子手足ᄒᆞ고用脚跟ᄒᆞ야於喉下踏死者ᄂᆞᆫ以手按其喉ᄒᆞ면必塌ᄒᆞᄂᆞ니라 ○【補】面色이紫赤或紫黑ᄒᆞ고若孩年十歲之外搠踏致死ᄒᆞ면手足或沿身上下에有捉定揉撲傷痕이니라 ○牛馬踏死ᄂᆞᆫ肉色이微黃ᄒᆞ고兩手ㅣ散ᄒᆞ고頭髻不慢ᄒᆞ고口鼻耳內에有血出ᄒᆞ고

痕이黑色이오踏傷이在要害處ㅣ면便紫호ᄃᆡ或骨折이어
나或腸臟이出이니라 ○若是築倒ㅣ어나或踏不着要
害處ㅣ면卽有皮破癮赤호ᄃᆡ痕色이黑ᄒᆞ고不致紫ㅣ니라
○〔補〕馬驢騾踏傷者ᄂᆞᆫ有緩急叢亂之分이라馬ᄂᆞᆫ馳
力이大ᄒᆞ니所傷處ㅣ小ㅣ나傷必骨折이어나或腸臟이
出ᄒᆞ고擁擠仆地則踏傷이必多ㅣ나但不似馳驟者之
力이重而折甚ᄒᆞ고驢騾踏傷은不獨較小於馬ㅣ라其
傷之暈이凝聚而成形이니라 ○牛角觸傷은若皮破
傷이면亦赤腫ᄒᆞ고觸着處ㅣ多在心頭胸前이오或在小
腹脇肋ᄒᆞᄂᆞ니亦不可拘ㅣ니라 ○〔補〕牛觸傷은多在前

脇肋之下半빈ᄒᆞᆫ若牛ㅣ佚而奔避不及則受傷이多
在脊背及肋之左右ㅣ니라

사ᄅᆞᆷ과 ᄆᆞᆯ이 ᄇᆞᆯ아 죽은 거시라

【註】사ᄅᆞᆷ이 ᄇᆞᆯ아 傷샹ᄒᆞᆫ 거슨 조각이 일워 길오ᄃᆡ
ᄒᆞᆫ머리ᄂᆞᆫ 重듕ᄒᆞ고 ᄒᆞᆫ머리ᄂᆞᆫ 輕경ᄒᆞ고 여러히
ᄇᆞᆯ은 者쟈ᄂᆞᆫ 輕경重듕과 長댱短단이 ᄒᆞᆫ골ᄀᆞᆺ디
아니ᄒᆞ니라 ○爭정鬪투ᄅᆞᆯ 因인ᄒᆞ야 ᄌᆞ식을 죽
여ᄲᅵᄒᆞ야 잡ᄂᆞ니 이셔 사ᄅᆞᆷ의 죄ᄅᆞᆯ 잡단 말이라 或혹 ᄌᆞ식의
손발을 잡고 발뒤축으로 ᄀᆞᄉᆞᆷ등 아래 ᄇᆞᆯ아 죽인 者
쟈ᄂᆞᆫ 손으로 ᄡᅧ 그ᄉᆞᆷ등을 ᄂᆞᆯ으면 반ᄃᆞ시 ᄭᅥ뎌ᄂᆞ

니라○【보】ᄂᆞᆺ빗치紫ᄌᆞ赤젹ᄒᆞ며或혹紫ᄌᆞ黑흑ᄒᆞ고만일어린아ᄒᆡ나히十십歲셰밧기오늘으고블아致티欬ᄉᆞᄒᆞ면手슈足죡이며或혹은몸上샹下하에잡으며홀디르며부듸이저傷샹ᄒᆞᆫ흔젹이잇ᄂᆞ니라○牛우馬마ᄇᆞᆲ아죽은거슨빗치져기누르고두손이ᄒᆞᆫ터뎟고頭두髻계ᄂᆞᆺ디아니ᄒᆞ고口구鼻비耳이안ᄒᆡ피나미잇고흐젹이겁은빗치오ᄇᆞᆲ아傷샹ᄒᆞᆷ이要요害해處쳐에이시면믄득죽으ᄃᆡ或혹ᄲᅧ부러뎟거나或혹腸쟝臟장이나왓ᄂᆞ니라○만일지티여것구러

덧거나或혹ᄇᆞᆲ히여도要요害해處쳐에다닿기

디아나시면꼿갓치까여뎌피뎌븕으미이시되

痕흔色ᄉᆡᆨ이검고죽기에ᄂᆞᆫ위디아닛ᄂᆞ니라○

【又】몰파나귀노새ᄇᆞᆲ아傷상ᄒᆞᆫ거슨緩완ᄒᆞ고急

급ᄒᆞ며잔되고어즈러움의분변이잇ᄂᆞᆫ디라몰

은ᄃᆞᆯ리ᄂᆞᆫ힘이크니傷상ᄒᆞᆫ더ᄒᆞ젹으나상쳬반

ᄃᆞ시ᄲᅧ부러디거나或혹腸장臟장이나오고더

념펴밀텨ᄯᅥᄒᆞ엄ᄃᆞ뎌시면踏답傷상홈이반ᄃᆞ

시만ᄒᆞ나다만ᄃᆞᆯ리ᄂᆞᆫ것터로힘이重즁ᄒᆞ야부

러덤이甚심듸아니ᄒᆞ고나귀와노새의踏답傷

샹ᄒᆞᆫ거ᄉᆞᆫ몸에비겨적을ᄲᅮᆫ이아니라그傷샹ᄒᆞᆫ
어음이어릐고모도어형상이일웟ᄂᆞ니라○쇠
ᄲᅳᆯ에딜녀傷샹ᄒᆞᆫ거ᄉᆞᆫ만일갓치까여뎌傷샹ᄒᆞᆫ
면ᄯᅩᄒᆞᆫ赤젹腫죵ᄒᆞ고딜니인곳이만히心심頭
두와胸흉前젼에잇고或혹小쇼腹복脇협肋륵
에잇ᄂᆞ니ᄯᅩᄒᆞᆫ可가히블릿기디못ᄒᆞ리니라쇼븍
협륵외예도혹잇단말이라○〔보〕쇠게딜니인상쳐ᄂᆞᆫ만히압
兩냥肋륵下하半반에이시ᄃᆡ만일쇠노한뒤奔
분避피ᄒᆞ다가밋처못ᄒᆞ면傷샹ᄒᆞ욤이만히脊
척背ᄇᆡ와밋肋륵左자右우에잇ᄂᆞ니라

車碾死

本屍ㅣ肉色이微黃ᄒᆞ고口眼이開ᄒᆞ고手握髮緊이니라○傷處ㅣ多在心頭胸前과幷兩脇肋ᄒᆞᄂᆞ니要害處ㅣ면便死ᄒᆞ고不是要害處ㅣ면不致死ㅣ니라

수리에밀니여주근거시라 수리빠회에ㅣ이여주단말이라

本본屍시ㅣᄉᆞᆯ빗치져기누르고口구眼안이열니엿고손이쥐이고머리터럭이緊긴ᄒᆞ니라○傷샹ᄒᆞᆫ곳이만히心심頭두와胸흉前젼과아오로兩냥脇협肋륵에잇ᄂᆞ니要요害해處쳐ㅣ면

곳죽고이要요害해處쳐ㅣ아니면致티死ᄉᆞ디
아니ᄒᆞᄂᆞ니라

雷震死

屍ㅣ肉色이黃焦ᄒᆞ고渾身이軟黑ᄒᆞ고兩手ㅣ或拳或
散ᄒᆞ고口開眼皺ᄒᆞ고耳後髮際焦黃ᄒᆞ고頭髻披散ᄒᆞ고被
燒着處ᄂᆞᆫ皮肉이堅硬而攣縮ᄒᆞ고身上衣裳이被天
火燒爛이어나或不火燒ㅣ니라○傷損痕跡이在腦上
及腦後ᄒᆞ되腦縫이多開니라○鬢髮이如焰火燒着ᄒᆞ고
從上至下히有手掌大浮皮紫赤色ᄒᆞ되肉不損ᄒᆞ고胸
項背膊上에或有似篆文痕이니라

우리에진겨ᄒᆞ야죽은거시라

屍시ㅣᄉᆞᆯ빗치누르며ᄃᆞ고온몸이무르고검고드손이或혹쥐엿거나或혹홋터뎟고입이열니이고눈이버서뎟고耳이後후髮발際제ᄐᆞ누르고頭두髻계헛트러뎟고불ᄐᆞ인곳은天텬火화넙은곳이리皮피肉육이堅견硬경ᄒᆞ며움주럿고身신上샹에衣의裳샹이天텬火화에ᄐᆞ이엿거나或혹불ᄐᆞ니아녓ᄂᆞ니라○傷샹損손ᄒᆞᆫ痕흔跡젹이腦노上샹과腦노後후에이쇼ᄃᆡ腦노縫봉이만히뎟ᄂᆞ니라○鬢빈髮발이ᄆᆞᆺ불에ᄐᆞ음ᄀᆞᆺ고우

부터아래ᄭᆞ지손바닥만ᄒᆞᆫ듧든갓치검븕으며
븕은빗치이시되솜은손상티아니코胸흉項항
背비膊박우희或혹篆뎐文문ᄒᆞᆫ젹ᄀᆞ톤거시잇
ᄂᆞ니라

酒食醉飽死

先集衆과並元同會首等人ᄒᆞ야對衆勸作仵作行人ᄒᆞ야
用醋湯洗浴畢에先驗在身ᄒᆞ야如無痕損이면卽是酒
食醉飽過度ᄒᆞ야脹滿心肺致死ㅣ니以手로拍肚皮ᄒᆞ면
膨脹而響이라니○仍取本家親骨肉狀ᄒᆞ되述死人生
前에當與酒多少可以至醉ᄒᆞ고又取會首와並元請

喫酒家主人結連事狀과當日喫酒多少數目ᄒᆞ야以驗致死因依ᄒᆞ가○凡喫酒食醉飽에致築踏內傷이면亦可致死ᄒᆞ리其狀이甚難明이라其屍外에別無他故ᄒᆞ고惟口鼻糞門에有飮食과並糞帶血流出ᄒᆞᄂᆞ니過此形狀이어든須仔細體究曾與不曾與人交爭ᄒᆞ야因而築踏ᄒᆞ라見人照證이分明이라사方可定死狀이니

【增】其屍遍身이微紅ᄒᆞ며口眼이俱開ᄒᆞ며兼有血出ᄒᆞ며兩手握ᄒᆞ며肚腹膨脹ᄒᆞ니라

酒쥬食식에醉취飽포ᄒᆞ야죽은거시라

몬져여러사ᄅᆞᆷ과무ᄉᆞ증인이라이오로쳐엄ᄒᆞᆫ가ᄃᆡ로ᄒᆞ엿던會회首슈等등人인모다술먹던목사ᄅᆞᆷ이라두을모

도아衆즁을對ᄃᆡᄒᆡ作오作자行ᄒᆡᆼ人인을시
겨ᄎᆞ와당슈ᄅᆞᆯ써뻣거다ᄒᆞᆷ에몬져몸에잇ᄂᆞᆫ거
슬驗험ᄒᆞ야만일痕흔損손이업ᄉᆞ면곳이酒쥬
食식에醉취飽포ᄒᆞᆷ을過과度도히ᄒᆞ야心심肺
폐脹ᄐᆞᆼ滿만ᄒᆞ야致티死ᄉᆞᄒᆞᆷ이니손으로肚두
皮피ᄅᆞᆯ두ᄃᆞ리면膨ᄑᆡᆼ脹ᄐᆞᆼᄒᆞ야소ᄅᆡ마ᄎᆞ이ᄂᆞ
니라○仍잉ᄒᆞ야本본家가人인親친骨골肉육의
문장을取취봉표ᄒᆞᆷ이라ᄒᆞ호ᄃᆡ死ᄉᆞ人인이生ᄉᆡᆼ前젼
에맛당히술먹음이언마나ᄒᆞ야셔可가히醉
ᄎᆔ긔예ᄂᆞᄅᆞ톄졀을請청술ᄒᆞ고ᄈᆡ피고ᄒᆞ란말이라또會회

首슈와아오로처엄에請쳥ᄒᆞ야술먹던집主쥬
人인의結결連련ᄒᆞᆫ事ᄉᆞ狀상 상시에쳔ᄒᆞ며 결련ᄒᆞᆫ연위라 파
當당日일에술먹기롤언마나ᄒᆞᆫ數수目목을취
최ᄒᆞ야ᄡᅥ致티死ᄉᆞᄒᆞᆫ因인依의 실인 이라 롤驗험ᄒᆞ
라○믈읫酒쥬食식을먹어醉취飽포ᄒᆞᆷ애지리
이고ᄇᆞᆰ피여속이傷상키예닐위면ᄯᅩᄒᆞᆫ可가히
致티死ᄉᆞᄒᆞᆫ디그형상이甚심히ᄇᆞᆰ히기어려온
디라그屍시ㅣ밧게別별로다ᄅᆞᆫ젼괴업고오직
口구鼻비와糞분門문에飮음食식과다ᄆᆞᆺ糞분
이프롤ᄯᅴ여흘너나오ᄂᆞ니이形형狀상을만나

거든모롬이仔ᄌᆞ細셰히體톄究구 천졀히구문ᄒᆞ란말이리 호ᄃᆡ일즉사ᄅᆞᆷ과서ᄅᆞᄃᆞ토아因인ᄒᆞ야築츅踏답ᄒᆞᆷ인가아닌가ᄒᆞ라본사ᄅᆞᆷ의照죠證증ᄒᆞᆷ이分분明명ᄒᆞ야사보아ᄒᆞ로죽은ᄉᆞ상을定뎡ᄒᆞ리니라【註】그屍시ㅣ遍변身신이微미히븕고口구眼안이다열니엿고兼겸ᄒᆞ야피나미잇고두손이쥐엿고肚두腹복이脹챵ᄒᆞ니라

虎咬死

多咬頭面項上ᄒᆞᄂᆞ니 身上에 有爪痕호ᄃᆡ 掔損痕傷處ㅣ 成窟이어나 或見骨ᄒᆞ고 心坎胸前臂腿上에 有傷處ㅣ니라 ○地上에 有虎跡이든이 勘畫工畫虎跡ᄒᆞ고 並勘

村甲及被傷處鄰人供責ᄒᆞ야爲證ᄒᆞ라○屍ㅣ肉色이黃ᄒᆞ고口眼이多開ᄒᆞ고兩手ㅣ拳握ᄒᆞ고髮鬆散亂ᄒᆞ고糞出이니라○傷處ㅣ多不齊整ᄒᆞ고有血詆齒咬痕跡이니라 一云月初엔咬頭項ᄒᆞ고月中엔咬腹背ᄒᆞ고月盡엔咬兩脚ᄒᆞᄂᆞ猶咬鼠도亦然ᄒᆞ니

범무러죽은거시라

만히頭두面면과項항上상을물엇ᄂᆞ니身신上샹에돕흔젹이이시ᄃᆡ擡ᄃᆡ損손붓잡아상ᄒᆞᆫ곳이라ᄒᆞᆫ痕흔傷샹處쳐ㅣ窟굴포이여ᄀ무ᄃᆡ라이되거나或혹ᄲᅧ뵈고心심坎감과胸흉前젼과臂비腿퇴우희傷샹處쳐ㅣ잇ᄂᆞ니라○地디上샹에虎호跡젹이

잇거든畫화工공을시겨虎호跡적을그리고아오로村촌甲갑里리正졍類류라과밋被피傷샹處쳐물니던곳이라엣이웃사ᄅᆞᆷ을시겨供공責책취됴이라홈ᄒᆞ야증거ᄅᆞᆯ삼으라○屍시ㅣ손빗치누르고口구眼안이만히열니엿고두손이줌쥐엿고머리터럭이솟구러散산亂란ᄒᆞ고糞분이낫ᄂᆞ니라○傷샹處쳐ㅣ만히마ᄌᆞᆨ디아니ᄒᆞ고피ᄅᆞᆯ할트며니로ᄭᅳ흔痕흔跡적이잇ᄂᆞ니라一일云운月월初초에ᄂᆞᆫ頭두項항을믈고月월中듕에ᄂᆞᆫ腹복背ᄇᆡᄅᆞᆯ믈고月월盡진에ᄂᆞᆫ兩냥脚각을무ᄂᆞ니괴쥐ᄅᆞᆯ믈이도ᄯᅩᄒᆞᆫ그러ᄒᆞ니라

【補】癲狗咬傷死

被癲狗傷死ᄂᆞᆫ咬處에必有痕跡ᄒᆞ고腹脹硬ᄒᆞ고小腹이墜脹ᄒᆞ고陰莖이挺出ᄒᆞ고或瘡乾而死ㅣ니라

【諺】미틴개무러傷ᄒᆞ야죽은거시라

미틴개게傷샹홈을닙어죽은거슨믄곳에반ᄃᆞ시痕흔跡젹이잇고ᄇᆡ脹댱ᄒᆞ야ᄃᆞᆫᄃᆞᆫᄒᆞ고小쇼腹복이처뎌ᄇᆡᆺ속이처뎌ᄂᆞ려심이라脹댱ᄒᆞ고陰음莖깅이쎄여낫고或혹창쳬ᄆᆞ르고죽ᄂᆞ니라

蛇虫傷死

凡被蛇虫傷死ᄂᆞᆫ其被傷處에微有齧損黑痕ᄒᆞ되四

畔이 靑腫ᄒᆞ고 有靑黃水流ᄒᆞ고 毒氣灌注四肢ᄒᆞ야 身體光腫ᄒᆞ고 面黑이라 ○ 死後被虫鼠傷은 卽皮破無血ᄒᆞ고 兼破處周回에 有虫鼠齧破痕跡皮頭不齊去處ㅣ니라

蚖사虫츙의게傷샹ᄒᆞ야주근거시라

믈읫蛇샤虫츙의게傷샹홈을닙어주근거슨그被피傷샹處쳐에져기너흐러손상ᄒᆞ검은흔젹이이시ᄃᆡ네녁ᄀᆞ이프르고붓고프르며누른믈이흘너나옴이잇고毒독氣긔四ᄉᆞ肢지에灌관注쥬ᄒᆞ야身신體톄光광腫죵빈들빈들ᄒᆞ게부어심이라ᄒᆞ

고ᄂᆞᆺ치검으니라○주근後후에虫츙鼠셔의게傷샹ᄒᆞ인거ᄉᆞᆫ곳갓치ᄯᅮ러뎌도피업고兼겸ᄒᆞ야ᄯᅮ러딘곳데음에虫츙鼠셔ㅣ너흐러허룬흔적갓머리ᄆᆞ조디아닌곳이잇ᄂᆞ니라

雜錄

섯거긔록홈이라

晝夜之分분[illegible]先令辜限狀에明立時刻ᄒᆞ야方可準驗此法이니

晉書志에曰晝漏盡이爲夜ㅣ오夜漏盡이爲晝ㅣ니一日之内에以其夜子正以前은屬今日ᄒᆞ고子正以後ᄂᆞᆫ屬次日이라ᄒᆞ니此ᄂᆞᆫ晝夜와時刻之所由分也ㅣ라若

夫辜限은 如拳手毆人이면 例限十日ᄒᆞ니 計積千刻이라 以定辜限之內外와 與夫夜入人家之類ㅣ니 晝夜之分은 不可不詳이라 君子ㅣ 其明辨折獄이니라 [illegible] 此條에 晝漏之盡於何時로 不復言ᄒᆞ고 且夜入人家ᄂᆞᆫ 以晝漏盡으로 爲限ᄒᆞ니 異於今制라 今當以人定罷漏로 爲限이니 ᄒᆡ

晝쥬夜야의 ᄂᆞᆫ호임이라 [illegible] 몬져 ᄒᆞ여곰 辜고限ᄒᆞᆫ 狀장에 時시刻각을 ᄇᆞᆰ히 ᄡᅥ 위사 보야ᄒᆞ로 가히 이 法법을 準쥰驗험ᄒᆞ리니라

晉진書셔志지에 ᄀᆞᆯ오ᄃᆡ 낫 루쉬盡진홈이 밤이 되고 밤 루쉬盡진홈이 낫이 되니 ᄒᆞᄅᆞ 안히 그 밤 ᄌᆞ시正경베前젼은 수픔日일에 屬쇽ᄒᆞ고 ᄌᆞ시

正졍ᄣᅢ後후ᄂᆞᆫ 次ᄎᆞ日일에 屬쇽ᄒᆞ다ᄒᆞ니 이ᄂᆞᆫ 晝쥬夜야와 時시刻각의 말미암아 아ᄂᆞᆫ 호임이라 辜고限ᄒᆞᆫ ᄀᆞᆺ튼 거슨 단일 拳권手슈로 사ᄅᆞᆷ을 텨시면 법례에 열흘을 限한ᄒᆞ야시니 明명律률에ᄂᆞᆫ 二이十십日일이라 혜오ᄃᆡ 일쳔국을 ᄲᅡ흠이라 ᄒᆞᆯ나ᄇᆡᆨ국이니 열흘이면 일쳔국이라 ᄣᅢ 辜고限ᄒᆞᆫ 안팟과 다못 밤에 사ᄅᆞᆷ의 집의 드러간 類류ᄅᆞᆯ 定뎡ᄒᆞᆷ이니 낫루쉬진호ᄒᆞᆫ에사ᄅᆞᆷ의집의드러가면 밤이라ᄂᆞᆫ나라 ᄒᆞ 晝쥬夜야의 分분을 可가히 ᄌᆞ세히 아니리 못ᄒᆞᆯ ᄯᅢ라 君군子ᄌᆞㅣ 그 ᄇᆞᆰ히 ᄌᆞᆷ희아 獄옥을 결단ᄒᆞ올 ᄯᅢ니라 [illegible]이 됴목에 晝쥬漏루ㅣ 어ᄂᆞ ᄉᆡ에 盡진ᄒᆞᄂᆞᆫ 줄을 다시 ᄂᆞ르디아니코 또 밤에 놈의 집의 드러가거슨 晝듀漏루 盡진ᄒᆞᆷ으로ᄡᅥ 限ᄒᆞᆷ을 삼으니 ᄌᆞ곰 법제에 다ᄅᆞᆫ디라 이제ᄂᆞᆫ 맛당히 人인定뎡과 罷파漏루로ᄡᅥ 限ᄒᆞᆷ을 삼을ᄯᅥ니디

滴血

身體髮膚ᄂᆞᆫ 受之父母ㅣ니 蓋子ᄂᆞᆫ 乃父之遺體而生之者ㅣ 母也ㅣ라 試就子身ᄒᆞ야 刺一兩點血ᄒᆞ야 滴父母骸骨上이면 是親生則血이 沁入骨內ᄒᆞ고 否則不入이니라

피ᄯᅥᄅᆞ디ᄂᆞᆫ 법이라

身신體톄와 髮발膚부ᄂᆞᆫ 父부母모의게 바든거시니 다개 ᄌᆞ식은 이에 父부의 기친 體톄오 나ᄒᆞ

니母모ㅣ라시험ᄒᆞ야ᄌᆞ식의몸에나아가ᄒᆞ두
點뎜피ᄅᆞᆯ딜너父부母모의骸히骨골우희ᄯᅥ르
티면이친히나ᄒᆞᆫ이면피스믜여뼈속에들고아
니면드디아니ᄒᆞᄂᆞ니라

〔補〕親子兄弟ㅣ或自幼分離ᄒᆞ야欲識認이나難辨眞僞
ㅣ어든令各刺出血ᄒᆞ야滴一器之內ᄒᆞ면眞則共凝爲一
ᄒᆞ고否則不凝也ㅣ니但生血이見鹽醋則凝ᄒᆞᄂᆞ니先將
所用之器ᄒᆞ야當面洗淨이어나或特取新器試之ᄒᆞ라且
滴血入水애若器大水多ᄒᆞ야兩相去遠이면卽不能合
이오或滴水時에略有前後ㅣ면則血有冷熱之別ᄒᆞ야亦

不能合也ㅣ니라 補 滴骨之法이 孫亦可以驗祖ㅣ니 至夫婦ᄒᆞ얀 各一父母ㅣ라 原非一處之分ㅣ니 滴骨애 豈能或受아 如曰滴之而受則懷抱他人初産之子而乳之以長者ᄂᆞᆫ 此子後天之質이 俱資此母氣血ᄒᆞ야 滋化而成ᄒᆞᄂᆞ니 滴之예 不愈當乎아 恐未然矣니라

回 親친子ᄌᆞㅣ거나 兄형弟뎨ㅣ 或혹 어려셔부터 ᄂᆞᆫ호여 ᄯᅥ나거지 ᄒᆞ야 알고져 ᄒᆞ나 진딧과 가ᄌᆞᆺᄋᆞᆯ ᄀᆞᆯᄒᆡ기 어렵거든 ᄒᆞ여곰 각각 ᄐᆞᆯ너 피ᄅᆞᆯ 내야 ᄒᆞᆫ 그릇 안ᄒᆡ ᄯᅥ르티고 ᄌᆞᆫ ᄆᆞᆺ 산오 가지로 어우러 ᄒᆞ나ᄒᆡ 되고 아니면 어우디 아니ᄒᆞ나 다만 生ᄉᆡᆼ血혈이 소금과 초ᄅᆞᆯ 보면 어리ᄂᆞ니 두 피 각각 이러여 ᄒᆞᆫᄃᆡ 어우디 못ᄒᆞ리라 몯져 ᄉᆞᆯ고 긋ᄉᆞᆯ 가져 當당面면 편ᄀᆡ 친히 ᄇᆡᄂᆞᆫ

듸라 ᄒᆞ야 ᄢᅵ서 ᄆᆞᆷ히거나 或혹 특별히 세고 릇슬가

져시 험ᄒᆞ라 ᄯᅩ 피ᄅᆞᆯ 셔르더 ᄆᆞᆯ에 너흠애 만일 그

르시 크고 ᄆᆞᆯ이 만하 ᄃᆞᆯ의 相샹去거ㅣ 멀면 곳 能

능히 어우디 몯ᄒᆞᆯ 거시오 或혹 ᄆᆞᆯ에 셔르릴ᄉᆡ에

져기 前젼後후ㅣ 이시면 곳피 차며 더움의 다ᄅᆞᆷ

이 이셔 ᄯᅩᄒᆞᆫ 能능히 어우디 몯ᄒᆞ리니라 ᄢᅧ에 셔르더

ᄂᆞᆫ 法법이 孫손도 ᄯᅩᄒᆞᆫ 可가히 ᄢᅦ 祖조의게 증험ᄒᆞᆯ 꺼시나 夫부婦부에 니르러ᄂᆞᆫ 각각ᄒᆞᆫ ᄉᆞᆺ 부母

모ㅣ라 근본ᄒᆞᆫ 곳에 셔ᄂᆞᆫ 호임이 아니니 ᄢᅧ게셔 르디 매엇디 能능히 或혹 바드라 만일 날오디 셔

른디 바드리라 ᄒᆞ량이면 남의 것이나 ᄒᆞᆫ ᄌᆞ식을 품으며 안아 젓 먹여 배ᄌᆞ랄 者자ᄂᆞᆫ 이 ᄌᆞ식 後후天

텬의 긔질이 다 이 父모긔 氣긔血혈을 ᄌᆞ뢰ᄒᆞ야 쳐조며 化화ᄒᆞ야 일워시니 셔르 티ᄇᆡ 더우 맛당

히드디아니ᄒ랴 저컨대 그러리아니리른다

檢地

[補] 有極惡之人이 將人打死ᄒ고 燒燬棄擲ᄒ야 竟無骨可檢이어든 必爲詳究其打死何時며 燒燬何地ᄒ야 仼得其焚屍之地ᄒ야 衆證이 分明이어든 當其處ᄒ야 設立屍場ᄒ고 令凶手見證으로 親爲指明ᄒ야 將草芟淨ᄒ고 多用柴薪ᄒ야 燒令極熱ᄒ고 取胡麻數斗ᄒ야 撒上이라가 用帚掃之則麻內之油ㅣ 沁入土中ᄒ야 即成人形ᄒ고 其被傷之處는 麻即聚結於上ᄒ야 大小方圓長短斜正이 一如其狀ᄒ고 他所未傷之處則毫不沾戀ᄒᄂ 既

已得其傷形이나然無可見之痕이어든 又將所戀之麻
ᄒᆞ야盡行除去ᄒᆞ고將傺人形所在ᄒᆞ야猛火再燒ᄒᆞ야和糟
水潑上ᄒᆞ고再猛燒極熱ᄒᆞ야烹之以醋ᄒᆞ고急用明亮新
金漆桌ᄒᆞ야覆上이라少頃에取驗則桌面之上에全
俱人形ᄒᆞ되凡係傷痕이纖毫畢見이니라
ᄯᅡ흘검험홈이라
極극惡악ᄒᆞᆫ사ᄅᆞᆷ이이셔사ᄅᆞᆷ을텨죽이고블
ᄉᆞᆯ와ᄇᆞ려ᄌᆞᆺ최ᄂᆡ뼈도可가히檢검홀꺼시업거
든반ᄃᆞ시그뎌주엄이어ᄂᆞᆯ새며ᄉᆞᆯ오기ᄅᆞᆯ어ᄂᆡ
셔헌고ᄌᆞ세히구힉ᄒᆞ야다만그죽엄ᄉᆞᆯ온더흘

어더여러갓증이分분明명ᄒᆞ거든그곳을當당
ᄒᆞ야屍시塲장검시ᄒᆞᄂᆞᆫ터ᄒᆡ라을베플고凶흉手슈살인
원범이라와본증인으로ᄒᆞ여곰親친히ᄀᆞᄅᆞ쳐ᄇᆞᆰ혀
플을뷔여ᄆᆞᆰ히고만히새와장작을서불딜너極
극히덥게ᄒᆞ고胡호麻마ᄎᆞᆷ새라두어말을가져우
히펴노핫다가뷔로ᄡᅳᆯ면새속읫기름이흙속에
ᄉᆞ믜여드러곳人인形형이되ᄃᆡ그傷샹ᄒᆞᆫ곳
에ᄂᆞᆫ새가그우희모도이여ᄆᆡ더크며젹으며모
나며둥굴며길며뎌르며기울며바로기ᄒᆞᆫᄀᆞᆯᄀᆞ
티그형상ᄀᆞᆺ고믈읫傷샹티아닌ᄃᆡᄂᆞᆫ됴곰도무

드러븟ᄯᆞ로 띠 아니ᄒᆞᄂᆞ니 이믜 그 傷상ᄒᆞᆫ 형상
을 어드나 그러나 可가히 볼혼젹이 업거든 ᄯᅩ 부
른바 새를 가져다 처엽시 ᄒᆞ고 人인形형이 잇ᄂᆞᆫ
바에 ᄆᆡ인 ᄃᆡ롤 가져 猛밍ᄒᆞᆫ 블로 다시 ᄐᆡ와 糟조
와 물을 섯거 ᄲᅮ려 언쇼 다시 猛밍히 블 딜니 極극
히 덥게 ᄒᆞ야 초로 ᄲᅥ습고 블딜은 셕 우희 초를 ᄲᅮ리란 말이라 急급
히 明명亮냥 붉고 빗난 거시라 ᄒᆞᆫ 새 金금漆칠 타ᄌᆞ를 가
져 우희 덥헛다가 져근 더시 取취ᄒᆞ야 驗험ᄒᆞ면
桌탁面면 우희 人인形형이 다ᄀᆞ초이ᄃᆡ 믈읫 傷
상痕흔에 ᄃᆡ인 거시 纖셤毫호 져근 거시라 만 것도 아

뵈ᄂᆞ니라

【補】若荒郊曠野에 相沿日夕이면 卽本犯이라도 亦忘其定在ㅣ니 惟嚴究係某莊之何方과 某廟之何側이며 相去約若干里ᄒᆞ야 衆口如同이어든 須親臨其地ᄒᆞ야 令人으로 遍擇草之高大肥澤이 與附傍之草有異者ᄒᆞ야 則標以誌之ᄒᆞ고 焚屍之地因人脂膏ㅣ滲入草根ᄒᆞ야 爲日雖久ㅣ나 草終暢茂ㅣ니 如係山野草澤之傍애 素產蒿萊之所則更加高大ᄒᆞ고 落於有石之處則以石之碎裂로 爲憑이니라

【註】만얼거즌벌과뵌들ᄒᆡ日일夕석이相샹沿연ᄒᆞ야시면 날이오라단밀이라 곳本본犯범 죄범ᄒᆞᆫ사ᄅᆞᆷ이라 이라

도ᄯᅩᄒᆞ고그定뎡ᄒᆞ야잇던뒤ᄅᆞᆯ니즐ᄯᅢ니오ᄉᆡ아
모촌장읫어ᄂᆡ편파아모신묘읫어ᄂᆡ겨시ᄒᆞᄆᆡ이
여시며相샹去거ㅣ딤쟉에몃里리나ᄒᆞᆷ을嚴엄
히구획ᄒᆞ야여러입이만일ᄌᆞᆺ거든모롬이그러
히親친히臨림ᄒᆞ야사ᄅᆞᆷ으로ᄒᆞ여곰ᄒᆞᆫ의굴그
며셩ᄒᆞ기두편녑헷풀파다ᄃᆞ미잇ᄂᆞᆫ者자ᄅᆞᆯ두
두플리標표ᄒᆞ야ᄡᅥ보람ᄒᆞ고ㅣ주엄불ᄉᆞᆯ온더히ᄅᆞᆷ우기름이풀
불휘어깁히드러날이ᄇᆡ록오래나풀이모ᄎᆞᆷ내퍼지고무셩ᄒᆞᄂᆞ니라만일山산野
야ㅣ여나草초澤ᄐᆡᆨ것ᄒᆞ밧이어명화져본디나
ᄂᆞᆫ곳에ᄆᆡ이여시면더옥놉ᄒᆞ며ᄅᆞ기디ᄒᆞ고만

일돌잇ᄂᆞᆫ곳에면곳돌희부어디고터진거스로

벼 돌히불에ᄐᆞ이여싣어라 빙험을삼을ᄯᅥ니라

論人身骨條

[補] 人有三百六十五節ᄒᆞ니按周天三百六十五度ㅣ라

男子ᄂᆞᆫ骨白ᄒᆞ고婦人ᄋᆞᆫ骨黑이니라

人인身신骨골條됴를의론홈이라

[보] ᄉᆞᄅᆞᆷ이三삼百ᄇᆡᆨ六륙十십五오節졀이이시니周쥬天텬三삼百ᄇᆡᆨ六륙十십五오度도를按안ᄒᆞ디라男남子ᄌᆞᄂᆞᆫᄲᅧ희고婦부人인은ᄲᅧ검으니라

〔增〕髑髏骨은 男子ᄂᆞᆫ 自項及耳幷腦後히 共八片이니 腦後에 橫一縫이오 當正直下至髮際에 別有一直縫ᄒᆞ고 婦人은 只六片이니 腦後에 橫一縫이오 當正直下에 無縫이니라 ○有牙二十四或二十八或三十二或三十六이니라 ○胸前骨이 三條ㅣ니라 ○心骨은 一片이오 狀如錢大ㅣ라 ○項與脊骨이 合二十四節이니라 自項至腰히 二十四顀骨에 上有一大顀骨ᄒᆞ니 人身에 項骨이 五節이오 背骨이 十九ㅣ라 合二十有四ㅣ니 是項之大顀ㅣ 卽在二十四骨之內ᄭᅵ니 ○肩井及左右飯匙骨이 各一片이니라 ○左右肋骨은 男子ᄂᆞᆫ 各十二條ㅣ니 八條ᄂᆞᆫ 長ᄒᆞ고 四條ᄂᆞᆫ 短ᄒᆞ고 婦人은 各十四條ㅣ니라 ○男女腰間에 各

有一骨ᄒᆞᄃᆡ大如掌ᄒᆞ고有八孔作四行樣이니라○手脚骨이各二段이오男子ᄂᆞᆫ左右手腕及左右臁肕骨邊에皆有髀骨ᄒᆞ고兩膝頭에各有顱骨이隱在其間ᄒᆞ야如大指大ᄒᆞ고手掌脚板이各五縫이오手脚大拇指와幷脚第五指ㅣ各二節이오餘十四指ᄂᆞᆫ幷三節이니라

○尾骶骨은若猪腰子ᄒᆞ야仰在骨節下ᄒᆞᄃᆡ男子則其綴脊處ㅣ凹ᄒᆞ고兩邊에皆有尖ᄒᆞ야瓣如稜角ᄒᆞ고周布九竅ᄒᆞ고婦人則其綴脊處ㅣ平直ᄒᆞ고周布六竅ㅣ니라

○大小便處에各一竅ㅣ니라○骸骨을各用麻草小索或細篾ᄒᆞ야串訖에各以紙籤으로標號某骨이라ᄒᆞ고檢驗

時에不致差誤ㅣ니라

髑촉髏루骨골은男남子ᄌᆞ는項항으로부터귀와아오로腦노後후ᄭᆞ디共공이여ᄃᆞᆲ조각이니腦노後후에ᄒᆞᆫ솔이ᄀᆞ르디고當당正정ᄒᆞ야바로ᄂᆞ려髮발際제에니르히別별노ᄒᆞᆫ고ᄃᆞᆫ솔이잇고婦부人인은다만여ᄉᆞᆺ조각이니腦노後후에ᄒᆞᆫ솔이ᄀᆞ르디고當당正정ᄒᆞ야곳초ᄂᆞ린뒤ᄂᆞᆫ솔이업ᄂᆞ니라○니ᄂᆞᆫ스믈네히어나或혹스믈여ᄃᆞᆲ이어나或혹셜흔둘히어나或혹셜흔여ᄉᆞᆺ시니라○胸흉前젼에ᄲᅧ三삼條됴ㅣ니라

○心심骨골은ᄒᆞᆫ조각이오형상이돈만ᄒᆞ니라
○項항과다ᄆᆞᆺ脊쳑엣ᄲᅧ合합ᄒᆞ야二이十십四
ᄉᆞ節졀이니라 項항으로부터ᄭᅩ리ᄭᆞ디스믈네ᄆᆞ딕ᄲᅧ에셔우ᄒᆞᆫ큰ᄆᆞ딕ᄲᅧ이
시니人인身신에項항骨골이五오節졀이오背ᄇᆡ骨골이十십九구ㅣ라合합ᄒᆞ야스믈이오스
네히니이項항윗큰ᄲᅧᄆᆞᄃᆡ가곳二이十십四ᄉᆞ骨골윗內ᄂᆡ에드ᄉᆞᄂᆞ니라○肩견井
뎡과뒷左자右우飯반匙시骨골이쥬걱ᄲᅧ라各각ᄒᆞᆫ
조각이니라○左자右우肋륵骨골은男남子ᄌᆞ
는各각十십二이條됴ㅣ니八팔條됴는길고四
ᄉᆞ條됴는뎌르고婦부人인은各각十십四ᄉᆞ條
됴ㅣ니라○男남女녀腰요間간에各각ᄒᆞᆫᄲᅧ이

시ᄃᆞ크기손바닥만ᄒᆞ고여ᄃᆞᆲ구뮈이셔네줄로양이되엿ᄂᆞ니라○손발은뼤各각두조각이오손과손목이며발과발목ᄉᆞ이에ᄆᆞ르ᄃᆞᆫ뼤라男남子ᄌᆞ는左자右우手슈腕완과밋左자右우膁겸肕인骨골邊변에다髀비骨골이잇고ᄂᆞ니라부인은엽兩냥膝슬頭두에各각額엄骨골이그ᄉᆞ이에숨어이셔大대指지의큼만ᄒᆞ고手슈掌장과脚각板판이各각다ᄉᆞ솔이오手슈脚각大대拇모指지와다ᄆᆞᆺ脚각第뎨五오指지各각두ᄆᆞᄃᆡ오나ᄆᆞᆫ十십四ᄉᆞ指지ᄂᆞᆫ다셰ᄆᆞᄃᆡ니라○尾미骶저骨골은뼤라응문이猪져

腰요子ᄌᆞ 모양이 돗틱콩ᄑᆞᆺ갓단 말이라 ᄀᆞᆺᄒᆞ야 우러러 骨골節
절 아래이시되 맨아래잇ᄂᆞᆫ ᄲᅧ니 무릇치 곱아우ᄒᆞ로 향ᄒᆞ얏ᄂᆞ니라 男남
子ᄌᆞᄂᆞᆫ 그 등ᄆᆞᄅᆞ에 니인 곳이 오목ᄒᆞ고 두 편에
다 尖쳠이 이셔 辨판이 마ᄅᆞᆷ 샐 ᄀᆞᆺ고 아홉 구뷔 두
루 펴엿고 婦부人인은 그 등ᄆᆞᄅᆞ에 니인 곳이 平
평直딕ᄒᆞ고 여ᄉᆞᆺ 구뷔 두루 펴엿ᄂᆞ니라 ○ 大대
小쇼便변 곳에 各각ᄒᆞᆫ 구뷔라 ○ 骸ᄒᆡ骨골을 각
각 麻마草초 小쇼索삭이나 或혹 ᄆᆞᄂᆞᆫ 뎃갓ᄉᆞ로
써 ᄭᅦ여 다ᄒᆞᆷ애 ᄎᆞ례로 ᄭᅨ란 말이라 각각 紙지簽쳠으로 ᄡᅥ
某모骨골이라 標표號호ᄒᆞ라 檢검驗험ᄒᆞᆯ새예

差차誤오티 아니ᄒᆞ리라

[illegible]

增修無冤錄諺解卷之三 終

跋

上之十四年 命前刑曹判書臣徐有隣翻諺增修無寃錄越二年復 命刊印以進蓋是書即 臣允明曾就先臣 所纂增修無寃錄有所添潤仍以舊名者也書成記于卷後藏之私篋有隣以爲今爲公家文字宜有以更

詳其顚末俾後人知之臣廼拜稽而
言曰夫聽獄之難莫如殺傷蓋檢驗
之際眞僞多變毫釐之間枉直易錯
苟無精思巧法運用於辭聽之外則
雖有公心直道難以得其情實關於
人之死生者有如是矣無冤錄未出
之前號稱神明者亦可數也未知有

何方術鉤深發微能令犯者不能逭
枉者得以伸而雖如張于之使民無
寃其所以曲盡纖妙未必若此書者
也司民命者其可不盡心乎哉昔我
英宗大王大德深仁同符重華律度量
衡無不燦然而惻怛之意恒在欽恤
既命諸臣纂修續大典而先 臣 與

焉又以無冤錄多有眩錯 特命先
臣 編定之於是乎冗者刊闕者補綱
領節目開卷瞭然而至於字句之疑
晦者既弁一通之訓又有逐條之釋
亦已極其詳盡無復底蘊然此乃中
原行會之文字方言固多而造語又
簡創見者猶難遽曉 臣 嘗留意於補

註而未果就也有律學教授金就夏者深於律文樂與之成其所添註者加增字以別之而本文之增删修正者間亦有之庶乎訓詁義例之間殆無所遺漏而顧此爲書倫類雖別而脈絡相連必於平時講貫融會而後方可以參互錯綜能有活法不然而

倉卒急遽之頃始欲考散漫之條決
疑亂之案則秪見其思慮未周視聽
不審尋常應文之間亦無以自主張
而率不免爲胥吏輩因緣賣弄之資
而已文字之詳有不足恃註釋之明
亦無所賴可不懼歟惟我
殿下祖述憲章遹追前聖禮樂刑政咸

修俱備而凡於議讞尤致意焉今此飜諺刋印之 命亦有以仰夫 至仁至明之德同天地而並日月孰不欽歎而攢祝也哉斯役也有隣實主之前刑曹正郞俞漢敦參證之 而律學別提韓宗祜效力爲多別提朴在新亦與焉而終始看詳者就夏也夫

然後訓釋愈明而旨義隨著雖愚婦愚夫亦可得以家喻之說殆如指掌苟使司法者試加講究則功力不甚費貫通不甚難而舞弄無所容情僞無所逃今以後庶幾無倖逭之歎濫及之患將不知得伸者幾何得活者幾何而惟

聖明好生洽民之德不啻功垂一世以
復澤流萬代猗歟盛哉為臣子而參
是役者誰不與有榮焉而在 臣 則抑
有甚焉先 臣 於典律獄訟得法外之
意慶典州郡生全者多嘗曰士大夫
不可不知律如 臣 不肖無能為役而
幸逢 盛際獲覩是書之成何敢曰

少補萬一而其於記事之實義不敢

辭略爲之言如此云爾

當宁二十年丙辰秋輔國崇祿大夫前

行判中樞府事綾恩君致仕奉 朝

賀臣具允明謹跋